HEYNE‹

GERTRUD
HÖHLER

GÖTZEN
DÄMMERUNG

Die Geldreligion frisst ihre Kinder

HEYNE ‹

FSC

Mix
Produktgruppe aus vorbildlich
bewirtschafteten Wäldern und
anderen kontrollierten Herkünften

Zert.-Nr. SGS-COC-001940
www.fsc.org
© 1996 Forest Stewardship Council

Verlagsgruppe Random House FSC-DEU-0100
Das für dieses Buch verwendete FSC-zertifizierte Papier *EOS*
liefert Salzer Papier, St. Pölten, Austria.

2. Auflage
Copyright © 2010 by Wilhelm Heyne Verlag, München,
in der Verlagsgruppe Random House GmbH
http://www.heyne.de
Redaktion: Dr. Annalisa Viviani
Umschlaggestaltung: Hauptmann & Kompanie, Werbeagentur Zürich
Satz: EDV-Fotosatz Huber/Verlagsservice G. Pfeifer, Germering
Druck und Bindung: GGP Media GmbH, Pößneck
Printed in Germany 2010

ISBN: 978-3-453-17796-3

Inhalt

Wenn die Masken fallen: Götzendämmerung 9

**I   Wir brauchen eine neue Story: Die Story der
Visionäre, nicht der Scharfrichter** 13
Wie die *bad story* begann: Am Anfang steht immer ein großes Versprechen 15 ♦ Wer die beste Story erzählt, wird siegen 20 ♦ *Money talks*: Wer heute Opfer spielt, war gestern Täter 27 ♦ Die Lektion der Krise: Wie Globalisierung im Ernstfall geht 31 ♦ Der marktwirtschaftliche Sündenfall: Verlust der Kernkompetenz des Geldes 37 ♦ Globales Banking: Die freizügigste Wirtschaftszone der Welt 39 ♦ Der Kunde als Goldesel oder: Geldschöpfer am Dukatenbaum 42 ♦ Geld wird zum Suchtmittel 44 ♦ Geldgeschäfte, wenn sie gut sind, handeln von Zielen, die mit Geld nicht zu bezahlen sind 49 ♦ Die Legende von der Ratio der Märkte 52 ♦ Die Kontrollillusion gehört zum Geschäft, die Immunstörung bleibt 57

II   Die Geldreligion eint die Weltreligionen 67
An den Altären der Geldschöpfer opfern: Geldgeschäfte führen in die Metaphysik der Märkte 69 ♦ Nur Gelddelikte sind »Sünden«: Wenn der Staat zum Komplizen wird 73 ♦ Von Pontius Pilatus zu Lloyd Blankfein: Erfüllungsgehilfen des Heils an den Altären der Heuchler 76

5

III   Die Erwählten – Kinder des Olymp **81**
Die Legende von den ›destruktiven Eliten‹ 83 ◆ Poker statt Banklehre 90 ◆ Süchtige mit Heldenstatus, isolierte Exoten 94 ◆ Emotionen als strategische Partner der Ratio 108 ◆ Warum wir die Zocker ächten: Sie haben uns verraten 113

IV   Unter Dealern **121**
Spuren verwischen: Das Geld ist die Droge 123 ◆ Im Kielwasser
der Geldverbrenner: Normen und Werte abfackeln 127 ◆ Lust auf
Risiko: Die Täter als Therapeuten 133 ◆ Wertvernichtung als Therapie: Das Lieblingsspielzeug als Opfer für den Krisengott 137

V   Täterwissen für die Therapie **143**
Brandstifter als Löschtrupp: Vom Turbokapitalismus zum Staatskapitalismus 145 ◆ Zeit der Tribunale: Der Freibeuter als Ehrenmann 154

VI   Machtwechsel? Die Machtergreifung der Politik:
Das Schwert sitzt locker **163**
Leben auf verschiedenen Sternen: Finanz und Politik 165 ◆ Wenn
der Staat in die Märkte einfällt 175 ◆ Topmanager als Freiwild:
Waghalsige Experimente der Strafverfolger 185

VII   Topstars der Geldreligion ziehen Bilanz **191**
Alan Greenspan: Die Verteidigung des Magiers 193 ◆ George
Soros: Der geniale Coup des Großinvestors 196

VIII   Die neue Story: Ratio ist machtlos ohne
Emotionen **203**
Wer auf Ratio setzt, verliert die Krisenwitterung 205 ◆ Die alte
Story: *Money never sleeps* 213 ◆ Nur die Gier der andern ist ein
Laster. 2010: Die *bad story*, mit der sich die Scharfrichter entlar-
ven 221 ◆ Die Supermächte der globalen Geldregierung: Banken

und Fonds 227 ◆ »Am Rande der Finanzszene«: Der Banker als Anarchist 230

IX   **Survivors unter sich: Zeit der rituellen
      Waschungen** 235
Zeit für Revivals: Geheime Allianzen wiederbeleben 237 ◆ In einem Boot mit den Herren vom anderen Stern 243 ◆ Globaler Finanzkrieg als Schaukampf: Die Welt als Riesenspielzeug 247 ◆ Die Meuterei der Machtlosen geht zu Ende: Die Rachegötter der Geldkultur residieren in den Banken 254

X   **Wetterleuchten – Neue Versuchungen: Geldordnung wird
      Weltordnung** 261
Professionelle Ethik als Wettbewerbsvorteil 263 ◆ Willkommen im Club! Der Staat qualifiziert sich als Meisterzocker 271

XI   **Die Finanzkrise ist die Krise unseres Ethos** 277
Ethik in Fesseln 279 ◆ Die Ethik-Falle 283 ◆ Die Ethik wechselt den Kerkermeister. Nicht mehr die Gier, sondern die Bändiger der Gier legen sie in Ketten 287

XII **Die Immunstörung heilen? Die Hohenpriester der Geldreli-
      gion liefern ein Therapieversprechen** 291
Eine kühne neue Rangordnung der Werte: Ethik als strategischer Erfolgsfaktor 293 ◆ Ethik als Vertrauensgenerator 299 ◆ Wenn es um Geld geht, fällt die Ethik aus: Staatsversagen im Bündnis mit Rechtsbrechern 302 ◆ Ethik wird das Markenzeichen der Stars im Business 304 ◆ Die neue Story bringt eine neue Agenda: Ethik als strategischer Erfolgsfaktor für die Finanzwirtschaft 308

Dank 313
Register 315

Wenn die Masken fallen: Götzendämmerung

Paris, im Sommer 2010. Hier steht ein junger Mann vor Gericht, den sie »das Gesicht der Krise« nennen: Es ist Jérôme Kerviel, ein abgestürzter Geldhändler der Großbank Société Générale, der das größte Rad in der Geschichte der Finanzindustrie drehte. Kerviel sah sich auf dem Weg in den Götterclan des Investmentbankings, dorthin, wo niemand mehr von ihm sagen würde, er sei nicht mehr als »eine gut verdienende Prostituierte«,[1] wie ein Vorgesetzter spottete. »Terrorist«, »Betrüger« nennt ihn Daniel Bouton, der ehemalige Chef der Großbank, den Kerviel mitriss, als sein Riesenrad bei minus 5 Milliarden Euro außer Betrieb gesetzt wurde.[2] »Es kann nicht sein, dass die Bank nichts wusste«, gibt Kerviel vor Gericht zu Protokoll. »Ich wollte für die Bank Geld verdienen.[3] Jeder konnte auf meinen Bildschirm schauen«, erklärt er seelenruhig. Sein unmittelbarer Chef bekennt nun, er selbst habe keine Ahnung vom Handel; »wer etwas finden will, muss erst einmal etwas suchen«,[4] fügt er hilflos hinzu.

Der Angeklagte strahlt stoische Ruhe aus; seine Vorgesetzten, als Zeugen geladen und bald eher unter Verdacht, zeigen Zornausbrüche und müssen zur Ordnung gerufen werden. Natür-

---

1 *Frankfurter Allgemeine Zeitung*, 11.6.2010, S. 22.
2 *Financial Times Deutschland*, 23.6.2010, S. 15.
3 *Frankfurter Allgemeine Zeitung*, 11.6.2010, S. 22.
4 *Frankfurter Allgemeine Zeitung*, 23.6.2010, S. 14.

lich machte Kerviel auch Gewinne; solange sie die Verluste ausglichen, war er ein Investmentbanker wie Tausende andere. »Ich habe das System ausgeweitet«,[5] gibt er zu. Auch Gewinne verschleierte er gelegentlich, um noch kühnere Einsätze finanzieren zu können. Er habe doch mehrfach zugegeben, dass er »einen Fehler gemacht habe«, sagt der Angeklagte. »Aber es waren meine Vorgesetzten, die es zugelassen haben.«[6]

Ab und zu wurde Kerviel verwarnt, wie die meisten risikofreudigen Kollegen. Warum hat die Führung ihn nicht härter angefasst, damals, 2008, als der 5-Milliarden-Verlust entdeckt wurde? fragt der Richter. Es gab nur ein »sanftes Verhör«. »Ich dachte, er bringt sich um«, sagt der Vorgesetzte Jean-Pierre Mustier, bis zur Katstrophe Kronprinz des Bankchefs Bouton. »Wir hatten E-Mails und SMS gefunden, in denen er von einem Strick schrieb und davon, sich vor einen Zug zu werfen.« Und Mustier plädiert beinahe für Verständnis: Immerhin habe Kerviel das geradezu »unmenschliche Risiko« von 50 Milliarden Euro auf sich genommen …«[7]

Eine unvorsichtige Bemerkung, die offenbart, dass sie eben doch alle in einem Boot sitzen: die Händler, die sich aus den Katakomben nach oben kämpfen, und ihre Chefs – die wir Zuhälter nennen müssten, wenn wir dem verräterischen Sprachgebrauch von Kerviels Vorgesetztem folgen.

Wer den Götterhimmel der Finanzindustrie als einen Club von Götzendienern darstellt, wie Jérôme Kerviel, der weiht auch den Richter in einen Konflikt ein, der das Wesen der Finanzkrise ausmacht. In Paris legt der Richter dem abgetretenen Bankchef Bouton diesen Konflikt vor: »Was mich frappiert, ist,

---

5 *Financial Times Deutschland,* 11.6.2010, S. 17.
6 Vgl. Christian Salmon: *Storytelling, la machine à fabriquer des histoires et à formater les esprits.* Paris 2007, 2008.
7 Kristof Magnusson im Interview mit *Financial Times Deutschland,* 5.2.2010, S.31.

dass der Mechanismus dieses Betrugs ein Produkt der Bank ist.« Bouton lässt sich darauf zu der leichtsinnigen Behauptung hinreißen, »nichts habe die Tat verhindern können«[8] – was als Widerspruch gedacht ist, aber ungewollt den Richter bestätigt.

Was im Sommer 2010 im Pariser Gerichtshof geschieht, ist der Austausch von Geschichten, Storytelling. Wer die eigene Story reinwaschen will, erzählt ihre dunklen Kapitel als die ›Story der anderen‹. Der Angeklagte erzählt die Geschichte von Mittätern, die seine Chefs waren; die Chefs liefern Wutausbrüche und beschuldigen den Angeklagten. Die Richter entdecken, dass die als Zeugen geladenen Chefs die Risikostory ihres Angestellten zumindest geduldet haben. Mehr noch: dass die Erfolgsstory der Finanzindustrie zur Krisenstory wird, wenn einen von den ›Kleinen‹ das Zockerglück verlässt. Dann fliehen die Großen. Erst der Richter holt sie zurück. Und steht nun ratlos vor ihren sehr verschiedenen Geschichten.

Wenn die Entdeckungen sich häufen, wie damals, 2008, als mit einem globalen Donnerschlag die mächtige Investmentbank Lehman Brothers zusammenbrach, setzt die Massenflucht der Finanzakteure aus den Verdachtszonen ein. Riskante Geschäfte gehören zum Finanzalltag, das war allgemeines Grundwissen in ihren Kreisen. Da verbrannte auch mal Geld, aber die Gewinne ließen das schnell vergessen. Der globale Wohlstand, so sahen es viele Banker, lag in den Händen der Finanzjongleure.

Und plötzlich standen sie alle unter Verdacht. Es wurde höchste Zeit für die Flucht aus einer großen Story, die plötzlich ihr Gesicht wechselte und zur *bad story* wurde: Raus aus dem Lager der Geldverbrenner hieß ab 2008 das Motto. Die neue Story war fällig.

8 *Financial Times Deutschland,* 23.6.2010, S. 15.

I

WIR BRAUCHEN EINE NEUE STORY: DIE STORY DER VISIONÄRE, NICHT DER SCHARFRICHTER

Wie die *bad story* begann: Am Anfang steht immer ein großes Versprechen

Am Lagerfeuer der Geldverbrenner palavern die schuldlosen Täter mit den gebrannten Kindern. Sie entwerfen die neue Megastory, die mächtiger werden muss als die eben versenkte. Sie muss auch teurer werden als die Crashstory, weil verbranntes Geld nur eine einzige Form der Wiedergutmachung zulässt: Geld verbrennen. Aufwand treiben. Und Aufwand ist im Reich des *homo oeconomicus* allein materiell beschrieben. Nicht anders haben es die Vorfahren im 20. Jahrhundert gemacht: Der Kollaps der Geldmacher-Stories provozierte tollkühne Höhenflüge der Geldmacher in der Finanzpolitik.

Wir brauchen die neue Story, um der alten zu entkommen. Eine hellwache Elite von Finanzakrobaten kannte sich nirgends aus als in den Rauschzentren der Investmentbanken, wo die ausgeschlafene Intelligenz nach wenigen Monaten schon in einen halbwachen Rauschzustand übergeht, der gar nicht mehr das Geld über alles stellt, sondern den Rausch im Sog des Geldes.

Die Stories am Lagerfeuer handeln immer noch von dieser olympischen *community*, die global mit abstrakten Wertpaketen dealte. Handel von realen Waren, Industrieproduktion mit Lagerhallen und Containerschiffen erscheinen aus der Perspektive der Finanzverpackungskünstler langsam, spannungslos, trivial. Zu wenig Absturzgefahr, zu wenig Abenteuer, zu wenig Risiko. Und vor allem: lähmend langfristige Profitaussichten. Wer wie Prometheus das Feuer bei den Göttern stehlen will, wer wie Ikarus zur Sonne fliegt, der schaut auf Sisyphos, der jeden Tag denselben Fels rollt, mit Kopfschütteln.

Storytelling am Lagerfeuer, das ist zuerst einmal Entlastungsarbeit der Verstrickten. Zwischen der alten und der neuen Story läuft die Schuldverschiebungskampagne: Die Sünden der anderen sind es, von denen die Sünder in ihren Reinigungsritualen erzählen. Allenfalls Mitläufer, und darum auch Opfer, seien sie in der kollabierten Geschichte des schnellen Geldes gewesen.

Die neue Story, das wollen vor allem die Mitläufer, soll alle verbinden. Auch in der Megastory der Zukunft werden sie wieder Mitläufer sein. Die Sünden der andern sind das tägliche Brot für alle, die aus der alten in die neue, aus der schuldbeladenen in die noch unbefleckte Story wollen. Abschiedsschmerz bei den Himmelstürmern, deren Höhenflüge unter ihresgleichen schon zum Mythos werden, und der Wunsch nach Vergewisserung auf dem neuen Terrain, wo die Schuldfrage endlich untergehen soll, sind unerlässliche Durchlass-Manöver auf dem Weg zu neuem Selbstvertrauen. Wenn wir alle diese Leute nicht waren, die wir Zocker und Gangster, Hasardeure und Süchtige nennen, wer wollen wir dann in der nächsten Etappe sein?

So erzählen wir einander Tag für Tag die Story der anderen. Noch finden wir nicht die Kraft, sie als unsere Story zu verstehen. Wegbereiter und Mittäter, Wegschauer und *undercover*-Profiteure der *speedy-money*-Zeit gab es in allen Berufsgruppen. Nur die Coolsten haben sich längst abgesetzt und spielen unerkannt weiter: noch riskanter, wegen Regelverdichtung, und noch intelligenter. *Highflyer* vertragen auch die dünne Luft über den Kathedralen der Geld-*community*. *Splendid isolation* ist der Preis, den sie zahlen. Ein weltweites Netz von Gleich-gepolten ist ihr virtueller Lebensraum.

Brauchen wir wirklich eine neue Story? Hilft uns die Verfei-nerung unserer Verachtung für die Erfolgsstory der Zerstörer, die jüngst scheiterte, nicht weiter? In der Tat verlieren wir kost-bare Zeit mit Schuldzuweisungen und Racheplänen, statt Equipment und Proviant für die neue, nie gespielte Story zu packen. Die Ächtung der Täter aus der vorigen Ära liefert doch nicht die optimistischen Impulse, die wir brauchen, um uns ein nie geschriebenes Kapitel zuzutrauen. Hass und Ressentiment, mit denen wir seit Jahren beneidete und verstrickte Berufsgrup-pen kollektiv erniedrigen, reichen als Treibsatz für eine neue, positive Story nach aller historischen Erfahrung nicht aus. Auch der Zorn über die Kränkung, beim globalen Verpackungsrou-lette dabeigewesen zu sein, liefert nicht die Antriebsenergie, die wir für den Aufbruch brauchen.

Am Anfang jedes großen Aufbruchs in Neuland stand eine überzeugende Story.[9] Eine neue Zeitrechnung kündigt sich an. Der Eisenbahn-Boom im 19. Jahrhundert, der High-tech-Boom am Ende des 20. Jahrhunderts, der Run auf Rohstoffe in den ersten Jahren des neuen Jahrtausends – immer waren es Inno-vationsschübe, die das Leben vieler Menschen entscheidend zu verändern versprachen. Kurzfristige ökonomische Erwar-tungen heften sich an die technischen Neuerungen. Allein das Internet, ursprünglich eine Idee zur Optimierung der Militär-technik, setzte einen Goldrausch der Marktphantasten in Be-wegung. Die Phantasie der Anleger bekam reichlich Futter, und die globale Reichweite von Investments und Spekulatio-nen entwickelte sich zur Droge, die mit zyklisch auftretenden »Blasen« einhergeht. Platzt eine Blase überzogener Erwartun-

---

9 Vgl. Christian Salmon: *Storytelling, la machine à fabriquer des histoires et à for-mater les esprits.* Paris 2007, 2008.

gen und tollkühner Einsätze, so nährt sich die nächste von Panikreaktionen beim Korrekturversuch von Regierungen und Bürokratien, die sich in Feindesland sehen und Regelwerke verdichten, in denen sich die Dealer verfangen sollen.

Der neuen Story folgt also regelmäßig die Ausbeutung der Errungenschaft durch Gier und Maßlosigkeit. Dennoch – siehe Eisenbahn, siehe Internet und Rohstoffmärkte – bleibt von der neuen Story das Wichtigste: die neue Technologie, der wachsende Lebenskomfort, der Schritt in eine neue Ära. Die Ausbeutung der Innovation spielt sich regelmäßig in der Welt des Geldes ab. Die Produktstory wird zur Investmentstory. Steigendes Interesse bringt steigende Preise und wachsende Volumina im Handel. Jetzt einsteigen! erfahren Anleger. Sie haben nun fünf bis zehn Jahre, dann platzt die Blase. Sie bläht sich auf, weil es nicht bei moderaten Preissteigerungen bleibt.

Der optimistische Privatinvestor ist die Schlüsselfigur für das Wachsen der Blasenstory. Er glaubt, an »Wachstum« teilzunehmen; in Wahrheit nimmt er am Zustrom heißer Luft teil. Erfahrungswerte aus früheren Zyklen, mit denen Forscher aufwarten, sind völlig unverkäuflich. Nicht einmal geschenkt will die Aufsteiger-*community* sie haben. Die Euphorie der Mehrheit läßt die Skeptiker hinter sich zurück. Und die sind tatsächlich zunächst die Verlierer: Auf steigende Kurse zu wetten, ist auch für Nichtprofis an der Börse eine ganze Weile möglich. Auf fallende Kurse zu setzen, verlangt viel mehr Wissen und Können. Die Optimisten dominieren zunächst die Börse. Die Hausse, auf die sie setzen, nährt sich schließlich selbst. Die Bedrohung kommt von Profiteuren eines anderen Zuschnitts. Sie befeuern die Blase und beschleunigen die Überhitzung. Die Preise sind zu hoch, aber niemand kann sich nun davonstehlen: Es gibt keine unwissenden Investoren mehr. Nun sinken die Kurse. Angst und Gier der Anleger mischen sich, die

Kurse fahren Achterbahn. Kleinanleger, die noch im Aufstieg eingefangen wurden, gehören nun zu den Verlierern. Warnsignale kündigen das Platzen der Blase an:

• Immer mehr Retailprodukte tauchen am Markt auf;
• die Kurse steigen fast senkrecht an;
• hektisches Auf und Ab der Notierungen folgt;
• der unaufhaltsame Abstieg beginnt.

Ursprünglich ging es bei diesen »neuen Stories« um Anschlussgeschichten, die Finanzjongleure und Finanzinstitute von realen Innovationen in Wirtschaft und Technik ableiteten. Die Entkoppelung der Finanzprodukte von ihrer Entstehungsgeschichte als Wert-Äquivalent für ein materielles Gut unterscheidet den jüngsten Absturz zahlloser Anleger von früheren Blasen. Den Finanzprodukten, die im letzten Stadium der Blase an ahnungslose, bereits definierte *loser* verkauft wurden, entsprach keine Herkunfts- und Zielmarke in der realen Wirtschaft mehr. Finanzprodukte sind Finanzprodukte, so lernte der Kunde, und ob du ihren Wert irgendwann in Waren für Konsum, Komfort, für Sicherheit, für Gesundheit, Reisen, Kunst oder die Realisierung deiner Träume einsetzen kannst, ist nicht Thema des Investmentberaters. Im übrigen hat auch er Mühe, das Produkt zu verstehen: Es hat eine lange Reise um die Welt hinter sich, und es wandelt sich weiter. So lange, bis die Erfinder nicht mehr daran verdienen. Sie haben sich, wenn das Produkt beim Kleinanleger ankommt, längst abgesetzt.

Geld, das kein anderes Ziel mehr hat als Geld: Das ist die Ursache für das Scheitern der jüngsten Story. Geld, das nur noch die Potenzierung von Geld bezweckt, kann zu keinem käuflichen Wert mehr hinführen. Wer Geldprodukte kreiert, mit deren Power er sich nie mehr etwas kaufen will außer noch mehr Geld, demontiert die Mittlerfunktion des Geldes. Geld besetzt den Platz des Ziels.

Darum macht es süchtig. Genug davon kann man niemals haben. Die jüngste Story ist gescheitert an dieser Verwechslung von Mittel und Ziel. Wo Geld nur noch zur Mehrung von Geld taugt, entsteht ein Dilemma, aus dem sich weder die Süchtigen noch ihre Mitläufer befreien können. Die entkommenen Gewinner tauchen unter. Unerkannt spielen sie bereits wieder mit in der *community* der Geldmacher.

Die Verlierer sind in der Mehrheit. Weil so viele von uns Verlierer sind, brauchen wir eine neue Story, in der wir zu den Gewinnern gehören – nicht nur am Anfang, sondern bis zum Ende.

Wer die beste Story erzählt, wird siegen

Was wir im Jahr 2010 erleben, ist nichts anderes als ein Wettstreit im *storytelling*, auch wenn die Erzähler zu verstrickt sind, um das zu begreifen. Die deutsche Kanzlerin, sonst eine Meisterin der Kommunikationsaskese, wird verschwenderisch mit Regierungserklärungen. Sie scheut keine Übertreibung mehr: optimistisch muss die Story klingen. Vorbild mag die ältere Story sein, dass es »am Hindukusch« um Deutschlands Freiheit gehe. 2010 ist es Griechenlands Staatsversagen, für das Deutschland im eigenen Interesse aufkommen müsse. Die Gipfelstory handelt dann vom Euro, an dem Deutschlands und Europas Erfolg sich entscheide. So wird die Stunde der Wahrheit zur Story neuer Täuschungen. Ein politisches Euro-Kartell nimmt sich die Freiheit, Verträge zu brechen, um die Stunde der Wahrheit ungenutzt vorüberziehen zu lassen. Die *bad story* der Zocker provoziert eine *worst story*, wenn wir der Vernunft keine Chance geben.

»Die Finanzwelt lebt von Stories ... Niemand investiert nur in die Zahlen eines Unternehmens ... Auf dem Börsenparkett fallen Sätze wie »Die Story der Aktie ist intakt«. Anleger stecken ihr Geld quasi in eine schöne Geschichte, die Geschichte von der Zukunft eines Unternehmens«, sagt der Romanautor Kristof Magnusson.[10] Nicht nur die Finanzwelt lebt von Stories; die großen Konzerne, der Weltkonzern Katholische Kirche ebenso wie die mächtigen Brands – Coca Cola, McDonald's, General Electric, bis in die jüngste Vergangenheit General Motors, Volkswagen und viele andere Wirtschaftsunternehmen – sichern ihre Macht durch ihre Story, die sie kultivieren und fortentwickeln. *A good story*, das ist es, was in USA zu jeder Bewerbung um Macht und Einfluss gehört. Jeder Kandidat und jede Organisation, die in der Rangordnung der Mächtigen aufsteigen wollen, müssen sie zeigen: die gute Geschichte. Das gilt für Wissenschaft und Wirtschaft genauso wie in der Politik. Erzähl uns deine Geschichte, und wir geben dir, was sie wert ist – Aufstieg oder Abstieg.

Vertrauen oder Skepsis. Sieg oder Niederlage. Im alten Europa gilt nichts anderes, und die Geschichte unserer Kultur lehrt uns, dass es nichts anderes als der Mythos der abendländischen Antike ist, der genau das lieferte, was wir heute die Story einer Firma, einer Nation, einer Organisation oder einer Person nennen. Es ist die überzeugende ›Story‹, die den auf den Weltmeeren umherirrenden Helden Odysseus für Tausende von Jahren interessant und mächtig macht. Was er liefert, ist

10 Kristof Magnusson im Interview mit *Financial Times Deutschland*, 5.2.2010, S.31.

die Substanz zu jedem Mythos und zu jeder guten Story: Verdichtung von Geschichte in einem lebendigen Erfolgsmodell; Bewährung in Gefahr und Versuchung; Schutz für die anvertrauten Gefährten; Erkenntnis der eigenen Grenzen, Vertrauen und Respekt vor den Kräften der Natur – und schließlich: Sendungsbewusstsein, die Gewissheit, zu besonderem Einsatz für die Mehrheit der weniger Starken und weniger Mutigen verpflichtet zu sein.

Odysseus ist niemand anders als der Prototyp des modernen Managers auf den Weltmeeren von Business und Politik. Mythische Macht entwickeln auch andere antike Verdichtungen von Völkergeschichte auf Personen: Aeneas, der das brennende Troja hinter sich lässt, seinen Vater Anchises auf den Schultern tragend und seinen Sohn Askanios an der Hand führend, entwickelt ganz nebenbei die Wucht eines ethischen Lehrstücks zum Thema Verantwortung. Vordergründig entfaltet sich in dieser Verlierergruppe aus drei Generationen das wichtigste Element jeder tragfähigen Story: das Versprechen für Siege in der Zukunft.

Die *good story*, wenn wir sie in ihrer historischen Tiefe begreifen, ist also nicht der *speaker's joke*, mit dem ein launiger Entertainer seinen *speech* eröffnet. Sie ist Qualitätsausweis, Positionsmeldung und werthaltiges Bekenntnis. Sie bindet Vertrauen und weckt Loyalität. Immer mündet sie in ein grundsätzliches Versprechen.

Jeder von uns hat längst begonnen, die jüngst kollabierte Glücksstory aus der globalen Finanzindustrie mit den Kriterien für eine gute Story zu vergleichen. Wir erkennen Schritt für Schritt, warum es eine *bad story* war, die weltweit so viele Mitspieler gewinnen konnte. Die *storytellers* setzten nicht auf die Werthaltigkeit ihrer Geschichte, sondern auf den Suchteffekt: Begehrlichkeit und Gier. Bevor wir die *bad story* entmachten können, noch ein paar Beispiele für die ermächtigende Kraft einer guten Story.

Barack Obamas Wahlsieg beruht auf einer *good story*, die mit dem Konfettiregen seiner Wahlveranstaltungen und dem Showbetrieb, der den Wahlkampf begleitete, wenig zu tun hat. Schon seine Vorgänger Ronald Reagan und Bill Clinton kannten die Macht der guten Story. Die Fähigkeit, Geschichten zu erzählen, das *storytelling*, ist heute eine Voraussetzung für Führungspositionen in Amerika. Ronald Reagan brachte die Überzeugungskraft guter Geschichten auf die Formel: »Alles ist möglich in Amerika, solange wir den Glauben, den Willen und den Mut dazu haben.« Eine hochmoralische Botschaft, die sich an die Leidenschaft zum Guten wendet.

Das *storytelling* der Finanzkrise hat unter Jimmy Carter mit einem zum Verwechseln ähnlichen Impuls zu einer *good story* begonnen: Jeder sollte sein Häuschen haben. Weil es sich nicht jeder leisten konnte, entgleiste die Story: Die Banken wurden angewiesen, ihre Kreditbedingungen maßlos zu lockern. So wird aus einer Story der guten Absicht eine *bad story*. Bill Clinton war es, der das *storytelling* systematisierte. Er beschäftigte Beraterstäbe, um sein Portfolio an guten Geschichten zu erweitern.

Bei George W. Bush wird die Story seiner Mitarbeiter zum Qualifikationsmerkmal. Bei der Ernennung Colin Powells zum Außenminister sagte der Präsident: »A great American story«. Er näherte sich damit nicht zufällig dem Erfolgsmodell, das Barack Obama, den farbigen Amerikaner, an die Spitze trug. Obamas Story war mehrfach gesichert: Er brauchte sie nicht zu erzählen, er verkörperte sie. Obama musste siegen, um das weiße Amerika zu reinigen von seiner Schuld an der *bad story* der Schwarzen. Sein Erfolg war nicht erst nach der Wahl, sondern mit seiner Wahl zum Präsidenten besiegelt. Obama bot den weißen

Amerikanern die säkulare Chance, von ihrer Schuld erlöst zu werden durch die Stimmen der Opfer. Obama war nur partiell Mittler, aber auch dies ein seltener Glücksfall: von schwarzweißer Herkunft, begleitet von einer Farbigen, die das historische Leiden der Opfer repräsentiert. Die Befreiung Amerikas von schwerer Schuld wurde von den Opfern geschenkt.

Werfen wir einen Blick nach Deutschland, um das *storytelling* nach der Krise auch in seiner politischen Dimension zu verstehen: Die Bundeskanzlerin hätte eine Menge zu erzählen. Sie hat zwei deutsche Welten durchquert, aber sie erzählt keine Geschichte. Die beiden Stories, Ost und West, lassen sich nicht als eine Story erzählen. Immer fehlt die Hälfte der Zuhörer, wenn man eine von beiden Geschichten erzählt. Die Kanzlerin der Deutschen war eigentlich gut vorbereitet auf das Blendwerk der Finanzgambler: *Bad stories* in *good stories* umschreiben, das kannte sie aus ihrem ersten Lebenskapitel in der DDR. Ihr Misstrauen gegen Erfolgsversprechen, die jede *good story* braucht, ist deshalb unstillbar. Wer Versprechen abgibt, so habe sie in der DDR gelernt, werde »erpressbar«, sagt sie. Ihre *good story* zur Krise lautet: stärker raus als rein. Diese eher schlichte These ist inzwischen widerlegt: Stärker rein als raus, muss der neue Slogan lauten.

Solche Sätze haben nicht das Zeug zur guten Geschichte. Die Kanzlerin ergänzt: Regeln verdichten. Täter einfangen. Boni streichen. Die *bad story* wird damit nicht zur Erfolgsgeschichte. *Good storytelling* lebt vom visionären Überschuss, der Forderung und Versprechen unwiderstehlich verbindet: »Nichts ist unmöglich«, wenn Wille und Mut sich zu dem Glauben an die eigene Stärke verbinden.

Die Finanzpiraten der jüngsten *bad story* konnten die Schiffe der *good banker* und der vertrauenden Investoren entern, weil das Erzählen von Erfolgsgeschichten, mit dem sie an Bord auftraten und allen den Kopf verdrehten, eine ureigene Erfindung der Wirtschaftswissenschaften war. 2001, im Jahr der tiefsten Demütigung für den amerikanischen Traum, begannen die Weltkonzerne McDonald's, Disney und Coca-Cola, IBM und Microsoft mit der neuen Praxis, Geschichten zu erzählen, die mehr lieferten als Schlagworte und Produktversprechen. Die Idee war, das Leben in seiner Vielfalt zum Identitätsstifter in den Köpfen der Kunden zu machen. Bald schlossen sich die NASA, die Sportfirma Nike und der Freizeitmodeproduzent Lands' End diesem Konzept an. Steven Denning, ehemals Direktor der Weltbank, entdeckte im professionellen *storytelling* ein Erfolgsvehikel für Firmen, das unser Gehirn zuverlässiger überredet, ja verführt als alle Fachauskünfte über Produktqualität aus den Labors der Forscher oder der PR-Spezialisten.[11]

Die Geschichte vom vagabundierenden Geld ist eine Story, die wir einander als Wachstumstreiber der Krise erzählt haben. Sie dockt fugenlos an die andere Story an, die zur Internetblase 2000 beitrug: Das Internet als Riesenspielplatz im rechtsfreien Raum. Das höchste Glück: mit allen Kindern der Welt zugleich spielen.

Das vagabundierende Geld hat unzählige junge Männer ins Bankgeschäft gelockt: Pioniere der virtuellen Welt, Virtuosen der globalen Kommunikation, Artisten bei der Virtualisierung aller Beziehungen. Das war ihr Abenteuerspielplatz. Weg von der rohen Materie in die materiefreie Welt des Geistes aufsteigen, eine Welt der neuen Geschwindigkeiten: Geldverdienen per Mausklick, *High-tech*-Produkte der Finanzwirtschaft gegen *low-tech* der Industriekultur. Als Aufstiegsbeschleuniger entdeckten viele junge Banker bald die freien Finanzdienstleister, die auf den Weltmeeren des Internets neben den traditionellen

---

11 Vgl. Christian Salmon: *Storytelling, la machine à fabriquer des histoires et à formater les esprits*, a.a.O.

Fahrrinnen der großen Banktanker hohe Gewinne einfuhren. Ihre Einflugschneisen zu den großen Geschäftspartnern boten Erfolgsglück für Newcomer: Tempo, Spielräume für Produktphantasie, Versteckspiele jenseits aller Regelwerke – und die Auflösung jeder Verantwortung. »Wer das raffinierte Produkt kreiert hat, das da gestern bei mir durchgeflogen ist und Kunden eingefangen hat, woher soll ich es wissen?« durfte der Youngster im Geld-*gambling* blauäugig fragen. Die jungen Geldschürfer wurden angelockt von Geschichten, die über die globale *community* der Geldmacher kursierten.

Immer noch unterschätzen wir die Rolle, die unsere Stories über uns und über »die andern« für unseren Erfolg spielen. Was wir über uns selbst erzählen, wir, die Davongekommenen und Rechthaber, die mit den Tätern nichts zu tun haben wollen, ist immer noch eine getürkte Story voller Sündenböcke. Es spielt schon eine Rolle für die neue Story, die uns immunisieren soll gegen den nächsten Absturz, ob wir uns weiter um die Opferplätze balgen. Wo alle Opfer sein wollen und keiner Täter, niemand Mitläufer, eine Fronde der Ahnungslosen, da fehlt nicht nur der Glaube an die bessere Story; es fehlt ihre Substanz, es fehlt der Stoff.

Wer wollen wir auf der nächsten Etappe sein? Wenn wir für die geplatzte Story die Opferrolle beanspruchen, wenn wir uns auf die Isolation und Bestrafung der Täter konzentrieren, wer liefert dann die Energie zum Aufbruch?

Die neue Story muss von der Zukunft handeln, nicht von der Vergangenheit. Sie muss die Visionäre für sich gewinnen, nicht die Scharfrichter in den Parlamenten und Aufsichtsbehörden. Sie muss das Scheitern vergessen machen und jedes frühere Versprechen übertreffen: an Wagemut, nicht an Tollkühnheit.

Aber wir werden nicht aufbrechen können ohne das Bekenntnis, die *highflyer* der globalen Finanzelite bewundert oder beneidet zu haben. Sie nun zu ächten, reicht als Anschlusskonzept nicht aus.

Und wir werden nicht mitspielen können in einer neuen Story der Rächer und Regulierer, die alle Phantasie in Ketten legt und Risikolust zur Bändigung durch Bürokraten freigibt. Verbündete unter Tätern und Opfern werden wir nur finden, wenn die Story für morgen ein großes Versprechen liefert. Ein Versprechen, das nicht von gehorsam beschämten *bad boys* handelt, die bei einfallslosen *good boys* in die Schule gehen. Ein Versprechen, das Glanz entwickelt. Einen Glanz, der heller leuchtet als der Glanz des Geldes.

Money talks:
Wer heute Opfer spielt, war gestern Täter

Im Zentrum sind sich Täter und Opfer einig: Geld ist das Größte. Geld steht auf Platz eins der Werteskala. Geldverbrechen sind die schändlichsten; es ist leicht, für Körperverletzung geringere Strafen zu kassieren als für verbotenen Umgang mit Geld. Wo die Grenzen zum Verbotenen im Weltreich des Geldes liegen, das wollen die Herren der Krisentherapie nun genauer bestimmen. Das Tauziehen mit den risikofreudigen Investmentbankern und Fondsdesignern ist in vollem Gang.

Ob wir das mögen oder nicht: Das Geld erzählt unsere Geschichte. So auch die *bad story* der kreativsten Phase der globalen Finanzelite, die zur Zerstörung des Geschäftsmodells der *highflyer* führte – und unerwartet viele *undercover*-Mitspieler im Normalo-Banking mitriss. So viele Pokerspieler unter den kreuzbraven Landesbankern und ihren politischen Aufsehern? So viele tollkühne Engagements im Schattenreich der Verpackungskünstler, mit denen man bei Tage gar nicht gesehen werden will? Erstaunlich genug.

Geld als Droge: Den Kontakt mit den Dealern nimmt man in Kauf, das galt beim Krisenrodeo genauso wie in der Therapiephase. Im eingestürzten Imperium der Geldvermehrer sollte eben diese, die wunderbare Geldvermehrung, die unseriösen Deals salonfähig machen. Im Anschlussfall, bei Kollaboration mit vertragsbrüchigen Bankangestellten, die ins Lager der Datendiebe wechselten, gilt dasselbe Argument: Wo Geld das Ziel ist, spielen weder Recht noch Moral eine Rolle. Die Werbung um neue Täter wirkt. Der Liechtensteiner Datendieb landete im Zeugenschutzprogramm des BKA. Heute geht er in Cannes spazieren: Das schnelle Geld ist, unter lauter Süchtigen auf allen Seiten, absolut krisenresistent. Nur die Beschaffer wechseln. Zu den Wachstumstreibern der Krise gehört die geheime Allianz von Tätern und angeblichen Opfern im *low-key*-Banking.

Jede Entgleisung beginnt als großes Versprechen: Eine neue Zeitrechnung kündigt sich an. Die neue Story verspricht alles bisher Mögliche in den Schatten zu stellen. Jedermann sah das, als die großen Erfolgsgeschichten des Industriezeitalters starteten: die Eisenbahn, das Auto, das Flugzeug. Nicht mehr nur die Verlängerung des menschlichen Arms, sondern die Eroberung der Privilegien, die auf die Tiere verteilt waren: fliegen, unter Wasser schwimmen, laufen ohne zu ermüden im Takt der Räder und Motoren.

Die Versprechen jagten einander im 20. Jahrhundert. Der Intelligenzverstärker schien das Gipfelglück zu bringen: nicht nur rechnen, nein denken lassen. Homunkulus, die jahrhundertealte Vision, schien real geboren. Die Anschlussversprechen türmten sich auf und wurden eingelöst, Schlag auf Schlag. Das Internet als Geldmaschine und gesetzloser Raum sog die Glücksspieler an und rief die Regulierer auf den Plan. Jede zerschlagene Hoffnung, jede Illusion wird augenblicklich von einem neuen Versprechen abgelöst.

Um den intelligenten Systemen gewachsen zu sein, bewaffnet sich der eingeschüchterte *homo oeconomicus* neu: Intelligenzdrogen bestimmen längst den Arbeitsalltag der Vortrupps in den Pionierbranchen IT und Banking. So alt das Geld auch sein mag als Kulturinnovation, es altert nicht. Die Geld-Dealer verstehen es, jede Ware als Finanzprodukt darzustellen. Schon fällt die triviale Erdenschwere von der Materie ab, und ihr wachsen Flügel: Während die Container träge über Wochen auf den Ozeanen schwimmen, von Riesenwellen bedroht, flattert ihre Finanzgestalt, ihr *alter ego,* um den Erdball und überredet Tausende, in die nie gesehenen Container zu investieren. Die gesamte Welt der Natur- und Kunstprodukte, die Ernten der Zukunft, die Rohstoffminen und die Schrotthalden planvoll zerstörter *High-tech*-Produkte wie Autos, Kühlschränke, Waschmaschinen, TV-Geräte, Möbel, Kleider, Schuhe, Kabel, Autoreifen, Steine, Reisplantagen und Kaffeefarmen, Großbäckereien und ganze Stadtviertel mit Büros und Wohnhäusern, Kirchen, kleinen und großen Läden – alles wird entmaterialisiert und in die virtuelle Welt geschickt.

Um es dort noch zu bewerten, taugt nur ein Vehikel: das Finanzprodukt. Die Stichworte, unter denen die Fondsjongleure den fatalen Mix von Wertstoffen und wertlosem Müll handeln, veredeln den Ramsch zu *High-end*-Produkten. Der Händler darf sicher sein: Nie wird der Kunde die Paketinhalte real besichtigen wollen. Auch der Händler hat das virtuelle Blendwerk in seinem Angebot nie selbst gesehen. Er wird sich hüten, das zu versuchen.

Der Kunde spielt mit aus Selbstgefälligkeit und sozialem Ehrgeiz: Er betritt mit dem Anbieter eine hochabstrakte Zone, wo man nichts mehr sehen und anfassen kann. Brote beim Bäcker kann jeder kaufen. Aber einen *food*-Fonds zeichnen, ohne dass irgend etwas von den trivialen Waren zu sehen ist, die im Fonds gesammelt sind, das ist Finanzmanagement, der Schritt aus der vordergründigen Warenwelt in die Höhenluft der Profis. Da ist jede Frage zuviel disqualifizierend. Eine unheimliche Allianz entsteht: Der Blender im Händler macht den Kunden zum Hochstapler; beide spielen mit falschen Karten.

Sobald das große Innovationsversprechen auf der Bühne der Zeitgeschichte erscheint, entfernt sich eine Spitzengruppe vom Rudel. Das spekulative Element fasziniert die *risktaker*, die jetzt weltweit gemeinsame Sache machen – noch ohne einander zu kennen. Die Leidenschaft fürs Risiko wird sie zusammenführen, lange bevor sie einander in der Wirklichkeit der Finanzzentren real begegnen. Fast jeder von ihnen war schon bei früheren Aufbrüchen dabei. Alle diese Aufbrüche waren Ausbrüche aus dem Einerlei der Finanzjobs in den Metropolen. Fluchtimpulse fanden plötzlich hochintelligente Rechtfertigungen: Eine neue Produktwelt öffnete sich, in der das Unverkäufliche zum Renner wurde – Kreditpakete, Schuldenbündel fluteten die Finanzmärkte. Durchschnittsbanker blickten skeptisch, aber die gelangweilten, bis dahin verhinderten *highflyer* sahen ihre Stunde. Die Kredite waren schließlich versichert! Mit Schrott das schnelle Geld machen, das gab es schon lange auf den Märkten der Realwirtschaft – warum sollte es nicht lukrativen Schrotthandel im Banking geben?

Die Sozialromantik des Erdnussfarmers Jimmy Carter war nur die ferne Startrampe für die Idee, das Minus vor geschuldeten Summen mit einem Federstrich in ein Plus zu verwandeln: Die

American International Group (AIG), der größte Versicherungs-
konzern der Welt, besicherte Forderungen an zahlungsunfähi-
ge Häuslebauer. Der Start in die weltumspannende Krise zeigt
die Richter von heute als Täter: Politikversagen stieß das Riesendomino an, das rund um den Globus die *banking community* unterhält. Die Dominosteine begannen zu fallen, einer auf
den andern, und erst verzögert erreichte das Echo Europa. Die
Verpackungskünstler in den Banken beeilten sich, die Kreditpakete mit dem vertrauensbindenden Versicherungssiegel im
Markt zu verteilen. Die risikohungrigen Banker vor ihren Bildschirmen hatten das neue Spiel schnell begriffen. Sie wussten
sofort: Die Produkte brauchten sie nicht zu verstehen, und der
Kunde würde sie auch nicht verstehen. Entscheidend war die
Begleitmelodie: das schnellste Geld in der Bankengeschichte.
Jeder ein Topwinner. Umpacken, weiterreichen, Versprechen
abliefern, Gebühren kassieren.

Die Lektion der Krise:
Wie Globalisierung im Ernstfall geht

Vielleicht war Jimmy Carters Anweisung an die kreditgeben-
den Banken der Häuslebauer nur ein Krisenverstärker. Denn
der Abenteuerspielplatz »globales Banking« war schon eine
Weile die freizügigste Wirtschaftszone der Welt. Die Finanzwirtschaft hatte die Politik überzeugen können, dass sie mit
einem Maximum an Freiheiten das traditionelle Business mit
Produktion und Handel und Dienstleistungen verlässlich flankieren und wie ein Spiegel abbilden könne.

Die Spitzenteams der Abenteuersparte schlechthin, das Investmentbanking, waren und sind weltweit begehrt. Sie wechseln als Team den Arbeitgeber, wenn es irgendwo mehr zu verdienen gibt. Sie kooperieren mit den *freelancern* und streben 24-Stunden-Tage an, weil die Bildschirme der Börsen es so befehlen. Sie spielen nicht nur auf Risiko, sie treiben auch das Stressniveau ihrer riskanten Einsätze hoch, um in der *winner-*Liga zu bleiben.

Die Chefs dieser Partisanentrupps haben ziemlich genaue Vorstellungen davon, wie viele Niederlagen ein bewährter *winner* einfahren darf. »Schau dir den Typen da drüben an, der hat diese Woche 3 Milliarden Verlust gemacht. Aber letzte Woche 9 Milliarden Gewinn. Solche Leute brauchen wir«, sagt der Chef bei einem Zwischenstopp in London, wo die kürzlich *en bloc* gekaufte Truppe der Besessenen arbeitet. »Glaubst du, die arbeiten für die Firma?« fährt er fort – und wartet die Antwort nicht ab. »Nein, die arbeiten nur für sich. Anders sind solche Einsätze gar nicht möglich. Und für die Bank bleibt trotzdem genug von dem Gewinn, den sie uns bringen. Es stimmt für beide Seiten.«

In der Perspektive der *day*-Trader stimmt das. Nachhaltigkeit ist hier ein Fremdwort. Kurzfristigkeit gilt. Wer an morgen denkt, kann heute keine Gewinne machen. Das virtuell bewegte Geld ist Spielmaterial. Wer dem berauschten Trader sagen würde, dies sei der letzte Einsatz, morgen sei Schluss, würde Suizidimpulse wecken. Noch nachts könnte der bedrohte *gambler* sich einen neuen Arbeitgeber suchen, um zu überleben – nicht körperlich, sondern psychisch. Die Verabredung, die die Ruhelosen der Finanzwirtschaft an der Spitze als Großverdiener zusammentreibt, ist die Obsession. Weniger reicht nicht. Interesse, Vergnügen oder Gastrollen haben hier keinen Platz. Wer nicht besessen ist, gilt als Feind. Er schaut zu genau hin, er stört. Wer am Rausch nicht teilnehmen will, ist ein Verräter; die Spitzengruppe der Investmenttrader funktioniert genauso wie eine *community* von Süchtigen. Wer die Droge ablehnt, darf die Schwelle nicht überqueren. Wer sich einschmuggelt, wird schnell erkannt: Sein Herz schlägt zu langsam. Er fliegt raus.

Vor einigen Jahren noch wurden solche Geschichten amüsiert erzählt. Jede Metropole, so sah man das, hat ihre Exzentriker. Intelligenzvorsprung, Willensstärke, nicht etwa ausgeprägtes Finanzwissen, sondern die *hunter*-Mentalität, die wölfische Bereitschaft zuzubeißen, und die wilde Lust, alles auf eine Karte zu setzen, nicht nur ab und zu, sondern jeden Tag, atemlos vor Risiko, zwischen Verlustangst und Gewinnerglück ständig hin und her geworfen wie von hohen Wellen in einem Ozean, das gab und gibt es in allen Varianten. Solche Talente, verschleißbereit und anarchisch, finden sich auch in den Künstlerkolonien, sie hocken in den Ateliers mehr oder weniger erfolgreicher Freunde, tauschen wilde Träume aus und haben einfach ein Problem mit der Langeweile der Normalität.

Die Story der *highflyer*-Trupps im globalen Banking bekam einen anderen Grundton, als das Riesendomino einzustürzen begann. Plötzlich brach auch die Ehrfurcht vor den undurchschaubaren Produkten zusammen, Angst und Misstrauen überfluteten unzählige Beziehungen zwischen Bankberatern und Kunden, als die große amerikanische Bank zusammenbrach, die kaum ein Europäer wirklich kannte. Dass sie Produkte dieser Bank gekauft hatten, ehrfürchtig, weil die Bank so groß und so weit weg war, erfuhren viele Kunden erst viel später.

In der Kunden- und Laienwelt ging es nun ziemlich schnell zu Ende mit den Banker-Mythen. Ohnmacht und Wut melden sich immer dann, wenn Kunden ihren Rückfall in die Welt erleben, aus der sie kommen. Im Kontakt mit Risikobankern hatten sie das Gefühl, mehrere Etagen im Lift der Finanzweltbewohner nach oben gefahren zu werden. Nun sind sie urplötzlich wieder unten und allein. Die Abenteuerbanker aber sind immer noch da. Es werden Jahre vergehen, bis die entmachteten Kunden den einen oder andern verschwinden sehen. Sie leben im Kriegszustand mit ihren Beratern von gestern.

Was wir die Finanzkrise nennen, war zunächst der dramatischste und überzeugendste Globalisierungsbeweis der Geschichte. Niemandem ist danach zumute, den gemeinsamen Absturz positiv zu würdigen: als schlagenden Beweis dafür, dass nichts mehr global versickert, dass niemand in Wirtschaft und Politik mehr Fehler machen kann, ohne alle anderen mitzureißen. Wie eine Lunte frisst sich das Politikversagen eines Polit-Träumers um den Erdball. Verbrannte Erde überall, weil die Geldverbrenner weltweit auffliegen. Das Geld in den gierigen Köpfen wollte lange nicht brennen – bis die Banken Farbe bekennen mussten: die Fondsprodukte und Derivate, die besicherten und verbrieften Kredite verbrannten im gleichen Augenblick, als der Sauerstoff der Wirklichkeit die Kopfprodukte in Flammen aufgehen ließ.

Globalisierung ist eben auch, wenn alle mitspielen. Diese wichtigste aller Fragen mögen die Bankprofis gar nicht. Sie zu beantworten, lässt uns aber endlich verstehen, dass die Finanzwirtschaft eben nicht am meisten, sondern am wenigsten geeignet ist, bei den Freiheiten, die sie genießt, an der Spitze zu liegen.

Geld hat ein hohes Suchtpotential; umso überraschender wirkt die Bereitschaft der regulierungsfreudigen Staaten, ausgerechnet das Bankgewerbe zum *freeclimber,* zum Freikletterer, auf den Weltmärkten zu machen. »Wir haben gesagt: Lasst uns mal machen; wir kümmern uns um die Betriebe der Wirtschaft, wir verteilen Chancen und sorgen für Liquidität weltweit«, sagt ein Topmanager aus dem Bankgewerbe. Die Banken boten Leadership für den Kosmos der Waren und Dienste rund um den Erdball an. Das erschien nur logisch, weil sie mit jeder Branche Kontakt haben und bei jedem Geschäft mitspielen.

Dass der Geldhandel selbst, der Eigenhandel der Banken, sich so sprunghaft entwickeln würde, dass eine Riesenwoge von fabulösen Geldprodukten den Handel mit realen Waren überholen und deklassieren würde, das hatten die Spielernaturen im Bankgeschäft schon im Blick. Der blauäugige Vertrauensbeweis der Politik wurde mit Pokerface kassiert. Fern von den Ufern der traditionellen Wirtschaft begann die Tsunamiwoge sich aufzutürmen, die im Jahr 2008 die Gestade der Einfältigen und Leichtfertigen erreichte.

Geologen haben die Zwangsläufigkeit – und die zyklische Natur – solcher Katastrophen mit Naturereignissen verglichen: Erdbeben zum Beispiel. Sandlawinen und Börsencrashs, aber auch epileptische Anfälle, so fügen neuerdings die Neurowissenschaftler hinzu, haben wichtige Voraussetzungen gemeinsam: Unzählige Elemente sind in Netzwerken miteinander verkoppelt. Vielfache Interaktionen durchzucken diese Netzwerke Tag und Nacht. Im menschlichen Gehirn läuft ein ähnliches Tag- und Nachtgewitter von neuronalen Schaltungen wie an den Börsen der Welt. Der Physiker lädt uns dazu ein, die zahllosen Akteure an den Bildschirmen und in den Börsensälen als Agenten eines Meganetzwerks von Teilchen zu begreifen, die nun ebenfalls Naturgesetzen unterworfen sind: Nachahmung und Herdentrieb, Rückkoppelungen und Panikreaktionen, spontane Selbstorganisation des millionenfach von Teilchen-Agenten durchschwommenen Systems. Niemand ist frei. Keiner agiert auf eigene Rechnung. Zeitpunkte für Ausstiege sind nicht erkennbar. Die globale Agentenmasse verhält sich wie Teilchen in einem Gas oder einer Flüssigkeit. Wer von »Blasen« redet, um solche Wildwuchsprozesse zu beschreiben, nützt, also unwissend einen besonders treffenden Vergleich.

Das Credo der Ökonomen von der Selbstorganisation der Märkte zum Wohl aller potenten Akteure wird nicht erst durch diese neuen Befunde widerlegt. Aber der Abschied von diesem Glaubenssatz öffnet eine empfindliche Flanke. Denn die Freisetzung der Finanzwirtschaft in einem regelarmen Riesenspielplatz folgte genau dieser Annahme: Hier sei die Ratio die treibende Kraft; Geldwirtschaft, so glaubten offenbar viele Politiker, sei ein emotionsfreier Raum, der auch die üblichen Laster des korruptionsanfälligen Welthandels abstoße wie ein gesunder Organismus mit starkem Immunsystem.

Oder gab es so etwas wie die geheime Allianz von Politik und Finanzwirtschaft, die zur Lockerung aller üblichen Regelwerke und damit zu einer Privilegierung führte, die den Interessen der Politik entsprach?

Die Vermutung erhält tonnenweise neue Nahrung, wenn man die Stop-and-go-Strategie der Krisentherapeuten aus der Politik beobachtet, die von etwas zu laut vorgetragenen Schwüren und Drohungen begleitet wird: Man werde die gesamte Weltfinanz in Ketten legen. Und dann? Keine Bewegung werde mehr unentdeckt bleiben – wozu das? Es geht doch nur um die Einigung der Gesetzgeber auf verbotene Bewegungen! Längst ist der vernünftigste aller Pläne im Schweigekartell der selbsternannten Krisenheiler in Funktionärscliquen eingemauert: ungebundene Experten, idealerweise eine Gruppe von Nobelpreisträgern, in ein *Komitee* zur Überwachung und Bereinigung der Turbulenzen in der Weltfinanzwirtschaft zu bitten. Auch diese neue Zurückhaltung der Politik beim Einfrieden des Wildwuchses an den globalen Finanzmärkten hat Züge einer nicht nur heimlichen, sondern vielmehr unheimlichen Allianz. Worauf die Privilegierung der Finanzwirtschaft beruhte und warum es unmöglich sein wird, sie außer Kraft zu setzen, werden wir Schritt für Schritt begreifen.

Der marktwirtschaftliche Sündenfall: Verlust der Kernkompetenz des Geldes

Die hohen Freiheitsgrade der Finanz-Akteure haben einige Gründe, legitime und fragwürdige. Die Virtualisierung des Geldes hat in den Köpfen der potentiellen Aufseher in der Politik nicht Warnlampen aufflammen lassen, sondern die Überschätzung des Finanzsektors beflügelt: Wer mit immateriellen Gütern handelt, an die sich geldwerte Versprechen knüpfen, so der Eindruck, der gehört auf Rang eins der Skala, weil alle Mitspieler diese Produktversprechen – und eigentlich vor allem ihre Einlösung – brauchen. Der Respekt vor der vermuteten Intelligenz der Bankmanager und Börsenhändler war im Jahr null der Krise so groß, dass niemand aus der Gruppe der Neider und Bewunderer auf den Gedanken kam, die allmächtigen Geldverteiler aus der Finanzindustrie könnten zu Freibeutern und Hochstaplern werden. Wer sich als politischer Generalist in die Kathedralen der Finanz-Gurus eingeladen sah, war ja selbst auf dem besten Weg, zum Hochstapler zu werden, weil er genug damit zu tun hatte, die eigene Ahnungslosigkeit als Kompetenz zu tarnen. Unter den Voraussetzungen für die Finanzkrise spielt der Aufstiegswille vieler Politiker aus der Zuschauerrolle ins Zwischenruferfach und von dort zum Schulterschluss mit den Pionieren des virtuellen Zeitalters eine große Rolle.

Schon die vorletzte große Aufblähung von Leerversprechen, die Internetblase, lebte von den zahllosen Zusteigern aus verschiedenen Milieus, die ohne Sachkenntnis vor allem zu einem entschlossen waren: ganz vorn dabeizusein. Börsengänge wurden inszeniert, deren Verlierer vorher feststanden, während die Gewinner weiterzogen. Nicht anders verlief der systematische Zustrom heißer Luft in die Finanzblase, deren Platzen uns noch beschäftigt. Die Spitzenakteure fanden genügend Rudersklaven und Heloten, die als ihr Gesinde und ihre Geschäftspartner auf der definierten Verliererseite dabeiblieben bis zuletzt – gelähmt am Ende von der Erkenntnis, dass sie von Anfang an in einem verlorenen Spiel als eifrige Lehrlinge der ganz Großen mitgespielt hatten, während niemand von den Herren des Geschehens sie auf der Gewinnerseite sah – zu keinem Zeitpunkt.

Virtualisierung des Geldes bedeutet den Verlust der »Kernkompetenz« des Geldes als Tauschmittel zwischen Anbietern und Kunden. Sind beide sich einig, dass die geforderte Summe den Wert des transportierten Gutes nicht nur für den Anbieter, sondern auch für den Kunden repräsentiert, dann wechselt die Ware den Besitzer. Das Geld hat dabei die Funktion eines Mediators, eines Vermittlers. Es wird immer wieder in dieser Rolle genutzt werden; wenn der eine Handel abgeschlossen ist, kann es beim nächsten Geschäft eingesetzt werden.

Wer die Finanzkrise und die von ihr ausgehende Infektion in die Wirtschaft als »systemischen« Prozess bezeichnet, der scheint etwas zu ahnen von diesem dramatischen Machtwechsel, der mit der Virtualisierung des Geldes möglich wurde – der aber ohne die gleichzeitige Freisetzung in regelfreies Gelände nicht so zerstörerisch ausgefallen wäre.

Die Beförderung der virtualisierten Geldwirtschaft auf Rang eins der Wirtschaftsakteure leitete einen Machtwechsel ein. Finanzpiraten übernahmen das Kommando auf den Weltmeeren der Finanzindustrie. Das Erdbeben, das ihr Riesenroulette weit draußen vor den Küsten der Ahnungslosen auslöste, schickte auch die Realwirtschaft in die Tsunamiwoge.

Globales Banking:
Die freizügigste Wirtschaftszone der Welt

Die Balancestörung, die von der Auskoppelung der Geldwirtschaft als eigenständigem Wirtschaftsimperium aus der traditionellen Partnerschaft mit der materiellen Güterwirtschaft ausging, blieb so lange unentdeckt, wie die »Geldschöpfer« in den Banken ein neues Zeitalter anstrengungsloser Kurzfristgewinne einläuteten und die Weltmeister der Finanzakrobatik die »Phantasie« in der neuen Produktwelt von Sieg zu Sieg führten. Die Undurchsichtigkeit und »Schwerlesbarkeit« der Produkte war – und ist bis heute – nicht ein Hindernis, sondern ein Anreiz, in der unheiligen Allianz mit den Hohenpriestern des neuen Hochamtes im Namen des reinen Geldes mitzuspielen – unbeschwert vom trivialen Dunst realer Produkte.

In diesen Jahren der Freischaltung der Geldwirtschaft aus allen strengeren Regelwerken wurde auch im Kopf der unprofessionellen Zuschauer ein neuer Selbstversuch angestoßen: Der Ich-Banker wurde geboren. Dabeisein, wo alle Erdenschwere von Waren des täglichen Gebrauchs abfällt, wo, verlockender noch, die Traumgestalt von fernen Wünschen via Kreditkarte zur »Alles-jetzt-Story« wurde, das verlangte mehr Aggressivität und Verbrauchermut. Wer den Blitzaufstieg von Jungbankern beobachtete, konnte schnell den Eindruck gewinnen, den falschen Beruf gewählt zu haben. Wer in Wirtschaftsmagazinen über Leerverkäufe und Spekulationsgewinne im Börsenalltag las, der kam im Sog der Verlockungen noch nicht dazu, die Entkoppelung des Geldes von seinen Zielen als systemische Erkrankung ganzer Gesellschaften zu erkennen.

Das Erlebnis »Krise« wirkt aber entgegen manchen Erwartungen und Beteuerungen keineswegs als Ratio-Verstärker. Im Gegenteil: Wer sich als ahnungsloser Mittäter in der schönen neuen Welt der Finanzprodukte ohne Warenbezug noch an traditionellen Vernunftregeln orientiert hatte, der flieht in der Krise zu irrationalen Anlagestrategien, ohne zu ahnen, dass er nun im Börsengeschehen mit *high-risk-takern* gleichzieht, die im höheren Risiko für sich selbst noch einmal die Ausstiegsprämie zum Greifen nah sehen. Ob sie realisiert wird, ist für die Gewinner, die sich nun absetzen, ohne Belang. Der Neuling scheitert nun doppelt im unerwarteten Klumpenrisiko.

Was mit der eigenständigen Produktwelt der Finanzwirtschaft eigentlich geschieht, ist nicht nur irgendeine Balancestörung, sondern ein marktwirtschaftlicher Sündenfall, der in den Wertekern der sozialen Marktwirtschaft eingreift. Ein Produkt, das nur aus Geld besteht, genauer betrachtet sogar nur aus der unüberprüfbaren Zusage, es sei eine Geldmaschine, nimmt dem Kunden die Möglichkeit zum Wertvergleich Geld und Ware. Es befreit den Verkäufer von jedem Nachweis, dass der Wertzuwachs tatsächlich eintritt. Der Kunde soll vertrauen. Weil er das aus traditionellen Handelsbeziehungen kennt, ist er dazu leicht zu überreden.

Der Händler des virtuellen Versprechens »Geldvermehrung« siegt aber auch deshalb, weil er anstelle der Vernunft des Kunden dessen Begehrlichkeit anspricht. Das ist nichts Neues, aber für den Kunden in der Welt der unsichtbaren und immateriellen Produkte ist es dennoch neu. Er wird ja zu seiner großen Erleichterung nicht mit einem Stapel überflüssiger T-Shirts nach Hause gehen, sondern aus der lasterhaften Konsumwelt erlöst, nur mit einem Stück Papier in der Tasche das Büro des Verführers verlassen. Der hat ihm nämlich einen Gewinn versprochen, wie ihn ein guter und besonnener Einkauf niemals bringen könnte. T-Shirts bieten keine Rendite, im Gegenteil: Ihr Wert schwindet von Tag zu Tag dahin, von einer Wäsche zur nächsten.

Wertverfall gegen Wertzuwachs – nur ein Tölpel wird sich gegen das Wachstumsversprechen entscheiden. Der Kunde geht mit dem sicheren Gefühl nach Hause, sich für die Tugend und gegen die Laster der Märkte entschieden zu haben. Das ist der Startvorteil, den die Händler von Geldprodukten nutzen: Wir alle wollen aus Opfern des Konsumterrors zu souveränen Tätern werden. Das ideale Täterprofil, an dem wir arbeiten, ist das des Verweigerers. Da ist der Übertritt in eine materiefreie Welt genau das richtige Angebot. Und die hohe Belohnung erscheint uns für unsere Tugendleistung völlig angemessen: Fondsanteile, die Nachhaltigkeit und hohen Gewinn versprechen anstelle des verlockenden neuen i-Phones, das ist schon eine Leistung, die einen Bonus verdient. Der Berater scheint das richtig einzuschätzen. Wir zeichnen den Fonds und sind sicher, als Anleger in einer besseren Liga zu spielen als all die Konsumtiger draußen.

Und doch haben wir soeben eine verkehrte Welt betreten.

Der Kunde als Goldesel oder: Geldschöpfer am Dukatenbaum

Die meisten Bankkunden wissen nicht, was die Bank ihres Vertrauens mit ihrem Geld unternimmt. Banken sind »Geldschöpfer«, nicht Geldmacher, wenn sie den Sprachgebrauch wählen dürfen. Das Wachstum, das sie in Gang setzen, schickt die Kundengelder ins Roulette: Bis zu fünfzigmal wird jeder anvertraute Euro an Kreditkunden verliehen. Er verdient für die Bank ein Vielfaches dessen, was der Kunde wiedersieht – und beim Staat erneut versteuern muss.

Seit 1970, so rechnet uns der Internationale Währungsfonds (IWF) vor, haben die Banken durch diese Kreditpraxis der Weltwirtschaft 124 Bankenkrisen geliefert – mit schwerwiegenden Folgen für die Volkswirtschaften.[12]

Die »Geldschöpfung« begann in einer Zeit, als Gold- und Silbermünzen den Banken zur Verwahrung anvertraut wurden. Um kostspielige Transaktionen zu vermeiden, stellten die Banken Quittungen aus, die den Empfang der Edelmetalle bestätigten.

Die geniale Idee zur Profitmaximierung ließ nicht lange auf sich warten: Banken begannen, das Gold ihrer Kunden als Kredit an andere Kunden weiterzugeben. Eine Sicherheitsreserve sollte mögliche Rückforderungen abdecken.

Wer die Geschäftsidee nicht nur genial fand, der entdeckte, dass viele Goldmünzen in Banktresoren nun nicht mehr einen, sondern zwei Besitzer hatten, den ursprünglichen und den Kreditnehmer. So funktioniert »Geldschöpfung«: Aus tausend Goldmünzen macht die Bank zweitausend. Bringt der Kredit-

12 Norbert Häring im *Handelsblatt*, 23.6.2009, S. 9.

nehmer oder einer seiner Geschäftspartner das verliehene Geld zurück, so kann die Bank die tausend Goldmünzen erneut verleihen. Aus tausend Münzen sind nun schon dreitausend geworden; für zweitausend kassiert die Bank Zinsen. Unter Bankern gibt es einen Expertenausdruck für diese Art der Geldmacherei: *Fiat*-Geld, ein lateinischer Fachbegriff, der nicht eine Gaunerei beschreibt, sondern in die biblische Genesis zurückführt. *Fiat lux*, es werde Licht, lautet der Gottesbefehl in der Schöpfungsgeschichte des Alten Testaments. Und die Zuflucht der Banker bei sakrosankten Nachrichten aus der Götterwelt hatte handfeste Gründe. Das Geld von Kunden, die mit der Verfügbarkeit ihrer Werte zu jeder beliebigen Stunde rechneten, einfach weiterzugeben, wurde von vielen Beobachtern als Betrug eingestuft.

Der »Schöpfungsprozess« der Bank folgte ja tatsächlich der Annahme, dass zu keinem Zeitpunkt alle Einleger auf einmal ihr Gold zurückverlangen würden. In Wahrheit genügt ein leiser Bonitätszweifel gegen irgendeine Bank, um einen Ansturm von Kunden auszulösen; die Krise ist da.

Die Rechtsprechung reagierte auf die Einwände und lieferte den Freibrief, der bis heute gilt: Banken können mit dem Geld ihrer Kunden machen, was sie wollen. Und die Kunden wären auf der Höhe der Fakten, wenn sie sich klarmachen würden: Ich bin ein Kreditgeber der Bank, und sie ist nicht mein Treuhänder, sondern sie spielt mit meinem Geld. Auch wenn ich den »Kreditvertrag« jederzeit kündigen kann, bleibt das Wissen, Spielmaterial zu liefern, das der Gewinnmaximierung der Bank dient.

»Die Antwort auf die Frage, warum wir ein Finanzsystem haben, das vor allem den Banken nützt«, sieht der Ökonom Norbert Häring »in der historisch gewachsenen gegenseitigen Abhängigkeit von Bankiers und Staat«. Die moderne Variante sichert das alte Privileg der Banken zu deren höchster Zufriedenheit noch sicherer ab: Der Staat selbst betreibt eine Zentralbank, und die Länder in Deutschland sind Eigner oder Großaktionäre ihrer Landesbanken Alle privaten Banken wissen nun: Es gibt da den *lender of last resort*, den Kreditgeber der letzten Instanz, die Bundeszentralbank. Misswirtschaft oder wirtschaftliche Schieflagen, die einen Run der Kunden auf ihre Bank auslösen, können mit Staatsgeld entschärft werden. Die politische Lieblingsformel zur Entschuldigung für diese Rettungsaktion, es handle sich um ein »systemisch« unersetzliches Geldhaus, das andere mit in den Abgrund reißen würde, gibt ungewollt einen Hinweis, worum es eigentlich und uneingestanden geht.

Geld wird zum Suchtmittel

Es handelt sich um eine systemische Erkrankung, die an den Symptomen kuriert werden soll, weil alle Beteiligten wissen, dass sie nicht »Schöpfungsprozesse« belohnen, sondern vielfach verstrickt sind in einem Suchtgeschehen, das sich intelligent kostümiert. Wer aussteigen will aus dem Kartell der Gewinnmaximierer, wird zum Verlierer. Wer Regeln verspricht, die »Transparenz« erzwingen, der verschweigt, dass wir genug über die Finanzwirtschaft wissen, um Durchblick zu erlangen. Wem der nützen soll, darüber herrscht Uneinigkeit. Ob man einander nicht mehr braucht als alle, die Transparenz brauchen, das ist die Frage. Und ob man die systemische Erkrankung, die chronisch ist und nur alle Blasenjahre einmal akut wird, nicht einfach durch den Ankauf gewaltiger Überdosen von Impfstoff als Pandemie definieren und dann schnell vergessen könnte?

Geldverbrennern durch das Verbrennen von Geld zu antworten, ist eine Reaktion von dieser Qualität. Geldverbrennern das Handwerk zu legen, ist aber sicher nicht durch Nachahmung ihres Umgangs mit Geld möglich. Dass jede Krise genau diesen Fehler provoziert hat – verschleuderte Riesensummen durch Riesensummen ausgleichen zu wollen –, ist eine schwache Entschuldigung.

Dass kaum einer der selbsternannten Heiler den Mut hat, über reine Geldantworten auf Geldverluste hinauszugehen, erklärt die kollektive Verstrickung näher. Alle Beteiligten haben eine Klientel, die nach Geld ruft. Die Politiker meinen, bei den Bürgern diese Forderung zu hören, die Banken erleben sie bei ihren Kunden, die Finanzberater und die Fondsanbieter kennen nur Geldforderungen, nichts anderes.

Wo Geld verspielt wird, reden alle nur noch von Geld, und die Spieler können von ihrer Sucht nicht berichten, die das gesamte Suchtpotential der Geldgesellschaften weltweit losgetreten hat. Viele von ihnen tauchen unter, wenige suchen die Öffentlichkeit für ein Testimonial: »Schaut her, ich bin clean. Entronnen, davongekommen. Es war die Hölle.« – Und nicht wenige von diesen suchen schon bald die neue Herausforderung.

Die jeden Tag beschworene Front, die Politik und Finanzwirtschaft unversöhnlich verfeindet zeigt, ist ein Medienprodukt. Beide Seiten verbindet mehr, als sie trennt.

Die Krise hat ihre Story bekommen, eine medienfähige Geschichte von »den andern«, die entgleist sind. Von Tätern und Opfern. Differenzierung ist medial nicht verkäuflich. Dass sie schon vorher im selben Boot saßen, die sich nachher, verfeindet, in einem Boot wiederfinden, ist einfach keine gute Story.

Im Zentrum dieser Story, wie sie die Wirklichkeit schreibt, steht die geheime Allianz aller, die in verschiedenen Lagern einander gegenüberstehen. Ihr Dogma: Das Geld muss an der Macht bleiben. Um diesen fast unverkäuflichen Konsens zu verdecken, wird einfach mit Statements gearbeitet, die das Gegenteil behaupten: »Nie mehr darf die Finanzwirtschaft ihre Weltherrschaft so missbrauchen.« Bei Rückfragen nachdenklicher Journalisten sagt man: »Wir arbeiten daran, dass die Weltherrschaft der Finanzhaie und der Zocker gebrochen wird. Wir schließen das Casino.«

Es gibt beliebig viele Antwortmodelle, die das Wichtigste verschleiern, was die Kombattanten und ihre Gegner zusammenführt: Es soll auf keinen Fall ganz anders werden als vorher. Die Tempel der Geldwechsler sollen natürlich nicht geschlossen werden. Die Götter des Geldes bleiben im Amt, und wir opfern ihnen. Geld bleibt das höchste Gut.

Zwei wichtige Entdeckungen, die uns die Krise schenkt, beweisen die Allianz von Tätern und Opfern, und mit ihr die Wanderungsbewegungen zwischen beiden Gruppen. Kaum jemand gehört nur auf die eine oder andere Seite der Front.

Die erste Entdeckung: Ursache für die Entkoppelung von Geldwirtschaft und traditioneller Wirtschaft (»Realwirtschaft«, so heißt es im Krisendeutsch) war der Transfer des Geldes aus seiner Rolle als Wertmittler zwischen den Geschäftsparteien auf einen Platz in der Güterwelt; das Geld wurde zur Ware wie beliebige andere reale Güter auch. Folglich entstanden »Finanzprodukte«, die von Banken und freien Marktteilnehmern angeboten werden. Das Geld ist nicht mehr Mediator, Mittler von Zielen, sondern das Geld selbst ist das Ziel. Geldprodukte, so würden die Händler sagen, sind multifunktional. Ihr Ziel ist Geldvermehrung, Gewinnmaximierung. Wer das Geld in Waren umsetzt, verliert Gewinnchancen; wer aus einem Fonds aussteigt, verliert ebenfalls Gewinnchancen, auch wenn er vor Verlusten flieht. Aussteigen kostet Geld. Umsteigen in die Welt der realen Träume auch. Finanzprodukte verlocken zum Umsteigen und Weitermachen, weil kein Bezug zu real erfüllbaren Wünschen geweckt wird. Geld ruft nach mehr Geld. Wenn dann noch nie gesehene Renditen versprochen werden, wird der Anleger zum Gefangenen seines Investments. Wir alle leben schon länger in einer Kultur, die Erfolg vor allem ökonomisch definiert. Ehe Finanzprodukte zu Statuslieferanten wurden, ließ sich ökonomischer Erfolg noch in der ironisch zitierten Trias »mein Auto, mein Haus, mein Boot« darstellen. Der Vorteil war: Die Kinder konnten im Garten herumtollen, sie erlebten Sommertage auf dem Wasser. Seit unsichtbare ›Anlagen‹ das Leben der Familie bestimmen, geben Börsenkurse den Takt an. Vermögenswerte im väterlichen Depot können in Sekundenschnelle verdampfen; das Haus mit Garten dagegen steht immer noch.

Der Transfer des nackten Geldes in die Skala der realen Produkte hat die Mittel-Ziel-Drift salonfähig gemacht, die den Stellenwert des Geldes verändert. Geld wird zum Suchtmittel, weil die Vergleiche mit früheren Zielen im gleichen Augenblick entfallen: Geld ist das Ziel. Und die Wettbewerber stammen aus anderen Lebensszenarien als vorher. Sie sind besessene Hasardeure mit unbürgerlichem Lebensrhythmus; viele von diesen neuen Vorbildern haben geniale Züge. Sie baggern und versenken Milliarden, und solange sie das im Wechsel tun, sind die Chefs zufrieden.

Wenn Geld zum Endziel aller Einsätze wird, wenn man nur noch mit Geld Geld verdient, dann hat man die alte Welt der Marktwirtschaft verlassen. Es gibt kein Maß mehr, um satt zu werden.

Die zweite Entdeckung: Die Spitzengruppe der professionellen Geldjäger hatte schon länger alles für die Flucht vor Entde-

ckung vorbereitet. Die Verpackungsorgien, in denen Finanzprodukte ausgepackt, eingepackt und umgepackt wurden, um
auf jeder Station der globalen Produktreisen Absender und
Adressaten unkenntlich zu machen, zeigen die Pilot-Teams der
weltweiten Täuschungsmanöver schon vor ›Ausbruch‹ der Krise, also im chronischen Stadium des Massenrauschs ums
schnelle Geld, in einer Massenflucht durch Länder und Konti-
nente. Da die meisten von ihnen schon lange anonym im großen Geldgeschäft unterwegs waren, beschränkt sich die Zahl
der vorzeigbaren Riesenhaie auf eine erstaunlich kleine Zahl.

Die neue Produktwelt der mit heißer Luft gefüllten und mit
hermetischen Labels attraktiv geschwätzten Finanzpakete war
von Anfang an ein Markt von noch größerer Virtualität, als die
meisten Mitspieler dachten; das angebotene sichere Geld ten-
dierte gegen Null; nur das Geld der Anleger aus dem Fußvolk,
das für die Verliererrolle vorgesehen war, gab es für eine Weile
wirklich – bis der Tsunami kam.

Fazit: Der globale Handel mit Finanzprodukten, für die niemand einstehen wollte, zeichnet sich durch einen Verstoß gegen einen Grundsatz für gute Geschäftspartnerschaft aus, der
aus dem Bankenprivileg zu erklären ist, das der Gesetzgeber
bestätigt hatte: als Treuhänder seiner Kunden mit Geld der Anleger Gewinnspiele zum eigenen, nicht zum Kundenvorteil zu
unternehmen.

Die Massenflucht der Verpackungskünstler vor Verfolgern, die
erst in der Zukunft auftauchen würden, zeigt, wie genau sie wussten, dass ihre Produktversprechen ein sehr nahes Verfallsdatum
hatten. Die Fluchtbewegung aus der Verantwortung, die zu jedem normalen Zusammenspiel zwischen Händlern und Kunden
gehört, disqualifiziert eine ganze Berufsgruppe. Darum sind die
Opferrollen so begehrt. Darum auch haben Politik und Finanzwirtschaft ein gemeinsames Interesse an ungenauer Aufklärung.

Mit der Geburt der profitabelsten Produkte der Bankenge-schichte begann die organisierte Flucht der Erfinder und Händler aus der Absender- und Mitwisserrolle. Es war eine entschiedene Absetzbewegung aus der Verantwortung, die jeder Hersteller und Händler kennt und akzeptiert. Wer schon im Start einer neu-en Produktstory in Deckung geht, tut dies, weil er die Fragwür-digkeit dieser Kreation bereits erkennt. Er liefert zugleich allen Mitspielern, die Produktvarianten weiterreichen, Entlastung an; die Dosis Verantwortung wird mit jeder neuen Station, die das Paket passiert, kleiner. Schließlich verflüchtigt sie sich ganz, die Haupttugend jedes guten Geschäftskontakts.

Dass auch Händler die Produkte dieser neuen Generation nicht verstanden, hat natürlich auch diesen Grund: Wer das Paket öffnet, wer gar zum Absender zurückverfolgt, welche in-solventen Schuldner hier von den *Insurance*-Riesen der Weltfi-nanz wie AIG in Renditegaranten umgestylt werden, der fühlt Verantwortung. Auch darum funktionierte der globale Versand-handel mit diesen fragwürdigen Wertpaketen so reibungslos; die *community* der Mittäter stilisierte sich so zur *community* der Ahnungslosen.

Geldgeschäfte, wenn sie gut sind, handeln von Zielen, die mit Geld nicht zu bezahlen sind

Geldgeschäfte, die kein anderes Ziel kennen als Geld, öffnen Gefahrenzonen. Nicht nur die Sucht bedroht die Spieler, auch der Verlust von Zielen, die so etwas wie Ankunft versprechen, Beruhigung, Heilung vielleicht sogar von der Obsession, immer mehr Geld aufzutürmen. Geldgeschäfte, deren Ziel ausschließlich mehr Geld ist, erschweren die Rückkehr in die Welt der realen Werte. Die liefert nicht nur Statussymbole, die den Abschied aus der virtuellen Renommier-*community* erleichtern, sondern auch immaterielle Werte, die bei der Jagd nach dem schnellen Geld auf die Verliererseite geraten sind, weil die Betriebstemperatur des Jägers, ein strapaziöser Wechsel von Heiß und Kalt, beschleunigter Puls, gefrostete Ratio, ihnen schlecht bekommt. Es sind die Werte, die Menschen an uns binden in der Gewissheit, dass wir als Jäger über kurz oder lang allein sind: Liebe, Treue, Verlässlichkeit. Versprechen halten, eine Kategorie aus der Welt, die weit entrückt ist, wenn man nur noch auf Leute trifft, die gar nicht erst Versprechen abgeben. Dass auch die Bundeskanzlerin niemandem etwas versprechen möchte, um ihre Karriere nicht zu beschädigen, macht die Flucht vor Verbindlichkeit schon fast zum Trend.

Geldgeschäfte, die nichts anderes generieren als Geld, kosten auch den Beistand jener Menschen, die unsere Freunde wären, wenn wir ihnen trauten. Dass dem schwäbischen Pharma-Milliardär Adolf Merckle der Beistand seiner nächsten Menschen beim absehbaren Kollaps seines Imperiums weniger wert erschien als sein Profil als erfolgreicher Börsenspekulant, zeigt die Einsamkeit des Süchtigen, der an immaterielle Werte nicht mehr glaubt.

Geldgeschäfte, wenn sie gut sind, haben andere Ziele, als das Suchtmittel selbst zu kumulieren, das Geld. Wenn Geld nichts mehr bewegt als Geld, dann entfernt es sich auch von seiner Fortschrittsposition als Lieferant von Freiheitsgewinn, als Medium zur Objektivierung von Leistung. Wer das Geld emanzipieren will aus seiner Mittlerrolle, um es als eigenständige Weltmacht zu etablieren, der muss beweisen, dass die Entgleisung der neuen Produkt-Generationen vermeidbar und das

Suchtpotential beherrschbar ist. Die Finanzkrise beweist, dass es eine Wahrnehmung dieser Gefahren bisher nicht gab.

Handlungsbedarf besteht vor allem deshalb, weil die neue Weltmacht Geld ihre waghalsigen Manöver nicht in ihrer eigenen Sphäre korrigieren kann. Sie beschädigt die Realwirtschaft, und sie greift nach den Rettungsringen der Politik. Die Loslösung florierender Geldgeschäfte aus der ›Heimat‹ des Geldes, der Gesamtwirtschaft, kann nicht gelingen. Akteure, die das Geld aus der Mittlerrolle befreien wollen, greifen in Wahrheit das Konzept der Marktwirtschaft an. Dieser Befund gilt jenseits der Debatte um die künftige Autonomie der Märkte.

Es ergibt sich eine kaum widerlegbare These: Geldgeschäfte, wenn sie gut sind, handeln von Zielen, die mit Geld nicht zu bezahlen sind.

Geld steht für Gestaltungsmöglichkeiten, die nicht nur Gelddepots, sondern das Leben selbst betreffen. Geld ist der Generator für die Realisierung von materiellen und immateriellen Zielen, von konkreten und abstrakten Gütern. Geld ist der Stabilisator von Hoffnungen und Aussichten auf künftige Ziele, die Lebensqualität sichern.

Geld stiftet Freiheit, und Geld macht Knechte. Der neu eröffnete globale Basar für Geldgeschäfte, die nur Geld zum Ziel haben, hat seine Werthaltigkeit im ethischen Sinne noch nicht bewiesen.

Wer dieses Kriterium für überholt hält, wer darum wertgerechtes Verhalten auf den Geldmärkten der Zukunft durch Kontrollen sichern will, wird sich wundern: Kontrollen machen schlau. Die Zielobjekte verdichteter Regelwerke werden ihren Verfolgern immer überlegen sein.

Die Legende von der Ratio der Märkte

Die Idee von der ›Ratio der Märkte‹ war verführerisch, weil sie Personen von eben jener Ratio freisprach. Eigenes Versagen als Systemzwang zu entschärfen, ist eine Einladung, der sich niemand entziehen wird. Als die Finanzkrise manifest wurde, war die Entdeckung unausweichlich, dass die Theorie der Ökonomen in einer Güterwelt herrschte, die einen eigenständigen Finanzsektor nicht zu kennen schien. Die ›effizienten Märkte‹ der Theoretiker waren von ›rationalen Erwartungen‹ geprägt. Belohnungen und Strafen für weniger rationale Marktteilnehmer, so die Hochschulökonomie, liefere der Markt. Es gab zunächst keinen Anlass anzunehmen, dass Geldmärkte anders funktionieren. So könnte es theoretisch sein, wenn nicht Balancestörungen wie hohe Verschuldung, niedrige Zinsen, steigende Managervergütungen eine Fehlerkette ergäben, die Zahlungsausfälle nach sich zieht und die Insolvenz in Sichtweite bringt.

Geldmärkte gehorchen also dem Idealbild von der Rationalität der Märkte nicht. Weil gefährdete Banken anderen Banken in gleicher Lage misstrauen, ist wechselseitige Entlastung unmöglich. Die Kreditvergabe kommt zum Stillstand, und die unterschätzte Macht der Finanzwirtschaft erzwingt Aufmerksamkeit durch ihr Scheitern.

Ursache dieses Scheiterns ist aber nicht die untaugliche ökonomische Theorie, sondern die massenhafte Ausblendung der Ratio bei Produktdesignern und Börsenhändlern weltweit: Geldwirtschaft als sanktionsfreier Raum, ein Experiment von Anarcho-Bankern, war die Ursache für die Katastrophe, die Heere von Finanzakteuren der Weltwirtschaft aufgezwungen haben.

Die Annahme von der Rationalität der Märkte lässt sich jedenfalls nicht widerlegen, nur weil Hundertschaften von Finanzhändlern der Ratio keine Chance gegeben haben. Dass es ihr Business und ihre heiße Ware sei – das Geld –, die der Ratio der Trader keine Chance gebe, ist die Gegenthese der gierigen *gambler* vor den Bildschirmen. Ein klarer Kopf ist hier ganz anders definiert als in der Realwirtschaft. Ohne Rauschdrogen geht hier wenig, sagen die Anhänger von Intelligenzverstärkern, also Hirndoping. Ohne Rauschdrogen kann man das Risiko besser einschätzen, sagen andere.

Auch bei den Neurowissenschaftlern herrschen noch Vermutungen vor. Es gibt wenig gesichertes Wissen, ob und wie unsere Entscheidungsgewohnheiten bei Finanzprodukten von der traditionellen Routine abweichen, die uns in den Warenmärkten entscheidungsfähig macht.

Gesichert scheint die Erkenntnis, dass unsere Verlustangst generell die Herrschaft übernimmt, wenn es um Investments geht, deren Entwicklung wir nicht abschätzen können. Die meisten Menschen verzichten eher auf einen riskanten Einsatz, um dem Verlustrisiko zu entgehen.

Also ist es besonders schwierig, so könnte man meinen, undurchsichtige, unbekannte Produkte im Geldmarkt zu verkaufen. Um die Verlustangst der Kunden einzuschläfern, gibt es nur ein Mittel: das überdurchschnittlich hohe Renditeversprechen. Dass beide Partner des Geschäfts, der Anbieter und der Käufer, das Produkt nicht durchschauen, wird vom Händler zwar nicht zugegeben. Die »Komplexität« des Produkts mache einen Totalverlust des Investments praktisch unmöglich, weiß er zu berichten. Der Neuroökonom könnte Ernüchterung anbieten: Peter Bossaert, Neuroökonom an der Universität Lausanne, weist auf unsere Unerfahrenheit bei der Einschätzung hochkomplexer Systeme und ihrer Entgleisung in Krisen hin.

Wenn die Aktienkurse einbrechen, so Bossaert, können selbst Börsenkenner nicht sagen, was am nächsten Tag passieren wird. Über die längste Zeit unserer Anwesenheit auf dem Planeten Erde war es nicht notwendig, Risiken einzuschätzen, wie sie heute an den Finanzmärkten entstehen. Wir sind Neulinge im Krisenmanagement der Finanzwirtschaft: »Dort müssen wir mit einer Art Risiko umgehen, das unser Gehirn vielleicht einfach nicht verstehen kann.«[13]

Wenn es so sein sollte – wofür einiges spricht –, dann müssten wir uns schnellstens mit neuen Werkzeugen ausstatten, die unser Gehirn übertreffen. Die Neuroökonomie glaubt übrigens jetzt schon zu erkennen, dass der rational entscheidende Marktteilnehmer eine Fiktion der klassischen Wirtschaftswissenschaften ist. Marktforscher wissen freilich schon lange, dass nicht erst die Finanzprodukte emotionales Feuerwerk im menschlichen Gehirn auslösen. Der begehrende Marktteilnehmer ist vielmehr eine vielfach geköderte Kreatur der Werbewirtschaft, deren Anfälligkeit für irrationale Versprechen fast grenzenlos ist – auch wenn ihr Widerspruchsgeist und ihre Robustheit zunehmen.

Paul Krugman, Nobelpreisträger für Ökonomie, zeichnet ein düsteres Bild von Vergangenheit und Zukunft der Wirtschaftswissenschaften. In einer Rede an der London School of Economics stellte er im Sommer 2009 seiner Disziplin ein vernichtendes Zeugnis aus: »Der Großteil der Makroökonomie der vergangenen 30 Jahre war im besten Fall spektakulär nutzlos und im schlimmsten Fall schädlich ... Wir brauchen eine ganz neue Art, Ökonomie zu lehren«, und er fügt hinzu: »Ich weiß auch nicht so genau, wie das gehen soll.« Aber er macht seinem Publikum zugleich Hoffnungen: »There goes a story with

---

13 Peter Bossaert zitiert von Ulrich Kraft, *Handelsblatt*, 30.10.2008 S. 9.

it«, so leitet er die Erklärung ein, warum eine einzige treffende Vorhersage seines Kollegen Milton Friedman zum kardinalen Irrtum der jüngsten Jahrzehnte in seiner Wissenschaft führte – nämlich der Annahme, dass Menschen im Markt klug und rational agieren. Die neue These war so schmeichelhaft, dass sie in Übertreibungen und Verallgemeinerungen drängte: Nicht nur das Handeln der Marktteilnehmer sei rational, sondern auch ihre Erwartungen seien generell von der Ratio bestimmt.

Diese verlockend positive These scheiterte aber sofort, wenn Konjunkturschwankungen oder Technologieschocks als rationale Ergebnisse erklärt werden sollten. Die neue Denkschule spaltete sich bald. Aber selbst die gemäßigten Anhänger eines nur partiell rationalen Menschenbilds litten unter der Kränkung, dass mit dem rationalen Akteur im Markt auch ihre mathematischen Modelle von dessen Handeln obsolet wurden. Krugman nennt diese Kränkung »Maximierungsneid«, weil die Wissenschaftler nun auch sich selbst nicht mehr als lupenreine Ratio-Strategen sehen dürfen. Der Absturz ihres Ideals lässt die Forscher selbst einige Ränge tiefer bescheidener neu beginnen.

Die Finanzjongleure, das ist offenkundig, haben nie an den rationalen Kunden geglaubt. Sie setzten ja auf seine Irrationalität – und profitierten von der Irrmeinung der Ökonomie, der verführbare Investor sei ein rationales Wesen. Der wissenschaftliche Irrtum von der Ratio der Märkte gab den Zockern auf den Geldmärkten Flankenschutz. Im Schatten der allgemeinen Überschätzung der Kundenvernunft ließen sich die Geschäfte mit seiner Unvernunft umso reibungsloser abwickeln. Der Mythos vom rationalen Markt hatte viele Anhänger in den oberen Etagen der Finanzbürokratie und Finanzpolitik.

Ein so schmeichelhaftes Selbstbild als Protagonist einer rationalen Veranstaltung hat ein zähes Leben. Selbst der Chef der US-Notenbank Alan Greenspan sah sich bei einer Anhörung im

Herbst 2008 vor dem US-Repräsentantenhaus zu einem Bekenntnis genötigt, als er mit den Fakten konfrontiert wurde. »Sie fanden heraus, dass Ihre Sicht der Dinge, Ihre Ideologie nicht richtig war«, sagte der Vorsitzende Henry Waxman, zu Greenspan gewandt. Dieser antwortete sichtlich betroffen: »Precisely.«

Die ›Rationalität der Märkte‹ war immer eine Schutzbehauptung. Sie half der Finanzwirtschaft, ihre Freiheitsvorsprünge zu verteidigen. Die Formel hatte immer eine absurde Note, weil sie ja die Behauptung enthält, dass es Marktmechanismen gebe, die eine korrigierende Vernunft zur Siegerin über jene emotional aufgeladene Arena ›Markt‹ machen – und das zuverlässig und regelmäßig. Das beschworene Konstrukt ›Ratio‹ widerspricht allem, was alle Marktteilnehmer wissen und jeden Tag erfahren. »Da gibt es viele Rückzugsgefechte«, sagt der Chefvolkswirt der Deutschen Bank, Thomas Mayer. »Dabei müssten bestimmte Paradigmen dringend korrigiert werden, wie etwa die Annahme effizienter Märkte und rationaler Erwartungen.«

Homo oeconomicus ist schwer von seiner Selbstüberschätzung abzubringen, er lässt Chance auf Chance vorüberziehen, die Eitelkeit des Wissenschaftlers ins Feuer seiner Niederlagen zu stellen: Immer noch verbrennt er lieber Geld als seine Lieblingslegenden über die eigene Vortrefflichkeit. Ob die zunehmende Blasendichte beim Illusionenabbau hilft?

Forscher mit Geltungsbedürfnis stellen sich als neue Trendsetter vor: Sie wollen beweisen, was die Werbewirtschaft und jeder gute Verkäufer seit Jahrzehnten weiß – dass Emotionen im Markt genauso mächtig sind wie im gesamten Alltagsgeschehen, weil Menschen nur im Ausnahmefall und nur durch Training zur Abspaltung ihrer Ratio von den begleitenden Gefühlen gezwungen werden können.

Weder die Märkte noch die Krisentherapeuten sind rational, und die tägliche Bemühung aller Marktteilnehmer und aller

Rächer, Bändiger und Regulierer muss dem Mischungsverhältnis von Gefühlen und Gedanken gelten, das ihre Meinungen und Entscheidungen bestimmt.

Auch die Krise ist längst eine Story geworden. Unzählige Krisenheiler bevölkern die Märkte, schon weil niemand ein Krisentreiber gewesen sein will.

Die Politik kämpft mit der Versuchung, den Pendelausschlag nach der Niederlage aller Illusionen nun zur entgegengesetzten Seite umso heftiger anzustoßen: Banker in Ketten legen, Managergehälter deckeln, Aufsicht perfektionieren und Freiheiten kassieren.

Wer heilen will, muss die Diagnose kennen, auch wenn er selbst Heilung braucht.

Die Krankheit ist systemisch, und sie verlief lange chronisch, ehe sie – wieder einmal und nicht zum letztenmal – einen akuten Schub lieferte.

Die Fehleinschätzung der Marktwirtschaft als ›rationaler‹ Veranstaltung ist bereits Folge der Erkrankung, nicht ihre Ursache. Die Lieferanten der These – Hochschulwissenschaftler – waren offenbar so marktfremd und selbstverliebt, dass sie ihren Irrtum erst zögernd eingestehen.

Die Kontrollillusion gehört zum Geschäft, die Immunstörung bleibt

Immun für Irrtümer können wir deshalb nicht werden, weil die verbrauchte Story immer dringend durch eine neue, eine ›junge‹ abgelöst werden muss, damit wir wieder Mut fassen. Weniger schmeichelhaft und näher an der Wahrheit: In die neue Story investieren nicht die Ethik-Fans, neue Helden, sondern Spekulanten, die sich als Wachstumstreiber an der neuen, ›nie gesehenen‹ Story – trivial gesagt: der neuen Blase – beteiligen. Das Startversprechen lautet »unendliches Wachstum«, begleitet von null Risiko. Gleichviel, welche Produkte die Phantasie auf Touren bringen, so der britische Ökonom John Maynard Keynes, spekulative Höhenflüge gleichen einem Schönheitswettbewerb. Nicht die Schönheit der Teilnehmer gebe den Ausschlag, sondern die Gleichschaltung der Investoren in der Frage, was Schönheit sei.

Die Finanzkrise begann mit Staatsversagen. Die Politik sieht keine andere Möglichkeit zur Rettung der Finanzwirtschaft vor dem totalen Kollaps als die Wiederholung der Politik des billigen Geldes, die Auslöser der Krise war. Für Schuldbekenntnisse der Politik fehlen Zeit und Einsicht. Die Versuchung umfassender Machtergreifung ist zu groß; das allgemeine Ressentiment gegen alle, die mehr Geld verdienen als die Mehrheit, treibt zur Eile: Jetzt oder nie die Boni streichen, am besten in der gesamten Wirtschaft; jetzt oder nie die Haftung der Topmanager verschärfen – obwohl keiner von ihnen allein entscheidet –, jetzt oder nie die ethische Kompetenz der Politik durch Corporate Governance-Codices – nicht für die Politik, sondern für die Wirtschaft – aus der Schusslinie nehmen. Optimisten wie Jürgen Stark, Chefvolkswirt der Europäischen Zentralbank, sehen das Gewicht des Finanzsektors in der Gesamtwirtschaft abnehmen. Schon heute sind Zweifel an dieser beschwichtigenden Prognose angebracht.

Der Starökonom Nouriel Roubini, Nickname »Mr. Untergang«, gehört wie viele seiner hochdekorierten Kollegen zu den ungehörten Frühwarnern, die keinerlei Einfluss auf das wachsende Katastrophenszenario erzielen konnten. Erst wenn die Blase platzt, geht der Knall um die Welt. Während sie sich aufbläht, Tag für Tag, gibt es genug Interessenten daran, dass sie im Schatten bleibt. Forscher haben den treffenden Begriff für diese Gesetzmäßigkeit des Blasenwachstums gefunden: Der Aufmerksamkeitsschatten ist der Garant für die nächste Krise.

Wer das weiß, gibt den Propheten der nächsten Krise, die unter uns sind, keine Chance. Wenn es da eine »neue Story« gibt, die alle Verluste aus der jüngsten Etappe auszugleichen verspricht, so ist sie gegenwärtig noch in den *closed shops* der »Erwählten« verschlüsselt, die das ganz große Geld machen, ehe »die andern« bemerken, wo es das gibt und wie man das macht. Unsere Krisenerfahrung müsste das naive Stadium verlassen, damit wir hellhörig würden. Wer aber hat daran ein Interesse?

Roubini hat schon 2006 die Diagnose gestellt: »Die Immobilienkrise wird schlimmer sein als die New Economy.«[14] Die Inflation von Nobelpreisträger-Interviews nach Ausbruch der Finanzkrise spricht weder für sich noch für die ausgezeichneten Forscher. Sie spricht vor allem von der mangelnden Konsequenz der Politik, für alle zukünftigen Bedrohungen das unabhängige Expertenteam aus Nobelpreisträgern zu gründen. Wann, wenn nicht jetzt, da die prognostischen Volltreffer in den Jahren, als sich die Krise heranschlich, im Aufmerksamkeitsschatten gut getarnt, überwiegend von Nobelpreisträgern kamen. Als ginge es allein um den Unterhaltungswert dieser hellsichtigen Prognosen, lieferte 2008/09 dann jede Zeitung ihr Nobelpreisträger-Interview, ehe wieder *business as usual* den Takt angab. Nicht nur im eigenen Land, auch weltweit sind Untergangspropheten unbeliebt.

14 *Frankfurter Allgemeine Sonntagszeitung*, 2.11.2008, S. 40.

Roubinis Kollege Robert Shiller ist ebenfalls verspätet mit seinen Prognosen von internationalen Medien verwöhnt worden. Seine Voraussagen zum Immobiliendesaster waren 2006 für niemanden interessant genug.

Nobelpreisträger und Ökonom Gary Becker liefert eine einfache Erklärung. Ab 2004 gab es Vogelgrippe, Ölpreisschock, dramatische Inflation sowie düstere Warnungen über die Schwäche der chinesischen Währung. Genug schlechte Nachrichten, um alle Führungsgruppen zu immunisieren – und das war leicht, weil das Stichwort ›Finanzkrise‹ für niemanden von ihnen einen konkreten Inhalt hatte. Keiner war für diese neue Variante von Angst gerüstet; folglich war niemand zu bewegen, sich zu ängstigen. Dass Banken zusammenfallen könnten wie Kartenhäuser, klang ohnehin wie Science-fiction.

Wären Banker das passende Publikum für Roubinis und Shillers Warnungen gewesen? Sofern sie nicht bereits mit schlagendem Gewissen unterwegs waren, weil in fragwürdige Deals verstrickt, lebten sie mit intakter Immunabwehr gegen apokalyptische Szenarien: die Kontrollillusion gehört zu ihrem Geschäft. Jeder in der *banking community* hält sich grundsätzlich für besser als die Kollegen; nur ganz wenige sind wirklich besser, wie wir nach und nach erkennen.

Die Propheten einer Krise haben deshalb immer einen schweren Stand, weil Vergleiche mit früheren Crashs nicht glaubwürdig sind und weil die Phantasie und das Wissen fehlen, um die Krise ganz neuen Zuschnitts alarmierend genug zu finden. Jagdish Bhagwati, in Bombay geborener Inder, der sein Studium der Ökonomie in Cambridge und Oxford absolvierte, ist auch einer von den gern gehörten Diagnostikern, nachdem die Krise ausgebrochen war. 2008 wollte ihn jeder Journalist zum Interview, vorher hatten eher die Finanzprodukte Konjunktur, deren fragile Basis der Vierundsiebzigjährige leidenschaftslos beschreibt. Er erinnert an Joseph Schumpeters vielfach zitierten Begriff von der »kreativen Zerstörung«, die den Weg für Innovationen freimacht. Ob diese Innovationen aber Fortschritt für die Menschheit bringen, sei im Fall der Kreditderivate, einer Innovation der amerikanischen Finanzwirtschaft, eher unwahrscheinlich. »Schumpeter würde das wohl heute als ›zerstörerische Kreation‹ bezeichnen.«[15] Durch solche »Innovationen« werde »zerstörerisches Potential geliefert«, ergänzt Bhagwati.

Dass fachkundige Kenner der Entwicklungen keineswegs so ahnungslos waren, wie sie heute beschwören, bestätigte Bhagwati schon 2008. »Bereits Ende der 90er Jahre hat niemand verstanden, was genau ein Kreditderivat ist«, berichtet er. Und er fährt fort: »Da hätten wir uns zusammensetzen und handeln müssen. Einfach zu regulieren bringt aber nichts, es kommt darauf an, wer reguliert. Deshalb brauchen wir vor allem eine unabhängige Bankenaufsicht.«

2010 zitiert diese Warnung niemand mehr. Das unabhängige Team von Aufsehern, die jedes neue Produkt durchleuchten, ehe es in den Markt geht, ist unerwünscht. Das gilt nicht nur für die USA, wo die Spendenabhängigkeit des Kongresses und die Fluktuation von Jobwechslern zwischen Banken und Politik eine ›geschlossene Welt‹ bilden, aus der niemand so leicht ausbricht. Der damalige Chef der Börsenaufsicht, Christopher Cox, ließ sich von den Chefs der großen Investmentbanken überzeugen, dass sie keine Regulierung brauchten. So einfach ist das. Und es liefert schon einen Vorgeschmack auf den Auftritt der Starbanker Amerikas, deren Bilder mit erhobener Schwurhand um die Welt gingen. Eine Szene, die stark an die

---

15 *Welt am Sonntag*, 12.10.2008, S. 24.

untergegangene UdSSR erinnert, weil das Reueritual so grotesk anmutete, wie wir es aus totalitären Staaten kennen.

Jagdish Bhagwati macht deutlich, wie sensibel das Zusammenspiel von staatlicher Aufsicht und privater Initiative im Wettbewerb ist: »Wir brauchen eine Mischung aus staatlicher Intervention und Laisser-faire«, sagt er. »Laisser-faire« verlangt aber jenen Glauben an Selbstheilungskräfte des Marktes, der den meisten Politikern soeben abhanden gekommen ist.« Globalisierung, ergänzt der Forscher, sei in Wirtschaftsbereichen wie dem Handel viel leichter zu steuern als in der Finanzwirtschaft. »Das Erste, was man im Wirtschaftsstudium lernt, ist, dass die unsichtbare Hand des Marktes versagen kann«, fügt er nachdenklich hinzu. Und er räumt mit einer Lieblingslegende der Moralisten auf: »Gier ist nicht das Problem, jeder ist gierig. Das Problem ist, dass Menschen in den vergangenen Wochen« – man schreibt den Oktober 2008 – »folgende Szene gesehen haben: Es war wie auf der sinkenden ›Titanic‹, wo einige wenige, inklusive der Kapitäne, das sinkende Schiff mit Rettungsbooten verlassen haben, und alle anderen drohten unterzugehen.« Und Bhagwati zieht das Fazit, das die wenigsten so unerbittlich knapp formulieren: »Das ist in einer fundamentalen Weise unethisch … Die Wirtschaftselite muss zeigen, dass sie sich ethisch verhält…«, und er widerspricht den Aktionisten aus der Politik: »Staatsinterventionen reichen nicht aus, um den Unternehmen Legitimität zu verschaffen.«

Soviel Durchblick wünschen sich die Politiker offenkundig nicht in dem Kontrollgremium, das den Prozess der Abkehr von den Versuchungen der Geldgräberzeit steuern soll. So unabhängig sollen die Aufseher nicht sein.

Auch könnten hochkarätige Experten den Wunsch nach einfachen Erklärungen unerfüllt lassen. Einfache Erklärungen bieten viele Vorteile: Man verabschiedet sich schneller, und die

Mehrzahl der Verstrickten kann auf eine Ursache und damit auf eine Gruppe von Verursachern zeigen mit der abschließenden Bemerkung: Die andern, nicht wir, haben das Erdbeben, die Riesenwoge, den Tsunami ausgelöst. Nicht wir. Damit wäre man wieder bei der alten Tagesordnung.

Unabhängige Experten warnen seit Jahren: In der komplexen Welt hat nichts mehr eindeutige, sondern alles mehrdeutige, komplexe Ursachen.

Sich aus einer Krise herauszureden, macht nicht unverwundbar. Der Unverwundbarkeitswahn treibt die Risikolust schon wieder hoch: Die Produkte, mit denen am meisten verdient wird, sind den Unglückspaketen zum Verwechseln ähnlich, und die Verpackungskünstler sind schon wieder am Werk. Wenn wir die Mahnung ernst nehmen, uns nicht in einfache Ursachen zu verlieben, dann taucht die Frage nach dem Risikomanagement auf: Vor der Krise und nach der Krise gehört es in den Scheinwerferkegel der Aufseher. Hier lauert die Gefahr. Wer Kredite ›verbrieft‹ und ihre Risiken verkauft, wird leichtsinnig. Entlastet von der Verantwortung für die veräußerten Risikopapiere, frei von jedem Ausfallrisiko, erlagen und erliegen viele Banker der Versuchung, neue Kredite ohne jene Sorgfalt zu vergeben, die sie anwenden würden, wenn sie fürchten müssten, das Risiko in den eigenen Büchern zu behalten. Eine seriöse Kreditprüfung erscheint überflüssig, wenn das Risiko morgen schon in andere Bücher übergeht.

Unabhängige Aufseher würden diese Vernachlässigung elementarer Prüfungspflichten mit Jagdish Bhagwati »unethisch« nennen. Wer mit im Boot der Profiteure sitzt, der wird in der Regel schweigen. Wer die Nonchalance der neuen Praktiken ablehnt, ist morgen nicht mehr im Boot. Dass Risikomanagement auch eine ethische Aufgabe hat, wird auf dem Weg ins Krisengelände als erstes vergessen. Risiken werden nun abgespeckt argumentiert: Verlustrisiken blendet man doch soeben aus, schwärmt die Lobby der Risikoverkäufer. Risiken delegieren in dem Aberglauben, sie kämen nie zu uns selbst zurück, ist ein Krisenbeschleuniger. Nicht nur die globalisierte Welt belehrt uns, dass wir die Flucht aus der Verantwortung teuer bezahlen müssen, sondern schon die frühen Gesellschaften, in denen unsere Vorfahren ihre Überlebensprinzipien einübten, begriffen, dass Aktionen, mit denen wir eigene Risiken anderen zuschieben, über kurz oder lang auch uns selbst schädigen.

Um sich gegen die Rückkehr der fahrlässig weggedrückten Risiken in ihr eigenes Haus abzusichern, perfektionierte die *community* der Kreditverpacker ein Prinzip, das jeder kaufmännischen Berufsehre widerspricht: Das Prinzip Intransparenz trat an die Stelle der Transparenz. Um Sender und Weiterversender, Verpacker und Umpacker der Kreditpakete unsichtbar zu machen, wurde das Produkt auf permanenten Wandel getrimmt.

Vertrauen holten diese Pakete durch die Ratings der Agenturen, deren Glaubwürdigkeit bis zum Krisenausbruch sakrosankt war – eine von vielen Unverwundbarkeitsillusionen der Finanzwirtschaft. Eine offenbar erwünschte Illusion ist dagegen die Behauptung, da niemand die brandgefährlichen Produkte verstanden habe, sei ein Entkommen aus der Krise unmöglich gewesen. Das Tal der Ahnungslosen als Zuflucht für die ›kleinen‹ Banker mit schlechtem Gewissen?

Ein Fachmann, Frank Romeike von der Firma RiskNET, langjähriger Chief Risk Officer bei einem weltweit führenden Technologiekonzern, widerlegt die bequeme These vom Herrschaftswissen, die so vielen Mitspielern beim Zündeln bisher Zuflucht gewährt: »Um die Fehlentwicklungen im Zusammenhang mit der Hypothekenkrise beurteilen zu können, muss man nicht in die Tiefen der Buchstabensuppe – CDOs, ABCP, ABS, CLO, CP, RMBS, CMBS etc. – eintauchen. Vielmehr wurden elementare Grundregeln des Bankgeschäfts und Risikomanagements verletzt, die jeder kritische Vorstand, Regulator und Aufsichtsrat – auch ohne Banklehre und Promotion in Mathematik – hätte erkennen können und müssen.«[16]

Die Anreizsysteme, so fügt Romeike hinzu, haben einen sorglosen Umgang mit Risiken »tendenziell gefördert«. Grundsätzlich, so fährt der Risikomanager fort, gehe es nicht um das Feilen an »Details« der Risikomodelle, sondern darum, »mehr Zeit und Ressourcen auf das tatsächliche ernsthafte Nachdenken über die wesentlichen kritischen Zukunftsszenarien, das heißt die dunklen Seitengänge einer ungewissen Zukunft, zu lenken«.

Ernsthaftes Nachdenken. Davon ist in Management und Aufsichtsgremien fast nie die Rede. Das nachdenkliche Unternehmen erscheint im Gegenteil eher wie ein Albatros, dem der Start zu Höhenflügen wegen seiner prachtvollen Körperfülle kaum mehr gelingt.

Schon die inneren Bilder von der handlungsstarken Company sind auf Tempo getrimmt. Wer nachdenkt, verliert.

In der Annäherung an die Finanzkrise wäre ernsthaftes Nachdenken über die heranrollende Zukunft von großem Vorteil gewesen. Nicht Risiko ist grundsätzlich abzulehnen, sondern die Abwägung von Risiken darf nie dem Renditeverlangen von Investoren und der Gewinnsucht von Fondsdesignern untergeordnet werden. Wenn Banken sich mit dem Zehn- bis Elffachen ihres Eigenkapitals belasten, wie es vor (und nur vor?) der Finanzkrise vereinzelt geschah, so ist ihre Risikofähigkeit gefährlich überschätzt. Die Finanzkrise wurde nur deshalb mög-

16 *Euro Finance Week*, 5.11.2009, S. B3.

lich, weil es eine weltweite Infektion mit dem Zockervirus gab, die eine Pandemie auslöste: Niemand kann sagen, wer ihn angesteckt hat, alle fühlen sich unschuldig, aber alle sind krank.

Wirklich alle? Die Finanzkrise ist auch das böse Erwachen aus der Expertengläubigkeit, die mit der Begehrlichkeit eine unwiderstehliche Mischung eingeht. So wagt keiner das Geständnis: Ich verstehe dieses zwar verlockende Produkt gar nicht. Und die Begehrlichkeit triumphiert. Vielleicht, so raunt sie dem renditehungrigen Anleger zu, willst du den Gewinn nicht mehr, wenn du dein Risiko verstanden hast?

Die Expertengläubigkeit gibt nämlich keineswegs den Ausschlag, weil wir längst gelernt haben, unseren Augen nicht zu trauen. Nur die Gier durchschlägt dieses Wissen. Wenn das Unheil manifest wird, brauchen wir aber Schuldige: die Experten, die uns ins falsche Boot gelockt haben.

II
DIE GELDRELIGION EINT
DIE WELTRELIGIONEN

An den Altären der Geldschöpfer opfern: Geldgeschäfte führen in die Metaphysik der Märkte

Kein Versprechen wirkt zuverlässiger als dieses eine: Geld. Viel Geld. Mehr Geld. Käme jemand, der ein anderes Versprechen dagegensetzte – Ehre, Geltung, Ruhm, Aufmerksamkeit, Anerkennung, Glück –, so würden die meisten antworten: Das alles erreiche ich ja, durch Geld. Das alles gibt es doch gar nicht ohne Geld. Wer ist schon wichtig ohne Geld? Wen verehren wir, wenn er arm ist? Ja, wir kreieren weltweit immer wieder ein paar Figuren, die wir bestaunen, ein wenig auch verehren, weil sie den Gegenentwurf zu unserer Geldversessenheit leben: Für Mutter Teresa suchen wir noch einen Ersatz; der Schöpfer der Mikrokredite, Muhammad Yunus, füllt ebenfalls eine Stellvertreterrolle; den deutschen Papst beschädigen wir nicht zufällig systematisch. Die Amtskirche liefert dramatische Beweise ihrer Fehlbarkeit, die unantastbaren Institutionen liquidieren sich reihenweise selbst. Der Ornat schützt nicht mehr vor Enthüllungen. Die christliche Kirche, der erfolgsreichste Weltkonzern mit der längsten Geschichte, kann ihr Kapital nicht mehr zum Schutz ihrer Galionsfiguren einsetzen. Ablasszahlungen, wie sie säkularen Konzernen offenstehen, funktionieren hier nicht. Oder am Ende doch?

Noch scheint es so, als legte die Geldversessenheit in diesem Skandal eine Schweigeminute ein – bis auch hier die Pragmatiker zuschlagen: Die Kirche solle Ablass zahlen. Eine Milliardenkollekte für die Staatskasse, damit alle, Täter und Opfer, den lasterhaften Ausflug der Amtsträger in die Wildnis der Triebe vergessen können. Immerhin wird im Neuen Testament empfohlen: »Machet euch Freunde mit dem ungerechten Mammon.« Die Fortsetzung wird ungern gelesen: So ihr nun dem ungerechten Mammon nicht treu seid, wer will euch das Wahrhaftige anvertrauen?«[17]

Die Zahlungen würden niemanden dauerhaft verprellen; sind wir doch seit einigen Jahren dabei, uns daran zu gewöhnen, dass unser angestaubtes Wert- und Rechtssystem durch neues, zupackend-unsentimentales Durchgreifen der Politik ad absurdum geführt wird. Insoweit kommt der Absturz der Kirchen in die weltliche *community* der entgleisten Heimerzieher auf eine unheimliche Weise ›rechtzeitig‹, um die einzige überlebende Religion zu stärken: die Geldreligion als Weltreligion. Ihre Hohenpriester kennen sich aus mit den Lastern dieser Welt und wissen, wie man deren Spuren verwischt: mit Geld. Die Legionäre des Geldes haben ein einfaches Geschäftsmodell; wer bei Geldgeschäften abstürzt, wird durch Geld gerettet – auch wenn es das Geld der anderen ist. Denn über eines sind sich alle einig, die Insider und die Zuschauer: »Wenn das Geld im Kasten klingt, die Seele aus dem Fegefeuer in den Himmel springt.« Dieser mittelalterliche Ablassreim machte zwar die ›andere‹ Kirche reich, passt aber auf ihre gottferne Nachfolgerin genausogut. Es gibt eine ebenso mächtige wie heimliche Allianz, die alle Akteure verbindet, die sich als Gegner gegenüberstehen; diese Allianz sorgt dafür, dass auch die Befreiung aus der Krise das Treiben der Geldwechsler in den Tempeln der

17 Neues Testament, Lukas 16, 9 und 11.

Mächtigen nur marginal einschränken wird. Schließlich verbindet alle dasselbe Credo: Das Geld bleibt an der Macht.

Als Bernie Ecclestone, Geschäftsführer der Formel-1-Holding SLEC, kürzlich in einem Interview Geld als »die wahre Weltreligion« bezeichnete, erhob sich kein Sturm der Entrüstung. »Ich brauche keine Religion«, teilte Ecclestone mit. »Jeder Krieg, der derzeit tobt, dreht sich um Religion ... Alle Tiere und Menschen kämpfen um Essen oder materielle Dinge. Wenn Sie so wollen, ist das Geld die wahre Weltreligion. Es ist so simpel, ob nun mit mir oder ohne mich.«[18] Weiß Ecclestone, wieviel Geld er besitzt? »Nein, aber nicht mehr soviel wie früher.«

Ecclestone hat sich entschieden. Er gehört einer Kaste an, die als *closed shop* funktioniert: Es ist die Loge der Erfolgreichen, die auf Geld setzen. Ihr Selbstgefühl ist das von »Erwählten«, die mit einem Ego unterwegs sind, das relativ immun gegen Argwohn und Neid macht: Ihre Stärke ist die Schwäche der andern. Ecclestone allerdings, der zur Priesterkaste der Geldreligion gehört, hat es nicht mehr nötig, »in Kategorien wie Macht oder Stärke« zu denken.

Wer die Mächtigen nur beobachtet, ohne dazuzugehören, hat auch zum Geld, das Machtfaktor Nummer eins ist, ein ungeklärtes Verhältnis. Begehrlichkeit und Unbehagen fühlen die meisten Menschen, wenn sie das Geld der andern mit ihrem eigenen vergleichen. Sobald sie selbst zur Geldelite zählen, kommen die meisten nicht etwa zur Ruhe, sondern vor ihnen öffnet sich eine Straße, die kein Ziel mehr zeigt – außer Geld. Dazugehören heißt an denselben Altären opfern wie die Geldmacher, die sich »Geldschöpfer« nennen. Die Architektur der Großbanken ist nicht zufällig der von Kathedralen ähnlich; die Räume für die wohlhabende Kundschaft strahlen eine medita-

18 *Der Tagesspiegel*, 2.8.2009, S. 15.

tive Askese aus. Hundert Jahre vor unserer Zeit waren es die Tempel der Kaufhäuser, die heute eins nach dem andern in die Insolvenz gehen: Der Konsumgott der Warenhauskultur hat sich zum Geldgott gewandelt. Seit es Geldprodukte gibt, deren Ziel nicht reale Waren sind, sondern noch mehr Geld, ist Kaufen zur Nebensache geworden. Der schlichte Kunde wird zum »Anleger«, zum »Investor«. Der Bank- oder Fondsberater wertet einfache Marktteilnehmer zu Mitspielern im großen *game* der *gambler* auf. Dabeisein, dazugehören, das sind Versprechen, die beim traditionellen Shopping nicht zu haben sind – weil wir fast alles haben. Außer genug Geld. Beim Shoppen werden uns Nachlässe versprochen, aber immer müssen wir bezahlen. Überall brüllt uns das Wort *sale* entgegen, das uns zu Opfern von Verlockungen machen will. Der Bankberater erklärt uns Geschäfte, bei denen wir reicher werden sollen, nicht ärmer, wie im Supermarkt. So einfach ist das. Geldprodukte suggerieren Aufstieg und Erlösung vom plumpen Konsum. Geldgeschäfte, so die Botschaft, führen in die Metaphysik der Märkte.

Das quasireligiöse Profil von Geld-Deals entwickelt sich an ihrem abstrakten Charakter: Nicht mit Beutestücken beladen nach Hause gehen, die das Gewissen bei kühler Abwägung belasten, nicht Konsumgüter baggern, sondern in Zukunft investieren, in ein Heilsversprechen, das allen simplen Kaufakten überlegen ist. Wer auf Geld setzt, verlässt die materielle Welt, wo Geld für Waren eingesetzt wird. Der Vorstoß ins immaterielle Reich der Geldanlage wird von Novizen als Veredelung der eigenen Bedürfnisse erlebt: Der Erfolg tritt nicht augenblicklich ein, aber man glaubt an ihn. Dass ihr Reich »nicht von dieser Welt« sei, hätten Spaßvögel mit Bibelkenntnis ihren Anlegern als Reiseproviant in die Krise mitgeben können.

Auch die Religion stellt den Glauben in die Mitte, nicht den Verstand. Das Versprechen, für diesen Glauben ans Produkt höher belohnt zu werden als in jeder normalen Geschäftsbeziehung, wo man Qualitätsbeweise verlangt und erhält, gleicht dem Heilsversprechen des Christentums, das allein den Glauben, nicht die Taten zu belohnen verspricht. Die ›Rendite‹ für Gläubige ist mit keinem Angebot der Märkte zu vergleichen. Dasselbe versprechen auch die Anbieter von Derivaten und komplizierten Mixturen in ihren Fonds. Auch ihre Heilsversprechen übertreffen alles, was der Markt zu bieten hat.

Nur Gelddelikte sind »Sünden«: Wenn der Staat zum Komplizen wird

Die christliche Religion hat obendrein ein Generalpardon für Sünder anzubieten: die Gnade. Seit Politik und Medien den Begriff des Sünders für Geldvergehen reserviert haben, wird noch deutlicher, was sich in den Köpfen der Politiker und ihrer Fahnder abspielt: Geld ist ein quasireligiöses Thema, teilen sie mit diesem Griff ins religiöse Vokabular mit. Nicht der Kinderschänder, nicht der Mörder oder Totschläger ist ein »Sünder« in der Sprache des deutschen Rechtsstaates. Nur wer Geld beiseite schafft, ohne es mit dem Staat zu teilen, ist ein »Sünder«. Der Straßenräuber oder Tankstellengangster, der mit Waffengewalt das Geld anderer Leute an sich reißt, sie sind keine »Sünder«, wahrscheinlich, weil sie »Sünde« nur begehen, wenn sie nicht ihren Nächsten, sondern den Staat berauben, ihm die Teilhabe am eigenen Geld vereiteln.

Die großen Sünder in der Geldgesellschaft sind die Geldsünder. Sie werden mit Geldstrafen belegt, weil ihrem Staat Geld als das höchste Gut erscheint.

Staatsgeld, das ja Bürgergeld ist, zeigt sich im beschleunigten Wertewandel der deutschen Gesellschaft als wandelbare Nummer eins auf der Rangordnung der Werte. Geld liefert alle Lizenzen. Geld steht über dem Gesetz: Es erlaubt der politischen Klasse, Straftaten zu belohnen, statt sie zu bestrafen. Es erlaubt Komplizenschaft mit Straftätern, die das kostbarste Diebesgut anbieten, das die gesamte Wertordnung durchschlägt: Geld. Wo Geld im Spiel ist, trübt sich der Verstand ein; Begehrlichkeit findet beliebige Argumente, um Rechtsbrüche, Kumpanei mit Rechtsbrechern und den eiligen Abschied von der Marktmoral zum Normalfall zu machen. Der Staat spart sich daher auch den Haftbefehl für den Datenräuber; er muss im Gegenteil belohnt werden, weil er das höchste Gut brachte: Geld. Also erhält er, was er verlangt: Geld. Und umfassenden Schutz vor Leuten, die ihn vielleicht kennenlernen möchten. Zum Beispiel jene Leute, denen er die Daten entwendete. Ach, es waren Daten von Sündern? Dann ist der Dieb kein Sünder, auch wenn er das Ziel mit seinen Käufern teilte: Geld aus Geld zu machen.

»Das Haus meines Vaters hat viele Wohnungen«, sagt der Mann aus Nazareth seinen Anhängern.[19] So ist es auch in Zeiten der Geldreligion: Das staatliche Haus baut viele neue Wohnungen, in denen neue Wertordnungen von Fall zu Fall erprobt werden können. Geld ist dabei der stärkste Motivator. Geld räumt alle traditionellen Werte ab, die in der Rechtsordnung eigentlich einen sicheren Anker hatten.

Die weltweit gültige Geldreligion schafft immerhin, was in Jahrtausenden keiner anderen Weltreligion gelungen ist: Sie

---

19 Neues Testament, Johannes 14, 2.

versammelt die Gläubigen aller Religionen unter diesem einen Credo: dass die verlockendsten Heilsversprechen aus der Geldwirtschaft kommen. Dieser Glaube eint Christen, Buddhisten, Muslime und Juden. In den Kathedralen des Geldes huldigen sie alle dem gleichen Gott des Geldes, der Macht und Freiheit im Diesseits verspricht. Jenseitsversprechen ruft hier niemand ab, und vom Seelenheil ist in den schallschluckenden Räumen für die Topkunden nicht die Rede.

Die Kinder von heute sind die Topkunden für morgen. Wie trainiert man sie für den großen Tanz ums Geldkalb? Die Krisenheiler haben dazu einen Vorschlag, der die Kleinen frühzeitig fit machen soll, damit sie erfolgreich mitspielen können: Schulen sollen Wirtschaft lehren. Schüler zu Dealern machen, die Firmen gründen, ehe sie die Schule verlassen. Das ist die Logik einer Welt, in der Geld die kostbarste Ressource ist – nicht Natur, nicht Kinderseelen oder Kindergesundheit, nein, die Businesstauglichkeit soll früh genug in die prägsamen Gehirne der Nachkommen. Nicht eine neue Wirtschaftsordnung soll an sie weitergegeben werden, sondern jene, über die man seit der Krise zu Gericht sitzt. Schon morgen wird alles wieder so sein wie zuvor, das verrät diese Runde der Ratgeber ungewollt. Schließlich haben wir zugleich neue Opferstätten eröffnet, an denen wir einen ähnlich hybriden Kult zelebrieren: Die Öko-Altäre, an denen wir den Griff nach der Schöpferrolle üben. Diese Konfession ist nichts anderes als ein getarnter Nebenaltar der Geldreligion, wo im Schutz ultimativer Höllenszenarien das ganz große Geld gemacht werden soll. Legenden und Drohgebärden untermalen den Chor der Weltweisen, die das letzte Gefecht ausrufen. Die Enttarnung einiger Öko-Gurus an der Spitze des Weltklimarats hat das Geschäftsmodell der Untergangspropheten nicht ins Wanken gebracht. Schließlich teilt man gleiche Ziele: Das Klimakalb verspricht goldene Berge.

Das Öko-Thema ist multifunktional. Hier treffen sich Heuchler, Spekulanten und Träumer zu rituellen Waschungen: Wer will das Geld, das hier verdient wird, dem Teufel auf die Rechnung schreiben? Zwar sagt das Sprichwort: »Wo Geld ist, da ist der Teufel.« Aber es liefert die Entwarnung mit: »Aber wo keins ist, da ist er zweimal.«

Vor der Finanzkrise glaubte mancher Beobachter, die nächste Blase werde aus dem Sturm der Gierigen auf dieses raffinierte Thema entstehen, das niemanden unter Verdacht geraten lässt und auch die Unersättlichsten als Wohltäter der Menschheit vom Platz gehen lässt, gleichviel wie schwer ihre Taschen von Geld sind.

Es sieht aber eher so aus, als wünschte sich niemand eine wirklich neue Tagesordnung. Und dem Rechtfertigungsthema Öko fehlt der Thrill, das Risiko, das die Süchtigen im Geldgeschäft brauchen, um ihr Bestes zu geben, um das Zweitbeste an dessen Stelle zu setzen: Seelische Balance, Gesundheit und Gelassenheit tauschen sie gegen den Rausch, der an Intensität selbst das große Geld übertrifft – so ihre eigene Auskunft.

Von Pontius Pilatus zu Lloyd Blankfein: Erfüllungsgehilfen des Heils an den Altären der Heuchler

Hochexplosiv ist der Stoff, aus dem Heilsversprechen gemacht werden. Immer müssen sie Geldversprechen sein. Wer mit den Ärmsten paktiert, wer Spekulanten freispricht und Prostituierte segnet, wer am Feiertag Feldfrüchte stiehlt, wer gar Sympathisanten zumutet, sich von ihrem Besitz zu trennen, der verliert auch die Loyalität seiner engsten Freunde. Der Heilsbringer des Christentums, Jesus von Nazareth, dem all dies vorgeworfen wird, wird nicht einfach von enttäuschten Freunden verraten, er wird verkauft.

Schon bei Mose, im Alten Testament, hat dieser Menschenhandel seine Vorgeschichte. Da verkaufen die Söhne Jakobs, der als Stammvater den Namen Israel trägt, ihren Bruder Josef, weil er von seinem Vater mehr geliebt wird als sie selbst: »Und seine Brüder beneideten ihn.«[20] Die Brüder verdienen zwanzig Silberlinge am Verkauf. Ihrem Vater melden sie den Tod des Bruders. Einmal Ware, immer Ware: Der verkaufte Josef wird später weiterverkauft. Einmal in Geld umgerechnet, werden Menschen zur Handelsware. Jesus von Nazareth wird von einem seiner Getreuen an seine Feinde, die Hohenpriester, verkauft. Der Verräter Judas fragt bei ihnen an: »Was wollt ihr mir geben, wenn ich euch Jesus ausliefere? Ich will ihn euch verraten.«[21] Die Hohenpriester bieten dreißig Silberlinge. Immerhin geht es um die Beseitigung eines gefährlichen Konkurrenten, der ihre Macht in Frage stellt und Anhänger findet. Das vereinbarte Zeichen, das Judas den Verfolgern vorschlägt, ist – ein Kuss. Dass dieser Kuss tödlich ist, erschreckt den Verräter dann doch: Er versucht, das Geld wieder loszuwerden, als er von dem Todesurteil hört. »Ich habe übel getan, dass ich unschuldig Blut verraten habe«, ruft er den Hohenpriestern zu. »Was geht uns das an? Da siehe du zu!« antworten die heiligen Herren. Judas rennt zum Tempel, wirft die Silbermünzen dort auf den Boden und erhängt sich. Die Tempelherren, die Hohenpriester, heben das Geld auf und haben ein Problem: »Es taugt nicht, dass wir die Silberlinge in den Gotteskasten legen;

---

20 Altes Testament, 1.Mose 37, 1–36; hier: 11.
21 Neues Testament, Matthäus 26, 14–16.

denn es ist Blutgeld.« Aber es ist Geld, also verlockt es zum Kaufen. Sie kaufen einen Acker zum Begräbnis der Pilger, der danach »Blutacker« genannt wird.

»Blutgeld«: Die Käufer haben ein unbehagliches Gefühl bei ihrem Erfolg, der eigentlich genau das bringt, was sie verfolgen: Sie stellen ihren unberechenbaren Rivalen nicht nur kalt; sie geben ihn zum Abschuss frei. Also ein guter Deal mit diesem Mann aus dessen Freundeskreis, Judas. Aber das Geld, das zu ihnen zurückkommt, lässt ihr Verfolgerherz nicht etwa höher schlagen, sondern hektischer: Was der Verräter in ihren Tempel geworfen hat, könnten sie vergraben oder in den Jordan werfen, um das Blut abzuwaschen, das daran klebt. Aber mit Geld muss man etwas kaufen, dieser Impuls ist auch unter den heiligen Kleidern der stärkste. Also kaufen sie von dem Geld, das sie zu Mördern macht, einen Friedhof; nicht irgendeinen, sondern eine Ruhestätte für jene, die nicht dem Ermordeten, sondern ihrer Lehre anhängen. Ehe sie diesen Widersacher ihrer Gesetzesmacht an die römische Gerichtsbarkeit ausliefern, hat er schon einmal die Geldwechsler und Händler aus dem Tempel gejagt: »Er verschüttet den Wechslern das Geld«, treibt die Ochsen und Schafe und Tauben der Händler nach draußen: »Machet nicht meines Vaters Haus zum Kaufhause!«[22]

Der römische Landpfleger Pontius Pilatus versucht vergeblich, sich dem Furor der Hohenpriester zu entziehen; »denn er wusste wohl, dass sie ihn aus Neid überantwortet hatten.«[23]

Geld und Gott in kreativer Symbiose, diese Variante hätten die Hohenpriester von Lloyd Blankfein, dem Chef der mächtigen Bank Goldman Sachs, lernen können. Sie kauften einen Verächter ihrer Religion, fühlten sich aber mit dem Erlös nicht

22 Neues Testament, Johannes 2, 14–16.
23 Neues Testament, Matthäus 27, 18.

wohl. Blankfein entgegnet seinen Kritikern, es sei Gottes Werk, was er als genialer Banker und Erfüllungsgehilfe vollende. Ein Scherz, so versuchte er das Diktum zu entkräften, nachdem er erfuhr, dass es weltweit niemand verstand. Was er der Welt mitteilen wollte, war eher für die Gebildeten unter seinen Verächtern gedacht: dass er im großen Netzwerk der globalen Spieler immerhin die Mittel für große Ziele liefert: »Wir sind sehr wichtig. Wir helfen Unternehmen zu wachsen. (…) Unternehmen, die wachsen, schaffen Vermögen. Das wiederum schafft Arbeitsplätze für Leute, die mehr Wachstum und mehr Wohlstand schaffen.« Das alles im Kosmos der göttlichen Ordnung, will Blankfein sagen. Er setzt voraus, dass Geld die Weltreligion ist. Sein Statement meint und trifft die Heuchler.

III
DIE ERWÄHLTEN –
KINDER DES OLYMP

Die Legende von den destruktiven Eliten

Natürlich ist es eine Legende, dass niemand mehr ins Finanzfach wolle, weil das die Welt der bösen Buben ist. Das Gegenteil trifft zu: Die Attraktivität der Finanzberufe hat mit der Krise zugenommen. Nie zuvor war die Beweiskette so schlüssig, dass zu dieser Kaste der Auserwählten zu gehören, Privilegien verspricht, die überall bedroht sind: ein klares Elitebewusstsein, kein Rechtfertigungsbedarf für das Motiv Nummer eins in den Köpfen: Geld – nicht irgendwann, sondern das schnelle Geld. Zusätzlich motiviert die jungen Bewerber der hohe Anspruch: voller Einsatz, Lust am Risiko. Nicht kleines Rädchen sein, sondern das große Rad drehen. Hier fällt zusammen, was in andern Wirtschaftsunternehmen Gegenstand halbherziger Ethik-Palaver ist: der eigene Vorteil und der Vorteil der Company. In den Geldschöpfungsgruben der Finanzinstitute, dem Investmentbanking, wie die Geldmaschine im Sprachschatz der Edlen heißt, arbeitet jeder nur für sich selbst. Weil hier längst erkannt ist, dass der ungebrochene Eigennutz die höchste Motivation liefert.

Wer hier arbeitet, ist jeden Tag bereit, seinen Job aufs Spiel zu setzen – durch tollkühne Annahmen, hochriskante Erwartungen. Hier lässt es sich richtig gefährlich leben. Wer Verluste macht, rettet seinen Kopf durch Gewinne von gestern oder morgen. Hier ist Wildbahn, nicht Stadtpark. Darum sammeln sich hier Talente, die in der Welt der timiden Kompromissler draußen Suizidgedanken entwickeln. Dem Absturz aus der dünnen Luft der *freeclimber* folgte in der Finanzkrise bei einer ungeklärten Zahl von Dealern der Freitod. Ein Leben neben dem Rausch gab es nicht mehr. Der Entzug wirkte tödlich. Wenn unsere Gesellschaft sich selbst erkennen will, dann muss sie einen ressentimentfreien Blick auf jene Mitglieder der *community* werfen, die sich absondern, einen eigenen Olymp mit Höhentraining errichten. Wer von »destruktiven Eliten« redet, ist vor allem mit der eigenen Reinwaschung beschäftigt. Wenn die Lust am Wagnis im Beschäftigungsalltag disqualifizierend wirkt, wo sollen dann die *high risk climber* ihre Herausforderungen finden? Wenn die hochentwickelten Kulturen keine Klippenspringer brauchen, dann bilden sich Zirkel von talentierten Kindern des Olymp, die in *closed shops* leben. Sie agieren intellektuell über den Köpfen der andern, und sie entwickeln ein Werteset, das im Durchschnittsalltag nur Widerspruch wecken würde: Es sind Überfliegerrezepte, in denen Intelligenz, Hochmut, Überlegenheit, Status eine selbstverständliche Rolle spielen. Die Chefs der Banken und Fonds, für die diese Virtuosen der Erwartung den Börsenpuls fühlen, leben sozusagen *undercover* nach demselben nonverbalen Bekenntnis: *first class or no class.* Die Statusgewissheit verbindet. Auch die Chefs wissen, dass der geheime Kodex der Extremkletterer nichts enthält, das man mit Unterlegenen – also mit der Mehrheit – teilen könnte.

Die Chefs liefern die Schauseite. Das öffentliche Profil der Geldschöpfungsbranche ist so seriös wie die Abenteuer der Dealer diskretionsbedürftig. Die Politik arbeitet mit an der Bagatellisierung dieses unheimlichen Gesinnungsgefälles, das die sichtbaren Götter des Spitzenbankings von ihren wagemutigen Legionären trennt. Die Chefs arbeiten daran: »Unsere Investmentteams verdienen das Geld für die Bank; ihre Einkommen liegen weit über denen der Topmanager«, wird der Öffentlichkeit mitgeteilt. Ein schönes Bild, das das Zeug zum Mythos hat. Die Rudersklaven rudern als Namenlose, nur wenige von ihnen haben Namen. Der Chef widersteht den Sirenengesängen allein, aber als Realist, an den Mastbaum gekettet. Die Rudersklaven hören nichts, sie rudern. Sie schwitzen, der Chef steht im Seewind. Ein Sozialgemälde: Die Leute unter Deck werden fürstlich entlohnt, der Kapitän am Mastbaum trägt weniger nach Hause. Er weiß: Wäre es anders, so würde das Unter-Deck-Team ihn alleinlassen, vielleicht schon morgen. Dann müsste er ein teureres Team zukaufen. Er kann auf keinen Fall, was sie können; er braucht sie mehr, als sie ihn brauchen.

In die Finanzkrise führte ein besonderer Trip dieser erfahrenen *gambler*, die nicht Chef werden wollen: Es war ein Trip ohne Rückfahrtticket. Das Geschäftsmodell war eine Art Selbstmordattentat ganz neuen Zuschnitts: Eine Lunte brannte unsichtbar an den vielen Kreditpaketen, die um die Erde reisten. Die intelligenten Verpackungstrupps wussten natürlich, dass diese Geschäftsidee, die Schulden von zahlungsunfähigen Schuldnern zu verkaufen, auf die Selbstzerstörung hinauslief – eine Zerstörung aber, die nur die letzten Käufer, nicht die Erfinder und Versender mitriss. Ein Geschäftsmodell, das sich pünktlich selbst zerstört, wenn die Erfinder ihr Geschäft gemacht haben.

Das Gefühl, an einer besonders explosiven Geschäftsidee mitgewirkt zu haben, verbindet die vielen Mitspieler, die ihre Anonymität wieder einmal als Tugend genießen.

Die neuen Mitspieler kommen mit neuen Spielregeln. Sie bringen ihre Welt mit, die Bürokratie. Sie blenden aus, dass ihr Personal in den Landesbanken ebenso versagt hat wie »die Banker«, die sie jetzt Zocker nennen. Mitgezockt? Nein, aber jedenfalls nicht durchgeblickt als Aufseher. Schuldige? Na klar, die andern. Die Topmanager. Sie sollen jetzt unter dem Schwert leben, haftbar als einzelne, während es keine »einsame« Businessentscheidung gibt. Die Politik hält sich an die Inkompetenz der Mehrheit, die sie als Wählerpool braucht; diese Mehrheit hat keine Freude an Gruppenverantwortung, sie will einzelne bluten sehen. Also stellt man sie einzeln vor Gericht. Solange neue Paragraphen fehlen, stützen sich die Anklagen auf einen Paragraphen aus der Hitlerzeit: »Untreue« heißt das Delikt.

Wo der Staat Mehrheitsaktionär geworden ist, fliehen bereits erste Topmanager – nicht der bonusfreien schmalen Bezüge wegen, sondern um dem Würgegriff der Politik zu entkommen. Axel Wieandt, immerhin ein Kandidat der Politik an der Spitze der Staatsbank Hypo Real Estate, verabschiedete sich Anfang April 2010. Das Dilemma, aus dem er sich befreite, weil er die Bank nicht daraus befreien konnte: Die Staatsaufsicht verweigerte ein Bonusprogramm, das es erlaubt hätte, die besten Mitarbeiter zu halten und im wieder aufgeflammten Wettbewerb die allerbesten an das Haus zu binden. Der Entschuldungsprozess für die Bank hätte an Tempo gewonnen, und der Verlust an Markenpower, den die Verstaatlichung gebracht hat, könnte schneller ausgeglichen werden.

Der geflohene Chef macht noch andere Handicaps der staatlichen Lenkung geltend: lange Warteschleifen beim pflichtgemäßen Verhandlungsritual mit Bundesregierung, Bankenrettungsfonds, Leitungsausschuss des Fonds und Fachaufsicht im Bundesfinanzministerium. Absprachen versickern irgendwo in diesem Behördenlabyrinth, für Aufklärung fehlt dann längst die Zeit. Entscheidungen, wie sie die Wirtschaft braucht, zügig und eindeutig, sind nicht mehr durchsetzbar. »Alle wollen mitbestimmen, zugleich will keiner die Verantwortung für unpopuläre Entscheidungen übernehmen«, so Wieandts resignierter Kommentar. »Die Politik hat möglichst viele Gremien zwischen sich und das Problem gesetzt.«[24]

Führungskräfte für Toppositionen in der Finanzwirtschaft nehmen inzwischen häufig die Resignation vorweg, die Wieandt und andere von ihren Plätzen vertrieb: Sie bitten die Agenturen, ihnen allenfalls einen Job in der zweiten Reihe anzubieten, auf keinen Fall einen im Topmanagement. Sie möchten nicht unter der latenten Prozessdrohung leben, deren Realisierung mehr kosten wird, als sie jetzt verlieren, wenn sie die zweite Reihe wählen: den je nach Lebensalter stattlichen Rest ihrer Karriere.

Verspielen wir nun Talente, weil wir die Entgleisten fixieren, die an die Kette gelegt werden sollen? Die kühnsten *gambler* sind aber im neuen Szenario unter politischer Dressur gar nicht zu sehen. Die Banker-Bändiger erwischen eher die Gutwilligen, die aus zwei Lagern kommen: die einen anpassungsbereit, um der Nachfrage zu ihrer Zuckerzeit zu entgehen; die andern Neulinge, die ihre Chance für einen schnellen Aufstieg an der gängelnden Hand des Staates sehen – die sie später dann abzuschütteln hoffen.

Verlieren wir die Besten, wenn wir uns die Mühe ersparen, unter denen, die wir als ›Täter‹ einstufen, nach Talenten zu suchen, die besser als die angepassten Mitläufer an der Staatsleine – auf jeden Fall besser als die Opfer – die Vorgeschichte der Krise analysieren können? Diese hybriden Talente, die Börsenlatein verstehen, die mit Leidenschaft und der Witterung für Chancen unterwegs sind, könnten den Aufstieg als sachkundige *guides* anführen. Die beleidigte Mehrheit, deren Anwalt die Politik ist, müsste begreifen, dass moralisierende

24 *Frankfurter Allgemeine Sonntagszeitung*, 4.4.2010, S. 35.

Kommentare dem Aufbruch in berechenbare Verhältnisse ebenso im Weg stehen wie die Idee, aus den Geldjongleuren *outcasts*, Ausgestoßene, zu machen. Wenn wir der These folgen, dass auch die Finanzkatastrophe Züge der schöpferischen Zerstörung trägt, dann lohnt sich der gründlichere Blick auf die ›destruktiven Eliten‹, deren kreatives Potential der Kultur verlorengeht. Ein systemischer Fehler darf angenommen werden, solange wir die bequeme These meiden, dass solche *outcasts* oben genauso unvermeidlich seien wie jene, die wir unten systematisch vom produktiven Mitspielen fernhalten.

Fabrice Tourre, einunddreißig Jahre alt, ist so einer aus den Katakomben des Investmentbankings, namenlos erfolgreich, den wir nie kennengelernt hätten, wenn er nicht zu dem inzwischen legendär gewordenen Anhörungstermin bei der US-Börsenaufsicht vorgeladen worden wäre – zusammen mit Lloyd Blankfein, dem Chef von Goldman Sachs. Das war am 27. April 2010. Die Welt schaute auf Fabrice Tourre wie auf einen Exoten vom anderen Stern, der das erste Gebot im Dekalog der Topbanken verletzen musste, um hier zu erscheinen. Das erste Gebot kennen alle Investmentbanken: anonym bleiben und dafür belohnt werden. Die Schattenlegion der Erwählten weiß die eigene Unsichtbarkeit zu schätzen. Tourre erfuhr, was passiert, wenn einer von den Schattenmännern enttarnt wird, weil er das Disziplingebot verletzt hat. Noch bevor Fabrice Tourre auftrat, tickerten seine E-Mails durch die Weltpresse: tollkühne Selbsteinschätzungen, übermütige Ankündigungen des großen Crash, aufgeregte Protokollnotizen aus Kundenmeetings, die selbst den »fabelhaften Fab«, wie er sich nannte, jede Diskretion vergessen ließen. Wenigstens seine Freundin sollte erfahren, dass er ein heimlicher Star war und dass die verführerischen Produkte, die ein Verlustprogramm für Kunden und ein Megagewinn für die Bank waren, seine Handschrift trugen. Schon im Januar 2007 schrieb er in einer E-Mail: »Immer mehr Leverage[25] im System. Das ganze Gebilde wird bald zusammenbrechen … einziger Überlebender, der fabelhafte Fab … der in der Mitte all der komplexen, hoch geleveragden exotischen Trades steht, die er selbst kreiert hat, ohne notwendigerweise alle Verknüpfungen dieser Monstrositäten zu verstehen!« Aus einer Sitzung mit Kunden, die pro und contra ein solches Produkt wetteten, mailte er: »Bin in einem ACA-Paulson-Meeting. Es ist surreal« – womit er durchaus recht hatte. Fabrice Tourre liebt das Risiko. Er bestreitet, dass die Wertpapiere, um die es bei der Anhörung ging, auf Scheitern angelegt gewesen seien. Er werde sich vor Gericht gegen diese falschen Anschuldigungen zur Wehr setzen.

Er saß vor dem Tribunal wie einer von einem anderen Stern. Er wusste, dass er trotz seiner vorzüglichen *Bildung* hier wenig Chancen hätte, verstanden zu werden, wenn er von seinem gefährlichen Leben als Executive Director von Goldman Sachs in London berichten würde. Wichtiger noch: Er wusste auch, dass sein Chef Blankfein solche Enthüllungsstories gar nicht schätzen würde. Diese Vorladung war ein *worst case*, der einem Investmentbanker nicht passieren durfte. Tourre wusste auch das, und er begriff, dass er hier nur mit eiserner Disziplin den Biedermann spielen durfte. Auch der Idee, die Gelegenheit zum Ausstieg wahrzunehmen, konnte er nichts abgewinnen. So schloss er seinen Beitrag zum Verhör mit den Worten: »Ich bedaure diese Mails.«

Tourre wurde anschließend aus der Schusslinie genommen. Zurückgekehrt in die Anonymität des Dschungels, ist er für Außenstehende wieder unauffindbar, wie es das erste Gebot befiehlt.

25 *Leverage* bezeichnet eine mit Fremdkapital finanzierte Investition.

Poker statt Banklehre

Wer sind die gestürzten Stars, und wie leben sie? Warum brauchen sie unsere Bewunderung nicht – oder ist schon das ein Irrtum? Zahlen sie den Preis der Globalisierung? Oder zahlen wir ihn, und sie zeigen uns erstmals so deutlich, wie hoch er ist? Ihr Dresscode unterscheidet sie nicht von denen, die ihre Hände in Unschuld waschen, den Spitzenbankern mit dem Pokerface, die Wert darauf legen, keine Ahnung von diesen Jobs zu haben, die ihre Investmentbanker machen. Sind sie überhaupt Banker?

Viele Analytiker sagen es inzwischen offen: Die Banklehre ist das Letzte, was für diesen Dschungel an den Weltbörsen qualifiziert. In USA legt man neuerdings Wert darauf, dass die Trader und Dealer professionelle Pokerspieler sind. Brandon Adams, Wirtschaftswissenschaftler an der Universität Harvard, erklärt diese Vorliebe von Brokerhäusern und Hedge-Fonds so: »Das sind Leute, die in einem System überlebt haben, bei dem 95 Prozent der Spieler Geld verlieren. Wer gerissen und diszipliniert genug ist, um dieses System zu überleben, wird auch beim Trading gut abschneiden.«[26] Es spielt überhaupt keine Rolle, ob die Kandidaten Finanzmarkterfahrung mitbringen, bestätigt der Headhunter Simon Satanovsky (Options Group). »Früher haben wir nach den Prüfungsergebnissen beim Studienabschluß gefragt. Jetzt fragen wir, ob jemand beim Pokern Erfolge vorzuweisen hat.«

Poker ist kein Glücksspiel. Wer immer wieder gewinnt, ist den Mitspielern tatsächlich um einige Intelligenzpunkte voraus. Das Spiel verlangt intellektuelles Tempo im Quantifizieren

---

26 *Financial Times Deutschland*, 15.1.2010, S. 31.

von Chancen; wer gewinnen will, muss Wahrscheinlichkeiten blitzschnell durchrechnen können, um seine Chips im richtigen Moment richtig einzusetzen. Ist die Börse also eine Art Pokerspiel? Kann man sich auf große Erfolge vorbereiten, indem man Pokerprofi wird? Und gibt es Parallelen zu anderen Berufen, in denen Pokertalente bis heute kaum gefragt sind, weil die Chefs Kartenspiele generell für Glücksspiele halten?

Die Entsprechungen der beiden Szenarien – Börse und Pokerturnier – sind jedenfalls viel verblüffender als die meisten Menschen glauben. Aaron Brown, Risikomanager und Autor des Buches *The Poker Face of Wall Street*, weiß, dass die meisten Leute »draußen« sich vom Arbeitsklima der Trader schon deshalb ein falsches Bild machen, weil kaum jemand, der nicht Broker ist, einen Trader zum Freund hat, und weil kaum einer, der Trader ist, abends von seinen Abenteuern berichtet. Entweder sitzt er noch vor dem Bildschirm, oder er trinkt irgendwo mit Leuten, denen man nichts erzählen muss, auf die Erschöpfung irgendetwas, was nicht gegen Erschöpfung hilft. Der Börsendschungel ist eben keine Denkerstube, in der Trader Kursphilosophie betreiben. Die Luft hier ist feucht und heiß, und der Lärm gleicht dem disharmonischen Konzert unter dem Blätterdach des Regenwaldes: Fliehende Affenhorden kreischen, Vögel flattern erschrocken auf, Zweige rascheln und rauschen. Urwaldgeräusche im Börsensaal – und im Pokerturnier. Der amerikanische Journalist, Buchautor und Risikomanager Aaron Brown meint, die »unschuldigen Vorstellungen, die man sich von der Wall Street macht«, täuschten einfach darüber hinweg, wie nahe beide Szenarien verwandt sind. Ein Blick in den Börsenpoker zeigt: Da »gibt es Geschrei, Geschubse, Faustkämpfe und Herzattacken auf dem Fußboden: Und das klingt doch schon sehr nach Poker«, sagt Aaron Brown amüsiert.

Wenn die Talente vom Pokerturnier zur Börse wandern, dann liegt nahe, was tatsächlich passiert: Der Transfer läuft in beiden Richtungen. Finanzjongleure wandern in die Pokerszene, wenn ihre Bank ihnen unter den Füßen wegbricht. So machte Steven Begleiter, ehemals Börsenhändler bei Bear Stearns, 2009 einen lukrativen Ausflug ins World Series of Poker (WSOP), wo neben viel Geld auch das nächste Eintrittsticket für die Finanzwirtschaft zu holen ist: Mit 1,6 Millionen Dollar bewies er seine Klasse für den *fight* auf dem Parkett. David Einhorn, ein Hedge-Fonds-Manager, belegte beim WSOP-Turnier 2006 den achtzehnten Platz – und Aaron Brown, der beide so dicht benachbarten Welten kennt, hat sein Wissen aus zwei Karrieren, mit denen er hin- und herpendelt: die eine von beiden, Risikomanagement, dürfte von der andern sehr profitieren.

Damit öffnet sich der Blick auf eine Szenerie, in der Poker und Handelssäle wie ein Zwillingspaar von Trainingscentern genutzt werden, um die Fitness der Handelselite ebenso zu triggern wie die Trader-Qualitäten der Pokerspieler. »Von den bekannten Wall-Street-Tradern spielt mindestens die Hälfte regelmäßig Poker«, erzählt Aaron Brown. »Und kein einziger wäre schockiert oder beleidigt, wenn Sie ihn danach fragen. Es gilt einfach als normal.«

Seit 2008 unterscheiden die Pokerliebhaber unter den Finanzakrobaten allerdings streng zwischen Insidern, die wissen, dass Poker ein gutes Training für Trader-Erfolg liefert, und der Öffentlichkeit, die ihre doppelte Leidenschaft eher verdächtig finden könnte. Aaron Brown jedenfalls fragte für sein Buch bei vielen der Wall-Street-Stars an, ob er ihre Namen nennen dürfe. »Alle haben Nein gesagt.« Bis in die frühen neunziger Jahre gab es sogar in den Banken Poker Rooms, wo sich die Angestellten zum Spielen trafen. Poker, das ist das Pikante, hat in USA immer noch ein Legalitätsproblem, obwohl in Wall Street allabendlich Pokerrunden stattfinden, von denen jedermann weiß. Jedenfalls sind die Poker Rooms der Banken längst geschlossen worden. »Es will ja keiner im *Wallstreet Journal* lesen, dass der Chef einer Investmentbank pokert«, meint Brown.

Die Welt der Spieler im hochseriösen Finanzgeschäft kennt also keine Berührungsängste, wenn es um benachbarte Trainingsfelder für Intelligenz und Schnelligkeit, für Wahrscheinlichkeitsrechnung und Präzision beim Beobachten, Erfassen und Umsetzen von Konstellationen geht.

Die *mindsets* der Jobhopper hier sind auf das *outcast*-Dasein gepolt; die ›Öffentlichkeit‹ ist aus mindestens zwei Gründen mit Samthandschuhen anzufassen: einmal, weil sie alles moralisch bewertet, noch ehe sie versteht, und zum andern, um keine Spuren zu hinterlassen. Das Prinzip »Spuren verwischen«, das den Pionieren der Krise das große Geld gebracht hat, wird von den Hochleistern im Investmentbanking ganz anders verstanden als von ihren nervösen Kritikern: als ein defensives Verfahren, das dem Selbstschutz der Spitzenkönner dient.

Die Frage, für welche Berufe Poker eine nützliche Zusatzqualifikation sein könnte, ob es gar ähnlich wie das Schachspiel Talente zu Höchstleistungen zu bringen vermag, die in der Schule unterfordert sind, werden wir wohl noch eine Weile aufschieben müssen.

Wichtig aber ist zu begreifen, dass die Spitzentalente in der Kultur häufig von der erdrückenden Mehrheit der andern nicht automatisch ins Licht gestellt und zur Verwendbarkeit ihrer Lösungsmacht angehalten werden. Wenn sie dann ihre Isolation selbst radikalisieren und mit der gegen sie gerichteten Moral brechen wie mit einem Feind, dann wandelt sich auch das

Selbstbild der Ausnahmetalente: Sie entwickeln Underground-Manieren, weil keiner sie mehr als Kinder des Lichts wahrnehmen will.

Was liefern sie denn, das sie nicht als destruktive Elite deklassiert? Die Finanzkrise bringt auch die Versuchung, ganze Berufsgruppen zu verdächtigen. So befreit man sich als Mitläufer. Wer die Verpackungskünstler an die Wand stellen möchte, die bei der Massenflucht aus der Verantwortung gesehen wurden, hat kein leichtes Spiel.

Süchtige mit Heldenstatus, isolierte Exoten

Das Fatale der Finanzkrise ist ihre Beweiskraft für ein zunächst verdecktes Thema: den automatischen Verlust von Verantwortung, wenn viele Spieler ein großes Rad drehen – und dabei jeder den andern nachahmt: neu verpacken, weiterversenden. Klar ist für alle: Diese Pakete sind quasi Geldbomben – was dann bald im doppelten Sinne galt. Nach der Verantwortung des Senders fragte deshalb niemand, weil die interessanteste Frage beantwortet schien: Die Produkte brachten Geld. Der zweite Grund, nach Verantwortung nicht zu fragen: Wer fragt, riskiert dieselbe Frage für sich. So gelang die globale Flucht vor der Verantwortung.

Dass hier eher Süchtige am Werk waren als »Kinder des Lichts«, die Hochbegabten der Finanzszene, scheint offenkundig. Erstaunlicher als die Fixierung kleiner Gruppen auf ihr Business, das Geldvermehren, ist der Befund, dass so viele Banker, die nicht Partisanen oder gewissenlose *gambler* waren, mitgespielt haben. Wir nähern uns einer Antwort, wenn wir außer der Jagd nach Geld und dem Druck des Wettbewerbs den Statusneid der Durchschnittsbanker ernst nehmen. Einmal mitspielen bei der Schöpfung einer ganz neuen Produktklasse, die ins Allerheiligste des Finanzgeschäfts führt, ins Investmentbanking, das war die unwiderstehliche Chance. Die Unverständlichkeit der Produkte, über die heute dieselben Leute den Kopf schütteln, die mitgespielt haben, war eher ein Argument für als gegen den Zustieg in die neue *community* der Megawinner: Die Antwort gibt ein Uhrenliebhaber. »Je komplizierter, desto besser. Das ist auch bei Investments so. Wenn ich die verstehen kann, dann will ich sie nicht. Das hieße ja, dass jeder sie verstehen kann, das ist zu simpel.«

Die Ehrfurcht vor dem Unverstandenen wird umgesetzt in ein Unverwundbarkeitssyndrom: Wenn ich mit den Besten unterwegs bin, deren Produkte ich nicht verstehe, dann bin ich jedenfalls aufgewertet. So war manche Landesbank plötzlich mit den Besten unterwegs, und bald traute man sich auch das ganz große Geschäft in fernen Kontinenten zu. Der Statusgewinn stellte auch die Politiker in den Aufsichtsgremien ruhig.

Die Prügelknaben von heute sind die Gurus von gestern. Ihre Botschaft, die so viele Mittäter anlockte, war nicht irgendeine. Sie lautete: Geldmachen. Schneller als früher, undurchsichtiger als früher und aus einer ganz neuen Ressource: aus virtuellem Geld, das nicht geflossen ist. Trivial gesagt: Man wandelt gebrochene Zahlungsverträge in versprochene Zahlungen um. Ob irgendeiner von den unerkannten Starthelfern dieser Müllpakete an die Ertragskraft der zahlungsunfähigen Schuldner geglaubt hat? Jedenfalls besteht bei allen entdeckten Mitspielerbanken ein verschärfter Bedarf, Abstand von den Komplizen eines gierigen Traums zu gewinnen.

Wer sind sie, die mehr wagen, als für andere gut ist? Die nichts einzuwenden haben gegen ihre Isolation in einer Gesellschaft der Risikofeinde? Die aber zehntausendfachen Zulauf haben, wenn sie mit höchst gewagten Produkten auf die Weltbühne der Finanzwirtschaft treten? Klar ist, dass sie die Anziehungskraft einer Droge nutzen, der nur wenige widerstehen: des Geldes.

Immerhin schenken uns die Führungsfiguren des tollkühnen Verpackungs- und Verbriefungswettbewerbs die Erkenntnis, wie leicht die Droge Geld unsere Wertordnung durchschlägt. Dem Zusammenbruch der Lust auf Verantwortung folgte eine bodenlose Selbstüberschätzung der Führungszirkel und eine neue Nonchalance im Umgang mit den Aufsehern, die ebenfalls ein Faible für unverständliche Produkte entwickeln sollten.

Wer die hohe Zahl der Beteiligten an dem wahnhaften Treiben um nullwertige Produkte zu ahnen beginnt, der versteht das panische Interesse der Finanzeliten an der Rettung ihres Überfliegerstatus. Diese Rettungsaktion kann nur gelingen, wenn eine überschaubare Zahl von Zerstörern des exzellenten Rufs der *banking community* gezeigt werden kann, die mit Schande beladen und durch schwerste Strafen aus der Gemeinschaft der erschrockenen Moralisten ausgeschlossen werden.

Gedeckt durch die Schlagschatten der Verurteilten, kann dann die Mehrheit ihre eigene Unschuldsvermutung stärken und wieder Tritt fassen. Die Legionäre des Geldes freilich, die das Unheil in Gang gesetzt haben, braucht das Weltbanking weiterhin; denn auch in Zukunft soll das Heil vom Investmentbanking kommen. Der unübertroffene Star, der immer wieder mit diesem leidenschaftslos vorgetragenen Credo auftritt, ist Josef Ackermann. Er hat es verstanden, sein *standing* kontinuierlich zu stärken.

Wenn die Spezialtalente der *freeclimber* im Investmentbanking weiterhin gebraucht werden, dann ist es umso wichtiger, die Gefahren von Entgleisung und Absturz besser zu beherrschen als bisher. Wir müssen wissen, wer sie sind, die den »Rausch« nach eigenem Bekenntnis höher bewerten als das Geld, das sie heranschaffen. Niemand wird die wandernden Teams an die Kette legen können, ohne den Auftrag der Banken einzuschränken. Niemand auch wird Qualität und Höchstleistung bei den Bankchefs unbeschädigt lassen, der ihren Marktwert nach unten korrigieren will; höchstens die Spitzenplätze, auf denen wir gern die Besten sähen, werden entwertet durch ›politische‹ Saläre.

Aber was mit der Krise virulent wurde, ist ja viel ernster als die Fehlreaktionen von Politikern. Wo Geld das höchste Gut ist, da genießen die Geldmacher Heldenstatus. Das gibt heute niemand mehr zu, aber es gilt weiter, wie wir an der ungetrübten Anziehungskraft der Investmentjobs sehen. Wo Geld das einzige Ziel ist, da müssen auch Drogen helfen, den täglich-nächtlichen Griff nach der begehrtesten Droge, dem Geld, mit Energie zu beschicken, die ungeahnte Kräfte freisetzt.

Seth Freedman, Israeli, hat mit neunzehn Jahren in London bei einem Brokerhaus angefangen. Er verdiente als Aktienhändler bis zu seinem vierundzwanzigsten Lebensjahr so viel, dass er jede Arbeit hätte einstellen können. Er fühlte, dass er »aussteigen« müsste, wenn er sich retten wollte. Aber sein Tatendrang brachte ihn in die nächste lebensgefährliche Lage. Er wanderte aus nach Israel, machte ein Jahr Pause und meldete sich freiwillig zur israelischen Armee, um in der Westbank gegen Terroristen der Hamas zu kämpfen. Es dauerte nicht lange, bis der junge Mann mit Schrecken erkannte: Was er zu seiner Rettung aus einer Welt von Gier und Luxus unternommen hatte, führte ihn nur auf den ersten Blick in eine Gegenwelt. Krieg und Elend führten nicht wirklich in eine bessere Welt, sondern diese Gegenwelt gehorchte denselben Gesetzen wie die Traderjagd in London: »hierarchisch und brutal« sei der Alltag an beiden Plätzen. Die Befehlskette sei erschreckend ähnlich: Nur wer nach oben buckelt und nach unten tritt, gehört zu den Überlebenden. Halt, es gibt einen Unterschied, erinnert Freedman. »Passiert ein Fehler, bekommt bei einer Bank der Vorgesetzte einen kalten Kaffee oder nicht das bestellte Kokain. In der Armee sterben Menschen.« Gehört das Kokain zum Geschäftsalltag der Trader? Freedman nimmt dazu nur indirekt Stellung. Für wie viele Investmentteams sind Rauschmittel oder Intelligenzverstärker Bestandteil der täglichen Verpflegung? Freedman diagnostiziert bei sich selbst immerhin eine »Sucht«, die er nur schwer beherrschen könne. Von ihm erfahren wir eine Menge über die Persönlichkeitsstruktur der Trader.

Nachdem Freedman auch die Armee verlassen hat, sieht er noch eine weitere bedrohliche Parallele zwischen der Brokerwelt und dem Militär: In beiden Welten erlebte er, dass junge Männer mit wenig Vorbereitung viel Macht in die Hände bekamen. Schon nach wenigen Monaten in der Brokerfirma in London waren siebenstellige Summen sein tägliches Spielmaterial. Das Risiko wurde fürstlich entlohnt; das Gefühl für Maßhalten wurde also gleich von zwei Seiten eingeschläfert. Abends investierte der Jungstar dann gern mal 1000 Pfund für ein Dinner, einfach weil es ihm »Spaß machte, soviel Geld zu verprassen«. Die Qualität, die für 1000 Pfund geliefert wurde, kam ohnehin nicht bei seinen Geschmacksnerven an: »Genauso hätte ich Geldnoten kauen können«, sagt er. Alle seine Sinne waren beim Geld, er schmeckte nichts mehr.

Zwölf bis vierzehn Stunden dauerte der Arbeitstag. Und die Macht ohne Vorbereitung, die Freedman später kritisch beurteilen wird, wirkt wie eine starke Droge. »Die Macht, Millionen durch die Gegend zu schieben, verursacht einen Rausch, den keine andere Droge erzeugen kann«. Aber der Rausch verlangt nach immer stärkeren Suchtmitteln. Freedman braucht Drogen, um das tägliche Übersoll durchzustehen. »Über Jahre habe ich täglich mehrere Gramm Kokain weggezogen.« Sein Monatsbedarf kostete 3 500 Euro. Seine Willenskraft, die ihn später rettete, erprobte er schon in dieser Drogenphase: Am Sabbat konsumierte der gläubige Jude kein Kokain.

Freedman weiß, dass seine Gesundheit bedroht ist, wenn er so weitermacht. Nach dem Ausbruch aus der Londoner Suchtfalle verspürt er in Israel bald wieder das Bedürfnis nach »Nervenkitzel«.

Im Psychogramm des erfolgreichen Brokers, der viel Geld bewegt und deshalb viel Geld verdient, darf also der Hang zur Selbstgefährdung nicht fehlen. Die tägliche Dosis Risiko, die Absturzgefahr, der Rausch, der Ermüdung überspielt, Hirndoping und andere Rauschdrogen für die Allmachtillusion – all das müsste also bei Investmentbankern ein typisches Persönlichkeitsprofil sein? Welche Berufe können mit diesem Risikoangebot und der hohen ›Gefahrenzulage‹ wetteifern? Könnten Klippenspringer, Freikletterer und Wildwasserfahrer bei exzellenter Vermarktung ähnliche Erträge erreichen? Was sie nicht schaffen, ist die Kurzfristigkeit, die zur Atemlosigkeit der Süchtigen passt. Was sie sehr gefährden würde, sind Rauschdrogen. Was der Trader ihnen voraus hat, ist die Folgenlosigkeit von Abstürzen, die schon morgen gegenstandslos sein können, während der *freeclimber* zerschmettert am Fuß der Felswand liegt, und die wasserorientierten Kollegen von Tauchern gesucht werden.

Hier erkennt man, wie abgeleitet das Handeln mit Geld ist: Die hohen Summen erscheinen bald surreal, und die Verluste lassen sich ins Irreale wegdrücken, wenn schnell ein Gewinn gelingt. Der Geldhandel hat allen andern Berufen der Selbstgefährdung einen dämonischen Zug voraus: Der Realitätssinn wird beschädigt. Auch die realen Genüsse leiden Schaden: Was er für sein Geld kaufen kann, das schmeckt dem jungen Mann nicht mehr.

Wenn das Suchtpotential des reinen Geldhandels so hoch ist, wie Seth Freedman es erlebt hat, dann potenziert sich die Gefährdung noch dadurch, dass suchtgefährdete Typen sich dort ansiedeln. Viel Macht, wenig Vorbereitung: »Die Macht, die man mit einer Granate in der Tasche spürt, ist der an der Börse ähnlich«, fand Freedman. Er hat den Ausstieg geschafft, aus beiden Welten. Aber seine Suchtgefährdung und die Magie des Geldes erkennt er als bedrohliche Mischung: »Würden Sie mich an einen Handelscomputer setzen, ich wäre sofort wieder in Trance«, gibt er zu. Seine Therapie: jeden Tag vier Stunden Schach im Internet. Dann hört und sieht er nichts mehr um sich herum: »Sie könnten ein Haus neben mir abfackeln.« Also doch wieder die Sucht. Mit einer vergleichsweise unschädlichen Droge.

Freedman hatte damals, in London, gespürt, dass er fliehen musste, »um zu überleben«. Nicht allen gelingt das rechtzeitig. Anjool Malde, vierundzwanzig Jahre alt wie Seth zur Zeit seiner Flucht, Saleshändler der Deutschen Bank in London, überlebte nicht. Ihm genügte die Vermutung, dass man ihn entlassen werde, um sich ganz zu verabschieden – weil die Welt des Turbogeldes sein Leben war. Es gab kein anderes, in das er hätte fliehen können wie Seth, der einfach ›nach Hause‹ floh, um dort das nächste böse Erwachen zu erleben. Anjool hatte keine Alternative. Er brachte das Idealprofil mit, um im Intelligenzwettlauf zu den Karriereplätzen nach vorn zu preschen: Abitur mit siebzehn, Studienabschluss in Oxford mit zwanzig. Mit einundzwanzig stieg er ein in den Aktienhandel. Mit vierundzwanzig stoppte er seine Karriere und sein Leben mit einem Glas Champagner in der Hand durch einen Sprung vom Dach seines Lieblingsrestaurants.

Ohnehin, so bemerken Kenner kühl, ist die Selbstmordrate in der Finanzbranche hoch. Krisenbedingt, so fügen sie an, schnellte sie erwartungsgemäß in die Höhe. Die Schwelle für Schwächebekenntnisse liegt bei den jungen Stars besonders hoch. Der Erfolg bringt den Höhenrausch; man ist einer von den wenigen, die mehr, viel mehr erreichen als die meisten. Das isoliert. Und es füttert das Ego: einer von den Kindern des Olymp zu sein, ein Erwählter, der bei den führenden Instituten dieser Erde Riesensummen bewegt und Starallüren entwickelt, die dem Grad der täglichen Erschöpfung entsprechen. Einer, der alles auf eine Karte setzt – sein Leben, seine Gesundheit, sein psychisches Gleichgewicht; einer, der für Beziehungen unter Freunden keine Zeit mehr übrig hat; und der bald begreift, dass seine Zeit auch nicht reicht, um die Liebe zu erwidern, die ihm zuteil wird. Die Erwählten zahlen einen hohen Preis für ihren brillanten Status. Sie haben keinen Rückweg mehr frei, seit die Dimensionen ihrer täglichen Geschäfte jedes normale Maß verloren haben, das früher ihr Leben überschaubar gemacht hat. Die Psychiater melden zwar einen anschwellenden Beratungsbedarf, seit die Entlassungswellen in London Panik verbreiten. Wer kein Leben mehr außerhalb der Bank hat, findet es vollkommen logisch, mit dem Verlust der Bankkarriere auch den Verlust des eigenen Lebens gleichzusetzen. So rational sie das darstellen, so katastrophal ist in der Erwartung des Totalverlustes ihre seelische und emotionale Verfassung. »Am Ende kann die Existenzangst zu regelrechten Panikattacken mit körperlichen Symptomen wie Schwindel, Atemnot und Schweißausbrüchen führen«, erklärt eine Therapeutin.[27]

27 *Handelsblatt*, 20.7.2009, S. 23.

Die Forscher berichten von 20 Prozent Depressiven in der Gruppe der Zwanzig- bis Dreißigjährigen, die im Finanzsektor arbeiten. Der erste Selbstmörder der Finanzkrise, so notierte der *Evening Standard*, kam von einer Schweizer Großbank nach London, um sich im Kokainrausch vom Dach eines Londoner Hotels zu stürzen. Zuvor war er in der Psychiatrie behandelt worden, weil er sich verfolgt fühlte.

Abgeklärte Banker höheren Alters, die ihre Investmentstars immer verwöhnt zu haben glauben, sehen sich für das Seelenleben ihrer Großverdiener nicht zuständig. Die wenigsten von den heute auf Seniorenplätzen repräsentierenden Bankchefs haben in dieser drogenanfälligen Atmosphäre des Investmentbankings gelebt. »Die jungen Leute haben einen Haufen Privilegien, die wir nie gekannt haben«, sagt einer von den gereiften Herren. »Sie können doch jederzeit aufhören, so hart zu arbeiten. Aber genau das können sie nicht mehr. Die Droge wirkt. Es gibt kein Leben mehr ›draußen‹, und es gibt auch niemanden mehr, der ernsthaft mit ihnen rechnet, wenn sie außerhalb der Bank auftauchen. Sie spüren das und ziehen ihre Folgerung: *After the first death, there is no other.* Sie haben ihre Wahl getroffen, als sie noch nicht wussten, wie hoch der Preis ist. Nun werden sie ihn zahlen.

Abstand kostet. Die Gegeneliten auf den Goldgräberplätzen wissen das. Ihr Lebensrhythmus isoliert sie von den andern, die ›gemischt‹ agieren: Zwischen Arbeit und Freizeit steht die Mauer, die sie täglich überspringen – einmal in dieser, einmal in jener Richtung. Die Trader wissen, dass sie tendenziell einen Vierundzwanzig-Stunden-Arbeitstag haben müssten. Sie tun alles, um den Sog der Handelscomputer nie ganz abzuschalten. Drogen, außer der einen Zieldroge Geld, sind dabei für viele unverzichtbar. Eben: Abstand kostet. Das Lebensgefühl der Geldmacher weicht stark vom Durchschnitt ab: Sie wissen, dass sie wenige sind. Sie haben erlebt, dass man sie auswählt, weil sie ein Versprechen für Erfolg verkörpern: hohe Intelligenz, logisches Denkvermögen, intellektuelles Tempo, Entscheidungsstärke, Belastbarkeit, Willensstärke – und emotionale Power, Leidenschaft. Ihr Job ist ohne Disziplin nicht durchzuhalten. Er liefert Kontraste, die Zerreißproben gleichen: Siege und Niederlagen, Egofutter und Demütigungen in dichter Folge. Wer hier Erfolge feiert, wird seinen Platz schon deshalb nicht verlassen wollen, weil der Preis so hoch ist, den er zahlt: Er gibt buchstäblich sein Leben.

Dass sie sich als »Erwählte« fühlen, hat mit ihrem Wissen zu tun: Wir sind eine seltene Spezies. Wir können, was die meisten nicht können. Wir verlieren das, was andere das Leben nennen. Die Erfolgsquote liefert hohe Motivation, und die Verluste schlagen kaum zu Buche: Sie verteilen sich auf viele; der Erfolg gehört jedem allein.

Der schnelle, sichere Gewinn gegen den kaum spürbaren Verlust: Das war das Prinzip »Lehman Brothers«, wie der Kongressausschuss nach seiner Recherche berichtete.

Die Insel der Seligen, auf der so viele Leiden und Laster Platz finden, ist natürlich nur für wenige ein erträglicher Ort. Wer nach den Gesetzen dieses *closed shop* lebt, fühlt sich ›draußen‹ bald als Fremder. Die Antriebslosigkeit der Menschen stört ihn; ihre Gesprächsthemen interessieren ihn nicht. Er ist wie ein Drogenkranker, der den Entzug fürchtet, ruhelos und unaufmerksam, die Fäden zur Normalwelt schleißen und reißen schließlich. Es gibt kein Leben mehr außerhalb der Lasterinsel, die soviel Glück verheißt. Wer sich als Fremdling in der Welt der Mehrheit wiederfindet, fühlt sich nicht geliebt. Wer nicht mehr ›dazugehört‹, sieht sich für ›die andern‹ nicht mehr verantwortlich. Seine Wahrnehmung für Schäden, die seine Arbeit bei anderen anrichtet, verliert sich im gleichen Maße, wie er sich ökonomisch abkoppeln kann. Nun betreffen ihn die Folgen des eigenen Handelns nicht mehr; die Werturteile der ›andern‹ draußen interessieren ihn nicht mehr.

Gegeneliten werden also im gleichen Maße gefährlicher für die Mehrheit, wie es ihnen gelingt, sich ökonomisch unabhängig zu machen. Ihre Wertorientierung geht folgerichtig unter, wenn die Isolation fortschreitet. Sie fühlen sich niemandem mehr verantwortlich außer sich selbst.

Und niemand läuft ihnen nach, niemand umarmt sie und holt sie zurück. Niemand entschließt sich, sie einfach auf Vorschuss zu lieben, wie es in allen großen Mythen als Rettungsmodell erzählt wird. Niemand probiert diese Story: die fehlgepolte Power der Überflieger, die von Belohnungen in ihrer eigenen Welt lebt, mit Belohnungen aus der wirklichen Welt zurückzuholen. Wir haben uns viel zu schnell entschlossen, diese Ausreißer nicht zu brauchen. Seit wir ihre Macht erkannt haben, uns zu vernichten, müssten wir über Rettungskonzepte nachdenken.

Auch Seth Freedman wurde bis heute von niemandem gerettet, obwohl seine Erkenntnisse über die beiden Höllen, die er überlebt hat, weit fortgeschritten sind. Er kann sich nicht allein befreien. Sein neuester Suchtgefährte ist der Schachcomputer. Seine Heimat Israel hat den Heimkehrer bis heute nicht wirklich ›heimholen‹ können.

Viele Legenden verzögern unsere Arbeit an der Nachkrisenstory. Die von der Rationalität der Märkte findet ihre Fortsetzung in der Geschichte von den coolen Börsenhändlern, die strategisch Lärm machen, aber gefühlskalt den Mammon umschichten, der ihr Fetisch ist. Die *community* der wenigen, die den vielen gefährlich werden können, lebt in Wahrheit in einer gefühlsgeladenen Welt, die den emotionalen Überschuss der Märkte widerspiegelt.

Die These von der Rationalität der Märkte hat so vielen Akteuren genützt, dass auch das Klima, in dem Fondsmanager und Anleger einander begegnen, als ratiogesättigt beschrieben wird. Ob wir uns vor der Krise, in der Krise oder nach der Krise bewegen – diese Einschätzung bleibt weit hinter der Wirklichkeit solcher Kontakte zurück. Wie emotionsgeladen Geldgeschäfte sind, wissen Werbefachleute seit langem. Die Fondsmanager, wenn sie erfolgreich sein wollen, wissen mehr über das Gefühlschaos im Kopf ihrer Klienten, als sie jemals verraten werden. Der Geldmarkt, die Börse, die turbulenten Anlagemärkte sprechen eigentlich eine überdeutliche Sprache: Geldgeschäfte sind Emotion pur, und die besten Ergebnisse holen sich die kühlen Köpfe, weil sie die Disziplin aufbringen, die Gefühlswogen in den Gehirnen der anderen gelassen zu beobachten: Wie Meistersurfer nutzen sie die Welle, bevor sie umschlägt, um den höchsten Gewinn zu machen.

Underground-Poesie, spötteln Bankchefs gern, wenn sie die Extrem-Prosa aus den Katakomben ihrer Institute hören. Seit Jérôme Kerviel, »der größte Milliardenzocker der Weltgeschichte«, in Paris vor Gericht steht, geraten auch sie ins Kreuzfeuer zwischen Anklägern und Verteidigern. Der Händler mit der bescheidenen Herkunft aus dem Provinznest Pont-l'Abbé, Vater Schmied, Mutter Friseuse, kämpfte sich nach oben.

Sein Abschluss an der Massenuniversität Lyon 2, der Master in Finanzwesen, war kaum mehr als durchschnittlich. Aber er wollte nach oben. Und er schaffte es in den Händlerpool der mächtigen Großbank Société Générale. Der Handelsraum *Delta One*, für Leute wie Kerviel eigentlich Endstation, erlangt im Pariser Prozess Legendenstatus als Prototyp der Zockerszene. Neben ihm Kollegen mit ähnlichen Aufsteigergeschichten, aus Tunis, aus Algier. »Er hat mir gute Ratschläge gegeben«, erzählt einer von ihnen. Jérôme »hatte den Ruf, ein seriöser

Trader zu sein.« Er »hat mir gesagt, ich solle nicht zu viele Risiken eingehen«, berichtet Tsoufik Zizi, den Kerviel als jungen Händler eingearbeitet hat.

Der Richter fragt die Mythen des Investmentbankings ab: Drogen im Dienst, wilde Partys. Kerviel schaut fassungslos und murmelt ein Nein. Man habe viel zu viel arbeiten müssen, um Ausschweifungen einzuplanen. Nein, sie wollten nicht das große Rad drehen, an Heldenrollen war gar nicht zu denken. »Es war ein Klima des Vertrauens«, sagt Marine Auclair, die für die Kontrolle der Händlerkonten zuständig war. Kerviels Vorgesetzter, Eric Cordelle, ein Starbanker mit Elite-Uniabschluss, wurde mit fünfunddreißig Jahren Kerviels Vorgesetzter im Handelsraum *Delta One*. »Ich habe das Vokabular der Händler nicht unbedingt gekannt«, gesteht er. »Die Händler hatten die Köpfe unter Wasser«, und er habe versucht, den seinigen über der Wasseroberfläche zu halten.

Die Kontenkontrolleurin Auclair war sicher, dass die verspielten 5 Milliarden ein Irrtum sein mussten. » Jérôme hat mir gesagt, wenn ich das Problem klarkriege, schenkt er mir Champagner.« Kerviel ergänzt: Damals habe man ständig von irgendwem Champagner bekommen. Champagner statt Vertrauen?

Jungen Nachwuchshändlern gab er die richtigen Ratschläge: Nicht zuviel Risiko! Seine eigene Karriere sollte aber nicht hier, im Maschinenraum der Finanzmärkte, enden. »Ich war auf einer Flucht nach vorn«, sagt Kerviel vor Gericht. Er profitierte von der Ahnungslosigkeit seines Vorgesetzten. Im Maschinenraum war es der Champagner, auf den höheren Etagen der Status von Eliteschulzöglingen, der jede Kontrolle überflüssig machte.

Mit Jérôme Kerviel steht nicht nur ein unsichtbares Heer von Händlern vor Gericht; die Krise selbst sitzt als übermächtiger

Schatten mit ihm auf der Anklagebank: Es sind die Schatten der Mächtigen im Finanzwesen, die hier durch einzelne empörte Stars vertreten werden. Der zurückgetretene Chef der Großbank ist so einer, Daniel Bouton, der sich lange weigerte, den Händler kennenzulernen, der ihn stürzte. Der Angeklagte Jérôme Kerviel, das fühlt Bouton mit ohnmächtiger Wut, ist unter der Hand zum Kronzeugen für ein System geworden, das sich unverwundbar glaubte schon durch seinen Wortschatz. Eine Woche benötigten die Richter, um die Grundbegriffe des Wertpapierhandels halbwegs zu verstehen – jene Fachsprache, die Kerviels Vorgesetzter nicht zu kennen brauchte, weil er ein Eliteabsolvent war. Kerviels Anwalt Olivier Metzner, ein Star seiner Zunft, will auf Freispruch plädieren. »Dieser hier«, sagt er über seinen Mandanten, »ist ein Geschöpf seiner Bank. Vielleicht ein schlecht zusammengesetztes, aber er ist ihr Produkt«[28]

Ehemalige Börsenhändler der Großbank sind ›überzeugt‹, dass Kerviels Vorgesetzte von seinen Geschäften gewusst haben. Auch die namhafte Pariser Ökonomin Catherine Lubochinsky, Professorin an der Pariser Universität, stärkt die Aussagen des Angeklagten: »Sie sind alle schuldig«, sagte sie vor Gericht, Kerviel genauso wie die Bank. Kerviel erhält sein Urteil im Oktober 2010. Einen anderen Prozess hat er bereits am 23. Juni gewonnen: Das Pariser Strafgericht verurteilte einen Wirtschaftsprofessor zu 6000 Euro Schadensersatz an Jérôme Kerviel. Der Gelehrte hatte den Händler im Fernsehen einen »Ganoven« genannt.[29]

28 *Financial Times Deutschland*, 28.6.2010, S. 25.
29 *Die Welt*, 29.6.2010, S.9.

Emotionen als strategische Partner der Ratio

Einer der größten Feinde unserer Einsichten, die wir aus der Krise ziehen könnten, ist die Moral. Moralische Empörung ist ein Reflex zum Selbstschutz, der das Versteckspiel fortsetzt. Banker bändigen, Manager dem Staatsanwalt übergeben, Saläre kürzen: Das alles sind Ausweichbewegungen, die unsere Ressourcen schmälern, weil sie Talente pauschal aburteilen. Nur die Leidenschaft zu verstehen, warum ein Tornado mit faulen Krediten um die Welt flog, den niemand aufhalten wollte, hilft uns weiter.

Bei den Treibern der Krise müssen wir sogar Emotionsverstärker einrechnen, weil der Konsum von Drogen, der in vielen Teams üblich ist,[30] ja nicht die Intelligenz der Trader stärkt, sondern ihre rauschhafte Selbstüberschätzung. Emotionen sind aber nicht die Feinde, sondern die fürsorglichen Begleiter unserer Vernunft, wenn wir die Balance beider nicht mit Rauschmitteln stören. Der Dauerstress der Trader hat mit einem Wissensvorsprung zu tun, den ein unerfahrener Anleger nicht schnell einholen kann: Der Trader weiß, warum Finanzprodukte so aufregend sind; und weil er das weiß, muss er rastlos »dranbleiben«, am besten ganz ohne Schlaf, wenn das möglich wäre. Sein Wissen erfasst den Kern der Geldprodukte, das, was sie von allen anderen Waren unterscheidet: Ihr Wert ist niemals einzufangen, außer für Minuten, Sekunden oder Stunden. Ein Finanzprodukt trägt im Grunde nie ein Preisschild. Welchen Wert man erworben hat, erfährt man also nie genau. Das Finanzprodukt bringt Rastlosigkeit in unser Leben. Wie entwickeln sich die Aktien heute? Was muss ich tun, um ein

---

30 Vgl. Seth Freedman: *Binge Trading: The Real Inside Story of Cash, Cocaine and Corruption City*. London 2009. S. XX

sinkendes Schiff zu verlassen, das gestern noch unter vollen Segeln fuhr?

Wer Wertpapiere kauft, begibt sich auf ein schwankendes Schiff. Das Investment ist eine Story mit offenem Ausgang. Der Flügel, den wir zum Musizieren kaufen, hat vielleicht eine Story über die Generationen, aber er IST keine.

Wer im Investmentbanking arbeitet, entscheidet sich vor allem für diesen Unterschied: den Ausgang von Produktstories vorausberechnen, aussteigen vor dem Absturz, profitieren vom Aufstieg eines unterbewerteten Unternehmens. Es sind die Strudel und Turbulenzen, in denen das große Geld von Ufer zu Ufer schwappt, die den Investmentbanker in Atem halten. Er hat keinen Sinn mehr für den Austausch von Geld gegen Waren. »Stabile Finanzmärkte« kann es aufgrund der Instabilität der Produktwerte, die dort gehandelt werden, also gar nicht geben. Auch darüber reden die Banker nicht mit der Politik, weil sie die Radikalisierung der Regulierungspläne fürchten müssen. Wenn ein Kosmos mit volatilen Gütern, wie der Markt der Finanzprodukte, »anlegersicher« gemacht werden soll, dann muss man ihn schließen. Das wäre die redliche Auskunft der Banker an die Politik. Sicherheit gibt es auf den Märkten für Sachwerte und Gebrauchsgüter, solange die Qualitätsidee des Käufers mit dem Angebot des Händlers bei Qualität und Preis übereinstimmt. Geldmärkte sind instabile Märkte. Alle Finanzfachleute wissen das. Die Trader sind deshalb dort, weil sie ihr Quantum Risiko bei hohen Belohnungsversprechen nur hier finden. Zeigt ihr Kunde eine ähnliche Mentalität und kann er Niederlagen finanzieren, dann stimmt die Kooperation. Ist der Kunde aber gar nicht real anwesend, sondern eine unwissende Beute in einem internationalen Markt; trifft er dort obendrein auf ein Profitversprechen, das er aus Unerfahrenheit und Begehrlichkeit nicht zurückweisen kann, dann hat vor allem eins versagt: der Wissenstransfer zwischen Anbieter und Kunden.

Genau dieses Prinzip ist es, das planvoll eingesetzt zu hohen Gewinnen für die Anbieter und zu höchsten Verlusten bei den Kunden führte. Die Krise ist das *unhappy end* einer *bad story* – der Geschichte der Ausbeutung von Wissensnachteilen anderer durch die »Wissenden« auf den Dealer-Plätzen.

Dass die Produktidee obendrein der tollkühne Plan war, sozusagen Stroh zu Gold zu spinnen, wie wir es aus dem Märchen kennen, kommt dann nur noch erschwerend hinzu. Dass auch »seriöse« Bankhäuser mitgespielt haben, macht jede Zukunftsprognose unsicher.

Die Mitspieler in den Banken waren also genauso emotional wie die unerfahrenen Anleger, die den rationalen Vorsprung ihrer Bankberater oder Fondsmanager nutzen wollten, um die eigenen Emotionen zu zügeln. »Emotionale Inflation« nennt der amerikanische Psychoanalytiker David Tuckett diese Überschwemmung der finanzwirtschaftlich geschulten Gehirne mit absurden Gewinnerwartungen.[31] Wir sollten uns in Zukunft die Banker, unabhängig von ihrem rationalen Habitus, als hochemotionale Wesen vorstellen, die ihre eigenen Gefühle als Gegner ihres Wunschstatus einstufen: Sie pflegen ihren Ruf als kühle Rationalisten. Sie lernen es nicht, ihre Emotionen als wichtigen Beitrag für ausgewogene Urteile wahrzunehmen. So können sie zwischen rationalen und emotionalen Urteilen kaum noch unterscheiden, wenn eine neue Gewinnvision im Markt erscheint.

Die strategische Überbewertung der Ratio ist den traditionellen Bankmanagern auch als Unterscheidungsmerkmal von ihren Kollegen in der freien Wildbahn wichtig. Und tatsächlich:

---

31 David Tucketts Forschungsgebiet trägt den Titel »Emotional Finance«. Vgl. *Frankfurter Allgemeine Zeitung*, 24.9.2009, S. 20.

Fondsmanager gehen mit den Gefühlswogen, die eine neue Produktidee begleiten, ganz anders um als ihre Kollegen in den ehrwürdigen Bankhäusern. Die *freelancer* kennen die Wucht emotionaler Begeisterung für ein neues Megagewinnziel gut. Sie kombinieren ihre Begeisterung, unter den *winnern* zu sein, mit ihrem Statusstolz, zu den erlesenen Figuren des neuen Kapitels Finanzgeschichte zu gehören. Die »Erwählten« sehen sich, ganz im Sinne ihrer Jobphilosophie, als Mitgestalter einer neuen Story, die ihnen wieder einmal, wie schon oft, besondere Privilegien zuspielen wird. »Wir sind außergewöhnlich, und wir lieben unser Business mehr als alle auf den traditionellen Plätzen. Wir setzen mehr ein, deshalb werden wir mehr Profit machen«, so ihre Lesart der neuen Geschichte. Ob die Fakten zu dieser Einschätzung passen, ob es wirklich Finanzprodukte ohne Risiko gibt, ist für die Olympier unter den Besessenen unerheblich. Ihre emotionale Power ist natürlich schneller am großen Gewinn als die umständlichere Motivation der klassischen Bankmanager, die einige Energie für die Imagepflege des coolen Klassikers abzweigen müssen. Nur *undercover* surfen sie auf der großen Woge der neuen Story mit; sie können deshalb nicht unter den Gewinnern der ersten Stunde sein – und waren deshalb in größerer Zahl bei den Entdeckten, als die Blase platzte. Zu nahe an den Verlierern gespielt, heißt die Insiderdiagnose. Zu halbherzig, eben mit dem Handicap, das die ›gesellschaftsfähigen‹ Banker von den *outcasts* unter den Finanzakteuren trennt.

Die Großbanken haben aber längst ein Rezept, um diesen Nachteil auszugleichen: die Rollenteilung. ›Unter Deck‹ arbeiten die Erwählten mit der feinen Witterung, die jederzeit der Verlockung der Wildbahn folgen und das Schiff verlassen könnte, und oben kümmern sich die Banker alter Schule ums seriöse Image. Sie haben viel zu tun: Politiker beruhigen, Anleger um Geduld bitten und Kunden um Vertrauen. Das wichtigste Bekenntnis sparen sie aus: dass Finanzmärkte niemals stabile Märkte sein werden. Das wäre eine ethisch hochwertige Warnung für alle unerfahrenen Anleger. Die Politik hat aus anderen Gründen kein Interesse an diesem zentralen Geständnis: Sie arbeitet ja weiter an der wählerwirksamen Behauptung, die Politik werde den mächtigen Dompteur geben, der die instabilen Finanzmärkte an die Kette legt. Soweit die Politstory für das Volk. Beide Seiten inszenieren Gegnerschaft nach außen und profitieren von der geheimen Allianz zwischen Banken und Politik, die seit Jahrhunderten gilt.

Nur eine Gruppe im Finanzgeschäft bleibt im Focus der Verfolger aus allen Lagern: die Partisanen der Krise, die mit den großen Gewinnen abgezogen sind; die schon vorher nicht greifbar waren, weil sie den Gegenwind witterten und weil sie ein Gesetz unter Menschen kannten: dass die Wut der Verlierer sich eine Umkehrung der Rollen zum Ziel setzt, aus den Jägern Gejagte werden zu lassen. Wenige Beutetiere konnte man weltweit zeigen und zu Stellvertretern erklären, obwohl sie keine Prototypen des Krisengewinners waren, sondern eher maßlos und tollkühn einer einzigen Idee verfallen, blind und taub für die Vorboten ihrer Enttarnung. Bernard Madoff ist so ein Beispiel, das hinter der Virtuosität anderer Player weit zurückfällt, deren Namen nie in der Weltpresse aufgetaucht sind. Sie wussten: Geldgeschäfte sind diskretionsbedürftig. Geldgeschäfte wecken lasterhafte Impulse. Geldgeschäfte, die sich nur auf Akkumulation von Geld richten, spielen in einer besonderen Liga.

Warum wir die Zocker ächten:
Sie haben uns verraten

Warum entdecken wir so wenige von den großen Gewinnern dieses ›Krisengipfels‹, der all den Gipfeln der Ratlosen vorausging? Die meisten von ihnen arbeiten weiter im gleichen Business – weil sie nichts anderes fasziniert. Sie verstecken sich nicht, wir treffen viele von ihnen auf den Flughäfen, die alle Businessreisenden immer wieder zueinanderführen. Wir fragen nach ihren Kindern, erfahren von neuen Wohnorten, neuen Hobbys. Schon vor der Krise erfuhren wir wenig über ihre Geschäfte.

Was ist das für eine Gesellschaft, wo die Außenseiter das meiste Geld verdienen? Es ist eine exzentrische Elite, die nur solche Menschen versammelt, die neben ihrer Sachkompetenz ein ausgeprägtes Wissen um die Quellen der Verwundbarkeit mitbringen. Und die stark genug sind, dieses Wissen jeden Tag anzuwenden. Die Quellen der Verwundbarkeit sind Eitelkeit, Selbstinszenierung, Kommunikationslust und Imponiergehabe. Nur mit einem entschieden elitären Bewusstsein lässt sich dieser Kodex der Laster zuverlässig meiden. Die Idee, einem Zirkel von ›Erwählten‹ anzugehören, folgt logisch aus diesem Tugendkatalog.

Und die *community* der Verfolger, die sich schmeicheln können, die Mehrheit der Bevölkerung zu vertreten, leistet beim *undercover*-Spiel der Verdächtigen wirksame Hilfestellung.

Wen das überrascht, der muss den Entlastungsbedarf der zahllosen Mitspieler berücksichtigen, die auf der Anklägerseite Platz genommen haben. Ihre ›Unschuld‹ wird bedroht von allen, die sie als geldsüchtige Komplizen aus der tollkühnen Zockerphase entlarven könnten. Eine Gesellschaft, die inzwischen Gesetzesbrüche toleriert, wenn damit Geld gemacht werden kann, wie im Datengeschäft bewiesen, hat natürlich ein Problem mit der Aburteilung von Leitfiguren, die das große Prassen angeführt haben, das jede Vernunft zur Feigheit erklärte und alle Renditeerfahrungen der Berater über den Haufen warf. Die Peinlichkeit, da mitgespielt zu haben, ohne unter den unerkannten Gewinnern zu sein, lässt sich nur verschleiern, wenn man Schuldige findet, die als Anstifter verurteilt werden können – einerseits. Und die nicht dingfest zu machen sind andererseits.

Die Geldgesellschaft ist bei ihrem Laster erwischt worden wie selten zuvor: Geld machen unter Ausschaltung der Alltagsvernunft, die Thomas von Aquin die »Mutter aller Tugenden« nennt. Die Maske ist gefallen. Die ›Rechtschaffenen‹ werden am Spieltisch der Süchtigen angetroffen, die sie immer verachtet haben – außer im Fall des absurden Angebots von Traumrenditen, das die Alltagsvernunft übertrumpfte.

Wir müssen sie an die Wand stellen, die Verführer, auch wenn wir sie nicht fassen können, so wäre die ehrliche Auskunft der selbsternannten Richter; wir müssen sie den Gerichten übergeben, um uns reinzuwaschen. Denn sie haben uns verraten. Wir müssen sie ausspeien aus unserer Mitte, weil sie uns in ihr Roulette verstrickt und unsere Geldgier entlarvt haben. Darum haben sich die Mittäter als Ankläger gemeldet; sie verbindet das Wissen: Niemand kann sie zuverlässiger überführen als die Verführer selbst. Deshalb sind sie interessiert daran, dass die Verführer anonym bleiben. Unter dem Druck der Anklage würde jeder Anstifter zum Verräter.

Die Virtuosen des Geldgeschäftes, die heil aus der Krise flohen, wären heute die gefährlichsten Zeugen. Sie halten der Gesellschaft der Heuchler den Spiegel vor: Wir leben eure Süchte, und ihr seid demaskiert als unsere Komplizen – ob ihr gesteht oder nicht.

Die Stars an den Handelscomputern müssen für alle Bank-manager die Rolle der Teufelsbündner spielen. Ihre Partner aus der Boomzeit müssen im Normalbetrieb überleben; sie kön-nen nicht in Starpositionen fliehen wie die genialen *gambler*. Die Entscheidung der etablierten Partner von gestern ist gna-denlos; hier treffen sich die Blauäugigen mit den Schlitzohren in seltener Harmonie.

Der Schuldspruch gegen die *highflyer* lautet: Sie haben die verlogene Kombination geknackt, in der Geld und Moral ver-knüpft waren. Sie haben eine Welt der Gegenwerte errichtet, in der Mühe und Fleiß, Ausdauer und Disziplin sich offen mit einer Gegenwelt von Werten verbanden: Rausch und Spiel, Tempo und Gesetzlosigkeit. Und sie waren damit die erfolgreichsten Player im Finanzroulette. Eigentlich, so der geheimgehaltene Schuldspruch, haben sie den *homo oeconomicus* lächerlich ge-macht: »Alles was Ihr bewegt, ist Spielgeld! Wie man aus Spiel-geld viel Geld macht, das wissen nur wir!« Also verhöhnt, rä-chen sich die süchtigen Geldtraditionalisten an den berauschten Geldrevolutionären. Deren ›Verdienst‹ bleibt die Entlarvung der süchtigen Spielpartner, die als Biedermänner auftreten.

Alle Fesselungsideen für die Finanzwirtschaft, die von den demaskierten Eliten nun vorgebracht werden, tragen auch den Stempel der Rache, die politische Mitläufer in den Aufsichts-gremien und hochstapelnde verhinderte Bankgenies nun üben wollen. Nun brauchen sie nur noch willige Richter, die Einzel-täter für Gremienentscheidungen verantwortlich sehen und bestrafen. So schlägt eine beschämte Gesellschaft tiefe Schnei-sen in die sensibelste aller Ressourcen: die nachwachsende Elite, nur weil sie verdecken will, dass sie den Gegeneliten im eigenen Haus nichts entgegenzusetzen wusste.

Wie man die Waschungen in Unschuld für die mächtigsten Banker eines Kontinents zum abgestimmten Ritual zwischen

Finanzwirtschaft und Politik macht, das haben die Amerikaner vorgeführt – und mit Bildern illustriert, die um die Welt gingen und die Verbündeten zur Nachahmung einluden. Die festlich inszenierte Beichte der vier Starbanker Lloyd Blankfein, James Dimon, John Mack und Brian Moynihan am 13. Januar 2010 hatte durchaus sakrale Züge – zumal die Herren ihrer Gewissheit Ausdruck gaben, nicht schuldig zu sein, als sie die Hand zum Schwur erhoben. Die Gnade der Abgeordneten glaubten sie sich verdient zu haben, wie das reuigen Sündern zusteht. Im übrigen habe »die Finanzwirtschaft« Fehler gemacht und »Schaden angerichtet«. Brian Moynihan, Chef der Bank of America, delegierte die Schuld ebenso geschickt wie seine Kollegen: »Im Nachhinein muss man sagen, dass viele Unternehmen zu viele Risiken eingegangen sind und dann nicht die Ressourcen hatten, sie zu beherrschen«.[32]

›Destruktive Eliten‹ abzuspalten und ›unschädlich zu machen‹, ist doppeltes Falschspiel. Erstens sind die Übergänge fließend und die Verflechtungen zu den weniger spektakulären Akteuren beachtlich, und zweitens schadet die Vertreibung der kreativen Zerstörer, denen wir die Chance zum Neustart in eine bessere Story verdanken, der Innovationskraft unserer Kultur. Freilich: Da wir die Motive der Ankläger gesehen haben, besteht wenig Hoffnung.

Die Bilanz des Debakels, das 2008 den beispiellosen Fischzügen der genialen Köpfe aus der ›Gegenelite‹ folgte, setzt allen Behauptungen von der Ahnungslosigkeit der globalen Finanzelite die simple Wahrheit entgegen, dass es nicht ›Gegeneliten‹ waren, die ausbrachen, um den Sturm zu entfesseln, sondern dass es Mitglieder der globalen Finanzlobby waren, die mit Hilfe der anderen geldhungrigen Kollegen ein neues

---

32 *Der Spiegel*, 13.2.2010, S. 65.

Spiel erfanden, das von Anfang an auf begrenzte Dauer angelegt war.

Dass niemand in der offiziellen Finanzelite hätte erkennen können, was sich da aufbaute, lässt sich im Lichte einiger Fakten, die wir kennen, nicht mehr behaupten. Auch die Gruppe der potentiellen Angeklagten wird angesichts dieser Fakten noch einmal aus dem Lager der Ankläger erweitert.

Den vom Wechsel ins Lager der Schuldigen bedrohten Profis fällt die Abwendung der Gefahr leicht. Rating-Agenturen zum Beispiel waren auf der Siegerstraße unterwegs, als der Sturm losbrach. Nun liefern sie Bescheidenheitsorgien, um ihren Ruf zu retten. Der Chef der legendären Agentur Moody's Investors Service, Sharma, lässt wissen: »Ratings sind nur unsere Sicht der Wahrscheinlichkeit, dass eine Schuld rechtzeitig und in voller Höhe zurückgezahlt wird.« Die Investoren täten gut daran, auch andere Faktoren zu beachten, zum Beispiel ihre »Risikotoleranz«.

Die dubiosen Produkte der Abzocker am Start der Kreditkrise sprengten jede Risikotoleranz. Aber längst nicht jeder Investor konnte das erkennen – wenn er sich auf die Rating-Agenturen verließ. Die Rating-Agenturen überbewerteten die faulen Geldpakete dramatisch – und die ausgebenden Firmen bezahlten sie dafür. Der Lobbyarbeit von Moody's wird »Weltklasse« bescheinigt. Das Gütesiegel der mächtigen Agenturen gab den windigen Produkten der Finanzwirtschaft den Rückenwind. Die US-Regierung und die US-Börsenaufsicht leisteten zusätzlich Anschub für den Tsunami, der sich aufbaute. Sie verordneten der Branche das Rating-Gütesiegel, setzten die fiktiven Investmentvehikel damit barem Geld gleich – und machten den Teufelskreis damit erst möglich. Schon 2006 bewertete Angelo Mozilo, Chef der größten US-Hypothekenbank Countrywide Financial Corporation, die »Ramschhypotheken« des eigenen

Hauses intern als »giftig«. Moody's wartete bis 2007 mit der Abwertung.

Die Börsenaufsicht hat Mozilo inzwischen wegen Betrugs verklagt. Ein Moody's-Direktor beklagte 2007, das Geschäftsgebaren der Agentur mache den Eindruck, »als hätten wir unsere Seele dem Teufel verkauft«. Bei Standard & Poor's Corporation meinte ein Mitarbeiter, sie würden ihr Zertifikat sogar liefern, wenn Investments »von Kühen strukturiert« seien.[33]

Dennoch ist keine Besserung in Sicht. Auch Barack Obama hat die heillose Vernetzung der Agenturen mit dem gesamten Finanzwesen erkannt und wagt keine Konsequenz. Jeder Deal braucht das Triple A, um überhaupt akzeptabel zu werden.

Dennoch ist es gut zu wissen: Rating-Firmen wurden und werden von denjenigen bezahlt, deren Produkte sie bewerten sollen – Banken, Versicherungen, Investoren. Der Kommentar der *New York Times* dazu lautet: »Das ist, als ob Hollywood-Studios Filmkritiker für Kritiken ihrer Blockbuster bezahlen.« – Wer weiß?

Das Ansehen der Banken, so die Erfolgsmeldung der Politiker, ist gründlich beschädigt. Wohin gehen nun die Starabsolventen von Harvard und Oxford? Ins Investmentbanking. Auch die Frankfurt School of Finance verzeichnet steigende Bewerberzahlen für das Studienziel »Master of Finance«. Der Studiengang setzt einen Schwerpunkt beim Investmentbanking, so der Präsident Udo Steffens. »Die Studenten wissen, dass man dort auch als junger Mensch verhältnismäßig viel Geld verdienen kann. Für diese Chance rennen viele.« Und die Mitspieler auf dem Weg zur Krise? Immerhin viele Investmentbanker? Dazu leisten die jungen Leute sich eine doppelte Perspektive. Nicht vorbildlich, meinen sie als Beobachter. Aber die Finanz-

---

33 EWI Newsletter Juli 2009, »Rating-Agenturen. Die heimlichen Herrscher der Wallstreet«, S. 6f.

branche habe nicht generell Schaden genommen. »Ob man als Investmentbanker denn alle Schweinereien mitmachen müsse« – die Frage kommt schon ab und zu auf, berichtet Professor Bernhard Schwetzler von der Leipziger Privatuniversität HHL (Leipzig Graduate School of Management). Harvard hat einen ersten Schritt getan, um Studenten auf Anstand, Verlässlichkeit, Ehrlichkeit und Verantwortung schwören zu lassen – analog zum hippokratischen Eid der Mediziner. Im hessischen Östrich-Winkel an der European Business School wird noch diskutiert, in Leipzig ist ein Co-Teaching von Finanz- und Ethik-Professoren gestartet.

IV
UNTER DEALERN

Spuren verwischen:
Das Geld ist die Droge

Banker bändigen, Manager strafen, Boni verbieten: Texte aus Fensterreden, die das zornige Publikum ›draußen‹ beschwichtigen sollen. Die ›Stellvertreter‹ aller abgetauchten Krisentreiber, Ungeheuer vom Schlage eines Dick Fuld, Lehman-Chef, den sie den Gorilla nannten, oder Bernard Madoff, Schwerkrimineller mit den Manieren eines Grandseigneurs, stehen nicht mehr für tägliche Raufereien mit ihren Opfern und der Presse zur Verfügung. Die Wut läuft leer, wenn der Schutz der Gefängnismauern den Schneeballzauberer aufgenommen hat – für unfassliche hundertfünfzig Jahre, deren größten Teil er schon biologisch nicht absitzen kann. Noch ein Sieg des Berny Madoff. Die dreistelligen Milliardensummen wird er auch nicht zahlen können.

Sein Verräter hat ganze neun Jahre benötigt, bis die US-Börsenaufsicht SEC seinen Warnungen endlich Taten folgen ließ. Inzwischen war die Krise ausgebrochen, da passte eine Verhaftung ins Konzept; vorher nicht. Harry Markopolos fürchtete nun um sein Leben. Nicht Madoffs Leute, sondern die Börsenaufsicht würde sein Büro stürmen und seine Computer beschlagnahmen, so seine Angst. Er verteilte sein Beweismaterial an Freunde, die es in Sicherheit brachten. Fünf Tage dauerte die Panik, dann kam das erlösende öffentliche Wort des Börsenchefs Christopher Cox: Schon seit 1999 habe die Aufsichtsbehörde gewusst, dass etwas mit Madoffs System nicht stimme.

Die geheime Allianz der Partner Finanz, Aufsicht und Politik hatte wieder einmal funktioniert. Warum?

Die üblichen Erklärungen – Eitelkeit, Bequemlichkeit, Mitschuld – reichen nicht aus. Es geht um mehr. Es geht um ganz andere Kaliber und viel gefährlichere Mächte, die sich bei der Anklage gegen den einen oder den andern oder gegen alle wenden, auch gegen die Ankläger.

Auch Madoff hatte die Chance, sich zu befreien, mehrfach vorüberziehen lassen. Immer wenn Aufseher der Börse sich seinem Büro auch nur zufällig näherten, habe es ihn durchzuckt: Jetzt fliegst du auf – so berichtete er nach seiner Enttarnung. Warum konnte er nicht loslassen?

Die Geschichte des Lehman-Chefs Dick Fuld zeigt noch deutlicher, dass jede der beliebten Diagnosen wie Gier, Unersättlichkeit, Machthunger eine unerklärte Lücke lässt. Es sind auch nicht die geltungsbedürftigen Egomanen, die in den Sog der Geldprodukte geraten und unbekümmert die Legalität hinter sich lassen. Dick Fuld, der es zu dem monströsen Ruf eines Riesenaffen brachte, begann seine Trader-Karriere als introvertierter junger Mann, der von seinen Chefs die Empfehlung bekam, Kurse für sicheres Auftreten beim Carnegie Institute zu belegen.

Bald verblüffte Fuld durch spektakuläre Profite: fünfundfünfzig Quartale mit Gewinn machten ihn zum Star unter allen CEOs der Branche. Lehman Brothers schien unter diesem Chef über jeden Zweifel erhaben. Heute erst meinen die Beobachter jeder Couleur zu erkennen, dass die Bank schon beim Börsengang 1994 das Virus des Scheiterns in sich trug. Das Überlebenden-Syndrom hat viele Gesichter; die verspätete Nachricht von vorgestern ist eines von ihnen. Nicht nur *Vanity Fair*, auch internationale Magazine berichteten nun über das Dominanzsyndrom des »Gorillas«, dem sich Manager und deren Angehörige unterwarfen. Dick bestimmte vom Dresscode bis zum Sekundentakt der gemeinsamen Reisen alles; Ausweichen zog Strafen nach sich. Keine der jetzt auftretenden Zeuginnen – die Männer schweigen beschämt – widmet sich der Frage, warum alle diese Obsessionen eines Entgleisten gefüttert haben. Warum wagte niemand ein kritisches Wort, warum verging allen der Humor? Genügt die Antwort, die wir für viele von den Launen eines Topmanagers gegängelte Manager geben könnten: Der Chef straft Abtrünnige; die Arbeitsplätze sind zu hochwertig, um aufs Spiel gesetzt zu werden? Gegenfrage: Hochwertig bei soviel Qualitätsverlust für das Leben der Betroffenen?

Und nun nähern wir uns einer Antwort. Auf diesen Plätzen wurde soviel Geld verdient, dass alle einer Deformation, wie sie in Fulds Charakter stattgefunden hatte, mit Verständnis begegneten; sie waren nämlich selbst Teil des Systems, das alle wie eine kollektive Obsession zusammenschweißt. Sie alle waren aneinandergekettet durch die stärkste Macht, die stärker ist als Loyalitäten und mit gemeinsamer Verantwortung überhaupt nichts mehr zu schaffen hat, sondern nur noch einem teuflischen Eigennutz, der alle zu Knechten macht, zu Süchtigen der Droge Geld.

Insider der Lehman-Bank berichten, dass die Verbündeten der frühen Jahre zu unversöhnlichen Rivalen wurden, weil jeder sich nur noch um seine eigenen Profite kümmerte statt um die Erträge der Company und um die Märkte. Einer nach dem andern liefern die einstigen Mitspieler im System Fuld ihre Berichte ab, die den Gorilla zur Bestie erklären. Die Journalistin Vicky Ward nennt ihr Buch *The Devil's Casino*[34], und Lawrence

---

34 Vicky Ward: *The Devil's Casino*. Hoboken, NY, 2010.

McDonald, bis zum Crash der Bank 2008 Vice President im Wertpapierhandel von Lehman Brothers, kommt mit dem schönen Titel *Dead Bank Walking – Wie Lehman Brothers zusammenbrach* auf den deutschen Markt.[35] Diese Autoren möchte man fragen: Warum erst jetzt? Weil die Droge nicht mehr alle Energien bindet? Vicky Ward gibt an, es gehe ihr um den »zerstörenden Einfluss des Geldes«. Solange Lehman mit Fuld an der Macht war, gab es gute Gründe für sie, keinen Klartext zu liefern.

Auch McDonalds Buch dürfte ein Testimonial aus dem Entzug sein. Der *whistleblower* Harry Markopolos, den zeitgleich mit Madoffs Ergreifung die verdiente Heldenrolle von allen Ängsten befreite, hatte immerhin schon 2005 den Mut, die Börsenaufsicht mit mathematischer Genauigkeit auf Madoffs Schneeballsystem hinzuweisen. Was war sein Motiv? Die Wahrheit, nichts als die Wahrheit.

Markopolos erhält nun täglich neue Hinweise auf weitere Betrugsfälle. Auch seine Informanten sind Mitspieler im System, die eigene Auftritte lieber an den unbekümmerten Wahrheitsfreund delegieren.

Seth Freedman, ein bis heute nicht geheilter Süchtiger des Systems Geld, würde uns zustimmen, wenn wir erkennen: Es geht nicht nur um eine Weltreligion, der Unzählige anhängen, sichtbar und *undercover*, es geht um eine kaum heilbare Krankheit, die Drogensucht. Die Droge ist das Geld.

Erst jetzt verstehen wir die geheime Allianz als unausweichlich, die alle in die Finanzkatastrophe Involvierten zusammenhält, auch wenn sie nach außen einem Kalkül folgen, das der Verwischung ihrer gemeinsamen Spur gilt: der Spur zur Droge, die alle unfrei macht. Jetzt erst verstehen wir wirklich, warum

---

35 Lawrence McDonald: *Dead Bank Walking – Wie Lehman Brothers zusammenbrach*. Hamburg 2010.

die Politik die Finanzwirtschaft mit leeren Drohungen belegt, die viel zu radikal sind, um jemals umsetzbar zu sein. Die Befriedung empörter Bürger und betrogener Anleger ist nur ein Scheinmotiv, das die Fesselung der angeblich zerstrittenen Parteien an die mächtige Droge verdecken soll.

Im Kielwasser der Geldverbrenner: Normen und Werte abfackeln

Endlich tritt auch der Datendeal der deutschen Regierung in einen nachvollziehbaren Zusammenhang. Es dürfte kein Zufall sein, dass die neuen Geldgeschäfte des Staates in die Zeit der Finanzkrise fielen. Die Akzeptanz für eine Komplizenschaft mit Kriminellen, die als Geldbeschaffer auftraten, wuchs im gleichen Maße wie Neid und Wut gegen die Geldverbrenner in der Finanzwirtschaft. Die Datenverkäufer hatten als Diebe und Vertragsbrecher ihre Banken verlassen. Sie brachten die heißeste Ware, die einen Flächenbrand im Rechts- und Wertesystem der Republik auslöste. Diesmal brannte nicht Geld, sondern die Werte und Normen wurden abgefackelt, die der Kumpanei mit Straftätern klar entgegenstehen. Nur im Fall der hohen Wertüberlegenheit des Rechtsguts, das die Diebe liefern, kann über Ausnahmen nachgedacht werden. Hier wurde gar nicht nachgedacht; und wer anfangs nachdachte, der dachte nach zwei Tagen um – wie der Finanzminister. Die Wertüberlegenheit also wird dem nackten Geld zugesprochen.

Erklärlich wird diese Abwrackaktion einer neuen Qualität nur aus dem Drogencharakter des Geldes. Denn Geld ist bei diesen Transfers zwischen Datendieben und Regierung gleich mehrfach im Spiel. Einmal als lockendes Angebot, indem der Geldwert der angebotenen Beute hochgerechnet wird. Zum andern als Kaufpreisforderung des Diebes und schließlich als Dienstreisekosten für das Meeting mit dem Dieb im, so hieß es, »neutralen Ausland« – was uns eine neue Qualität von Paris vermittelte. Eine Verhandlungsdelegation reiste zum Treff mit dem Kriminellen. Die Krönung des Deals: Der Dieb tauchte namenlos unter, er wurde weder an sein Heimatland ausgeliefert noch mit einem Haftbefehl belegt. Im Fall Liechtenstein landete der kostbare Geschäftspartner sogar im Zeugenschutzprogramm des BKA, das viele Bürger bis dahin anders verstanden hatten.

Deutschland hat diese neue Dimension von Rechtsbeugung schnell weggesteckt. Das Signal für die Regierenden: Da geht noch mehr. Der sensible Kern der Vorgänge wird nicht begriffen: Wo Rechtsnormen entstanden sind, da gab es vorher Wertvorstellungen, die eine Kultur wichtig genug fand, um sie in ihren Rechtsnormen zu verankern. Wer Rechtsnormen manipuliert, der greift die Werte an. Zugleich entsteht ein Konflikt zwischen Rechtsgütern, die einander stärken, statt schwächen sollten: Der Rechtsbruch, so die Regierungslinie, sei unausweichlich und das geringere Übel gewesen, um der Gerechtigkeit Genüge zu tun. Um die Bürger strafen zu können, paktiert man mit einem Rechtsbrecher und schützt ihn nun wiederum vor einer gerechten Strafe.

Fast unbemerkt wird die deutsche Wertelandschaft umgeräumt. Die Regierung präsentiert sich relativ unbesorgt als Rechtsbrecher, während die Bürger sie als Rechtsgaranten sehen wollen. Die Folgerungen: Die Bürger können dem deutschen Staat alle erdenklichen Güter vorenthalten: Respekt, Loyalität, Fleiß, Verteidigungsbereitschaft – außer: Geld.

Nur bei Gelddelikten rauchen in Deutschland alle Normen und Werte ab. Totschlag wird bei günstiger Prognose geringer bestraft als unerlaubte Geldtransfers. Geld wird auf Rang eins der Güter geführt.

Wenn der Staat so unbekümmert die Axt an gewachsene Werte legt, dann muss das andere als vernünftige und rational vertretbare Gründe haben. Wenn wir folgern, dass auch irrational betrachtet das Geld auf Platz eins bleibt, dass jedenfalls die Köpfe der beteiligten Täter auf beiden Seiten nie so kühl werden, dass die Regierenden, wenigstens sie, vor dem Deal zurückweichen, der sie selbst kriminalisiert, dann muss etwas anderes im Spiel sein als Vernunft, und es bleibt nur eine Antwort: Das Geld hat Drogencharakter.

Der belohnte Dieb geht als reicher Mann vom Platz. Er hat die Garantie, dass keiner von den Verratenen ihn finden wird. Ein geldwerter Vorteil, immerhin.

Der Finanzminister im Fall eins, Liechtenstein, tritt als Sieger auf mit dem verräterischen Satz: »Das war das beste Geschäft meines Lebens.« Dass Minister Geschäfte machen, war zwar neu. Aber keiner war dagegen, dass die größte Tat des Finanzministers der Deal mit einem Verbrecher war. *Okay, why not*, sagen sich die flexiblen Deutschen. Alles ist möglich.

Drogenkundige wissen: Zur Drogensucht gehört die Beschaffungskriminalität. Sie verbindet den Dealer mit seinen Abnehmern und setzt ganz nebenbei die Normen außer Kraft, die in unserem Neocortex, dem jüngsten Teil unseres Gehirns, hinter Stirn und Schläfen verankert sind. Die Drogensucht zerstört diese jüngsten Sektoren als erste. Hier lagert das, was wir Ethik nennen, hier hat die Fähigkeit zur Verantwortung und Empathie ihren Sitz. Wer Beschaffungskriminalität akzeptiert, um in den Besitz einer Droge zu kommen, muss selbst Beschaffungskriminalität üben. So verbindet beide Seiten eine gleiche Interessenlage, die ethische und rechtliche Bedenken auslöscht. Die Erreichbarkeit der Droge stellt in der Wahrnehmung der Partner den höchsten Wert dar.

Strafrechtler wissen, dass »die Verwertung solcher Daten in einem Strafverfahren unzulässig sein muss«. Wird freilich »das politische System durch mediale Verwertbarkeit seines Handelns getrieben, heißt das Gebot ... schlicht ›kaufen‹.«

»War die frühe Neuzeit«, so fragt der Luxemburger Strafrechtsprofessor Stefan Braun, »näher am Rechtsstaat als die deutsche Bundeskanzlerin?« Was Braun in Erinnerung ruft, ist die Constitutio Criminalis Carolina (CCC) mit dem Paragraphen 64, der den »belohnten Zeugen« »unzulässig« nennt und unter Strafe stellt.[36]

Im Deutschland des Jahres 2010, wo das Geld alle Forderungen der Rechtsordnung vom Verfahrenstisch fegt, wird der »belohnte Zeuge« unter staatlichen Schutz gestellt – so hochwertig ist seine Tat. Gleichzeitig ist auch in Deutschland das Ausspähen von Daten strafbar. Der Staat als Datenkäufer setzt sich nicht nur über geltendes Recht hinweg, er scheut auch eine weitere Straftat, die Begünstigung, nicht: Begünstigung ist »die Sicherung von Vorteilen, die ein anderer durch eine rechtswidrige Tat erlangt hat«. Beide Delikte sind nur dann der Strafbarkeit zu entziehen, wenn man den Staatsnotstand behauptet.

Die deutsche Regierung sieht sich eher in einer Pionierrolle als Beschleuniger der Erosion von Völker- und Europarecht. »Selbst der rechtswidrig erlangte Beweis soll verwertbar bleiben, wenn es das übergeordnete Strafverfolgungsinteresse des Staates gebietet«, schreibt der Strafrechtler. »Kritiker beklagen – zu Recht –«, fährt er fort, »daß die Regeln des Strafverfahrens an Verbindlichkeit verlieren.«

36 *Neue Zürcher Zeitung*, 30.4.2010, S. 35.

Völkerrechtlich sind Kauf und Verwertung der gestohlenen Daten ein ernster Konfliktfall zwischen den beiden beteiligten Staaten – den die Schweizer Regierung wegen des präpotenten Auftretens der deutschen Politiker nicht geltend zu machen wagt. Nach Schweizer Recht ist der Verkauf gestohlener Daten »strafbarer wirtschaftlicher Nachrichtendienst«.

Die »unbefugte Datenbeschaffung in Bereicherungsabsicht« ist eine Straftat, und das »unbefugte Beschaffen von Personendaten ist ebenfalls eine Straftat«.[37]

Das Doppelbesteuerungsabkommen zwischen beiden Ländern untersagt es aber, »den Partner zu Maßnahmen zu verpflichten, die im Widerspruch zu seinem innerstaatlichen Recht stehen«.

Genau diesen Konflikt glaubt die deutsche Regierung vernachlässigen zu können. Sie arbeitet damit in Wahrheit nicht am Fortschritt der Rechtsordnung, sondern an einem Rückfall ins politisch motivierte Rechtshilferecht des 19. und 20. Jahrhunderts, das europa- und völkerrechtlich als überwunden gilt.

Der Strafrechtler warnt vor den Folgen des ungelösten Rechtskonfliktes. Angenommen, »die Schweiz kauft von Dritten Informationen über den ›Datendieb‹. Im Zuge der Ermittlungen beschlagnahmen die Schweizer Ermittlungsbehörden die Vorteile, die aus der Tat erlangt wurden, und der Rückfluss des durch den deutschen Fiskus an den Schuldigen geleisteten Geldes in die Schweiz wäre sichergestellt.«

Stefan Braun folgert: »Verlässt man den Raum des Rechtshilferechts und überlässt ihn populistischer Politik, trifft man sich nicht in Europa, sondern irgendwo in Absurdistan.«

---

37 Artikel 273 Strafgesetzbuch, Art. 143 StGB und Art. 179 novies StGB..

Auch der deutsche Zoll hat eine eigene Perspektive auf den Datenkauf entwickelt. Die CD, so die Zollbehörde, muss ja irgendwo die schweizerisch-deutsche oder eine andere Grenze in die EU passiert haben, vermutlich mit ihren Käufern oder deren Hilfspersonal. Grauzonen tun sich auf, wie wir sie beim Austausch von Spionen an der Glienicker Brücke, der Brücke für Agentenaustausch im geteilten Berlin, kannten: Ehrfürchtig vermeidet die deutsche Bevölkerung auch jetzt die Nachfrage, wie der Datentransport nach Deutschland vor sich gegangen sei, ganz so, als handle es sich auch beim Ankauf von Diebesgut um eine ethisch hochwertige politische Befreiungsaktion.

Der deutsche Zoll meldet sich nun mit der Überlegung, ob die CD nicht ihrem Kaufpreis von 2,5 Millionen Euro entsprechend zu verzollen gewesen wäre? Oder wäre der höhere Wert zugrunde zu legen, der mit der Verfolgung der Verdächtigen verfügbar wird? In beiden Fällen wäre das eine schöne Summe – vom Staat für den Staat? Auf Absurdistan folgt Schilda, die legendäre Heimat der Schildbürger.

Die Koinzidenz der Vorgänge um den deutschen Datendeal und den Ausbruch der Finanzkrise liefert unerwartete Fortschritte bei der Diagnose unserer Lage: Wir erleben die Bilanz einer schleichenden Erosion der Werte, die uns füreinander verlässlich und berechenbar machen sollen. Stärkstes Merkmal der Krise ist die Massenflucht aus der Verantwortung. Die Ethik liegt in Fesseln. Wir werden sie nicht daraus befreien, indem wir die Finanzwirtschaft in Fesseln legen.

Lust auf Risiko: Die Täter als Therapeuten

Gedränge am Beichtstuhl: Die Beschuldigten möchten Zeugnis ablegen. Sie warten kein Gottesurteil ab, sondern bringen das ihrige mit: nicht schuldig. Der Krisensatz des Goldman-Sachs-Chefs Lloyd Blankfein kommt uns wieder in den Sinn: Man habe »Gottes Werk« verrichtet.

Die Bankchefs haben ihre Verteidigungsstrategie wasserdicht gemacht. Der erste Paukenschlag der Entfesselungskünstler gelang schon im Januar 2010 mit dem Auftritt der Topbanker vor dem amerikanischen Kongress. Tollkühne Sätze wie jenen von Lloyd Blankfein gibt es seither nicht mehr. Ex-City-Group-Chef Charles Prince hat sich im Frühjahr 2010 zu Wort gemeldet. Er wählt eine gemischte Strategie, die eigene Ahnungslosigkeit mit Lob des Managements verbinden soll; schließlich braucht das Haus ja auch eine Zukunft.

Aber die Widersprüche in seiner Verteidigungslinie sind beängstigend: »Jeder, einschließlich unserer Risikomanager, Aufseher, anderer Banken und der Strukturierer von CDO[38] glaubte, diese Wertpapiere seien praktisch risikofrei.« Es folgt die Eloge des Ehrenmannes Charles Prince auf die Kollegen: »Es fällt mir schwer, den Händlern Fehler vorzuwerfen, die entschieden haben, diese Positionen auf den Büchern der Bank zu behalten.« Heute sehe dieses unkontrollierte Vertrauen »ziemlich unklug« aus.[39]

Die Bekenntniselemente entsprechen der Strategie, wie sie alle Großbanker fahren: ein wenig Zerknirschung, viel Blau-

---

38 CDO (Collateralized Debt Obligations), verbriefte Firmenkredite mit Topratings.
39 *Financial Times Deutschland*, 9.4.2010, S. 18.

äugigkeit, kein Tadel an die Mannschaft und – Freispruch. Auch die Begleitmusik zu diesen souveränen Reueauftritten ist ähnlich: Richard Bowen, ehemals verantwortlich für die Standards beim Ankauf von Krediten, widerspricht Prince entschieden. Er selbst habe mehrfach per E-Mail an die führenden Manager Warnungen verschickt.

Schon 2006 habe er entdeckt, daß 60 Prozent der angekauften und an Investoren weiterverkauften Kredite nicht den Standards entsprochen hätten. 2007 seien es bereits 80 Prozent gewesen. Die Topmanager hätten die Kredite aber weiter verkauft. Besorgniserregend an diesen immergleichen Abläufen ist vor allem zweierlei: die Resistenz der Spitzenmanager gegen Warnungen – und hier haben wir die Wahl: ihre Unfähigkeit oder ihre strategische Weigerung, die Geschäfte der Firma vor allem dort zu beobachten, wo die größten Geldtransfers stattfanden. Dort waren dann auch die Verluste am größten.

Die strategische Weigerung, genauer hinzuschauen, hat viel Wahrscheinlichkeit für sich. Genauer informiert zu sein, das weiß jeder Manager, heißt im Fall des Scheiterns verstrickt zu sein. Starkes Motiv für das Wegschauen war die Illusion, mit den neuentdeckten Kreditprodukten schneller viel mehr Geld zu erlösen als im traditionellen Bankgeschäft. Dass sie bereits mit dieser Haltung zu Verstrickten einer Idee wurden, die keiner von ihnen bei wacher Vernunft vertreten konnte – der irrigen Idee von risikofreien Produkten in instabilen Märkten –, muss den meisten Managern klar gewesen sein. Wenn nicht, müssten ganze Belegschaften wie jene Kollegen des Herrn Prince, die ans risikofreie Produkt glaubten, ihre Arbeitsplätze verlassen. Entlassungsgrund: Brandgefahr.

Charles Prince hat einen weiteren fatalen Satz geliefert, der nicht zufällig in die Welt des Zirkus führt: »Solange die Musik spielt, müssen Sie aufstehen und tanzen. Wenn die Musik stoppt, wird es kompliziert.«[40] Das war 2007. Noch spielte die Musik.

Der Goldman-Sachs-Chef Lloyd Blankfein ist ein Meister der Selbstverteidigung. Außer seiner Gottunmittelbarkeit, die er als noch unbefangener Olympier verkündete, ist ihm keine verbale Entgleisung mehr nachgewiesen worden. Heute kündigt er Spendenprogramme an: »Unsere Reputation ist sehr wichtig für uns« – was für die Gläubiger der Bank sicher nicht die wichtigste Frage ist. Blankfein hat Abstand gewonnen; seine Wortwahl ist juristisch unverdächtig. »Wir haben an Dingen teilgenommen«, so formuliert er unverbindlich, »die eindeutig falsch waren, und haben Grund, das zu bedauern.« Distanzierter kann ein Schuldbekenntnis nicht ausfallen.

Viele von Blankfeins Kollegen sind ebenfalls Krisenroutiniers geworden. Banker, Ökonomen und Politiker, die auch ihr Krisenlatein gelernt haben, nähern sich auf Zehenspitzen einer ›Normalität‹, die da anknüpft, wo man auf dem Weg in die Krise, ohne deren bedrohliche Nähe zu spüren, gut miteinander auskam. Feindseligkeiten der Politik gegen »die Banker« und »die Manager« klingen wie Echos aus der Panikphase der Krise noch hier und da auf. Beide Seiten haben ein gesteigertes Bedürfnis nach Deckung, und die kann man beim Gegner von gestern, der dasselbe Problem hat, eher erwarten als bei den Medien.

Politik und Finanzwirtschaft sind aber auch auf fatale Weise aneinandergekettet; nicht nur, weil beiden nichts Besseres zur Überwindung der Krise einfällt als Geldverbrennen. Die Ursache der Finanzkrise, die große Geldverbrennung, soll nun als Heilmittel fungieren. Die Wirtschaft ruft nach Krediten, die Po-

---

40 *Frankfurter Allgemeine Sonntagszeitung,* 11.4. 2010, S. 31.

litik verlangt höheres Eigenkapital und blockt als Miteigentü-
merin von Banken zugleich deren Potenz.

Die Verengung der Kultur aufs Geldmachen bleibt Geschäftsmodell. Das ›Lösungspersonal‹ dieser systemischen Krise ist zu
großen Teilen identisch mit den Brandstiftern.

Das könnte ein gutes Prinzip sein, wenn sich zugleich der
Stellenwert des Geldes und seine magische Qualität verändert
hätten. Wer aber wird im Fluss die Pferde wechseln? Die Ru-
derknechte in den Investmentbanken machen weiter ihren Job,
und die Bankchefs grübeln Tag und Nacht über einen Befrei-
ungsschlag von der Staatsherrschaft, damit sie wieder teure
Teams einkaufen, wohlhabende Kunden binden und riskante
Deals einfädeln können. Für all das brauchen sie nur eines:
Geld. »Wenn Sie zu den ersten Adressen gehören wollen,
müssen Sie auch Risiken eingehen«, sagt Josef Ackermann.
»Wer das nicht tut, ist schnell raus aus dem Geschäft.«[41] Er erinnert damit an ein Grundprinzip des Wirtschaftens, das jeder
Unternehmer bestätigen wird: Jede Geschäftsidee ist eine Wette. Das ist auch eine Mahnung an die Politik: Wer Risiken weg-
reguliert, stoppt Innovation.

Josef Ackermann war es, der mit seinem historischen Krisensatz, er würde sich schämen, Steuergelder anzunehmen, einen
Sturm der Entrüstung auslöste. Die staatshungrigen Deutschen
wollten jedes Geldinstitut unter dem Schwert des Staates sehen. Auch Ackermann werde noch Staatshilfe konsumieren,
zischten neidische Kollegen. Heute, da der Chef der Deutschen Bank sein Wort gehalten hat, begleitet ihn der Neid der
Wettbewerber weiter, nur die Themen wechseln.

Don't waste a good crisis, man sollte eine gute Krise nicht
vergeuden, sagte ein britischer Ökonom im Februar 2010 mit

41 *Frankfurter Allgemeine Sonntagszeitung*, 11.4. 2010, S. 11.

jenem schwarzen Humor, der den Deutschen immer ein wenig unheimlich bleiben wird. Die Lust der Anleger auf unverständliche Produkte ist jedenfalls nicht eingeschläfert. Man darf sich bei solchen Nachrichten an einen Studentenwitz aus den sechziger Jahren erinnern, der dem Philosophen Ernst Bloch bescheinigte, der Zulauf zu seinen Vorlesungen habe vor allem den Grund, dass die meisten Studenten es liebten, ehrfürchtig einer Vorlesung zu folgen, von der sie absolut nichts verstanden. Das Vergnügen, sich ein paar Etagen höher unterzubringen, als der eigene Horizont vorgibt, spielt auch bei Anlegern weiterhin eine Rolle. Das komplizierte Produkt adelt den Investor.

Warum sollten Anleger lernfähiger sein als ihre Bankberater? Die aber versprechen in abgeklärten Worten, dass sie in Zukunft ihren *risktakern* auf die Finger schauen wollen? Ihr Risikomanagement stärken wollen? Nein, sie versichern, dass sie bedauern.

Täterwissen bleibt also die knappste aller Ressourcen für die Therapie der kollektiven Erkrankung.

Wertvernichtung als Therapie: Das Lieblingsspielzeug als Opfer für den Krisengott

Der Auftakt der deutschen Therapieaktionen glich einem Geniestreich: die Abwrackinitiative auf dem Massenmarkt der Automobilindustrie. Es war ein Aufruf an alle Bürger, der von der abstrakten Welt der Finanzprodukte ablenkte und mitten in eine deutsche Kernkompetenz führte, die weltweit Achtung genießt: das Ingenieurwesen.

Ob die Erfinder und Veranstalter der Abwrackaktion deren hohen Symbolwert begriffen hatten, als sie starteten, ob sie im Vollzug dieser beispiellosen Zerstörungsaktion von Gebrauchs- und Symbolwerten zu begreifen begannen, wie egozentrisch dieses Werk der Wertvernichtung war und wieviel Wohltätigkeit, Entwicklungspolitik und Fürsorgechancen für die Verlierer im eigenen Land darin steckten und ungenutzt müllreif gepresst wurden, ist nicht bekannt geworden.

Die Deutschen wählen einen höchst narzisstischen Weg, um wieder auf die Konsumseite zu wechseln. Wie jeder, den ein noch unbestimmbarer Verlust bedroht, besinnen sie sich auf das, was sie am besten können. Autos bauen, das können die Deutschen am besten. Die kann man sehen und anfassen, die kann man hören, die kann man zeigen, die kann man fahren. All das kann von der lautlosen Katastrophenfracht der Finanzwirtschaft nicht behauptet werden. Finanzgenies sind die Deutschen nie gewesen. Genial in der Flucht vor Krisen, das schon eher.

Autobauer, das ist das eine. Die Deutschen haben aber auch Sinn für die Metaphysik von Ereignissen. Sie sind nicht von ungefähr als Dichter und Denker im Bewusstsein ihrer Freunde und Feinde. Die Deutschen sind Sinnsucher. Sie wollen gern ein Volk von guten Schülern sein, nachdem sie das größte Verbrechen der jüngeren Geschichte geliefert haben. Sie entwickeln Strebermanieren.

Rauskommen aus der Krise, das war eine schnell erkannte Herausforderung. Besser sein als die andern. Schneller sein. Das kann man nur, indem man die eigenen Stärken vervielfacht. Die Erfolgschancen schnellen nach oben, wenn die Stärke sich mit der größten Vorliebe verbindet. Die besten Autos bauen und diese Autos lieben, das gehört für die meisten Deutschen zusammen. Selbst der stärkste Moralanfall der letzten

Jahrzehnte hat diese Leidenschaft für schöne, schnelle und gute Autos nicht auslöschen können. Nun war politisch das Kunststück zu leisten, die neue Öko-Moral mit dem Faible für Autos zu verbinden. Das wurde einfacher als angenommen, weil noch ein Bedürfnis zu stillen war, das den Dichtern und Denkern leicht das Vergnügen verdirbt: Der Symbolgehalt der Geldkatastrophe hatte Bestrafungsphantasien geweckt. Kann man sich da so davonstehlen in ein fast verbotenes Vergnügen?

Und nun kam die zündende Idee. Die Deutschen taten, was Kinder tun, wenn ihnen etwas zustößt, das Verlust bedeutet. Sie entschlossen sich zu einem zornigen Opfer, das die Götter der Krise gnädig stimmen sollte – ganz wie archaische Völker mit ihren Göttern umgehen. Die Deutschen opferten ihr Lieblingsspielzeug, sie zerstörten es unwiderruflich vor den Augen der Gelddämonen, um sich einen Neuanfang zu verdienen. Hunderttausendfach kamen die Deutschen zusammen, um dieses Opfer zu bringen, und der Staat half ihnen bei diesem magischen Zerstörungsritual mit dem trostreichen Versprechen, dass sie sich ein schöneres, besseres, ein taufrisches Spielzeug würden kaufen können, wenn sie das alte wegwerfen, um die Krisengötter zu beschwichtigen. Das Staatsversprechen führte dann doch in die Krisenwelt zurück, die das Megaritual fast hatte vergessen lassen: Der Staat bot Geld im großen Stil; er zeigte sich als gehorsamer Schüler der Geldverbrenner – eben als Geldverbrenner.

Keiner schrie auf ob der gigantischen Wertvernichtung, die sich da auftürmte; Gebrauchsgüter zu Schrott erklärt, Millionen Teile, die hier und anderswo Existenzen gesichert, Firmen gerettet hätten, plattgewalzt, in Pakete gepresst, riesige bunte Pakete, die von Kränen aufgetürmt wurden – brutal konkret, ein Gegenbild zu den virtuellen Müllpaketen, die als Geldpakete ausgegeben wurden, aber kaum weniger makaber.

Das war die erste lautstarke und verschwenderische narzisstische Attacke der Deutschen auf die Zumutung einer hochabstrakten Krise: knirschendes Blech, platzende Reifen, brechende Achsen, berstender Lack – ein Zerstörungswerk, das signalisierte: Wenn die Krise uns arm machen will, dann schlagen wir unsere Glanzleistungen zu Schrott. Der Staat will nicht einmal den Schrott verkaufen – eine luxuriöse Veranstaltung, dieses Fegefeuer, das nun wirklich nicht nach Krise aussieht. Autopakete statt Geldpakete, das sollte der deutsche Beitrag zur Krisenbewältigung sein, fürs erste.

Die Lieblingskinder sind geschlachtet, der Staat als Stellvertreter für die Götter des Geldes hat die Belohnungen ausgeteilt. Das Gesellschaftsspiel ›Abwracken‹ kam so gut an, dass die Fristen mehrfach verlängert wurden. Auch Ideen für andere Lieblingsspielzeuge, die man schlachten könnte, kamen auf. Das Autospiel fand Nachahmer in den europäischen Nachbarstaaten.

Vielleicht war es der größte Triumph der Wegwerfgesellschaft, was da ablief. Aber keiner interessiert sich mehr für den Begriff. ›Kreative Zerstörung‹ hätte es irgendeiner aus dem Volk der Dichter und Denker nennen können. Aber war, was da an Zerstörungslust ausbrach, wirklich kreativ? War es nicht eher eine sehr aggressive Therapie, die wir da erlebt haben? Und warum war sie so radikal, so verschwenderisch mit den Wertstoffen, die in all den fahrbereiten Autos schlummerten?

73 Milliarden Euro haben die Deutschen 2009 in Autokäufe investiert. Die Prämie fürs Wegwerfen, ›Abwrackprämie‹ genannt, ausgerechnet bei dem Statussymbol eingesetzt, das die Deutschen als letztes wegwerfen würden, wenn sie die Wahl hätten. Diese Auszeichnung fürs Verschrotten musste logischerweise einen Megakonsumschub in Gang setzen. Für die staatsverliebten Deutschen wichtig: Sie waren bei dieser Tat ja

nicht allein, sondern ihr mächtiger Vormund führte sie an der Hand: Auf zu den Schrotthalden der Ingenieurgesellschaft, nachdem Milliarden auf dem Geldmarkt zu Schrott zerfallen waren.

An der Hand des Staates wagt man dann auch, was als Alleingang dem Image in der Nachbarschaft geschadet hätte – und fühlt sich wie Rumpelstilzchen: Noch ein paar Jahre im traditionellen Benzinfresser unterwegs sein dürfen, ohne sich entschuldigen zu müssen, das ist ein Nebeneffekt der Prämie. Die 73 Milliarden Auto-Euros von 2009 übertrafen das Vorjahr um 20,5 Prozent, so meldet das Statistische Bundesamt. 3,8 Millionen Neuzulassungen im Jahr 2009: Das gab es zuletzt nach der Wiedervereinigung.

Seltsam genug, dass es ein Kaputtmacherprogramm war, das dem Konsum ein Zwischenhoch bescherte. Wer nun im neuen Auto in die nächsten Krisenjahre fährt, hat immerhin eine Sorge weniger – und einen Kredit mehr.

Immerhin wurde für das Lebensgefühl der »prämierten« Autofahrer erreicht, was Politiker brauchen: die Momentaufnahme in hunderttausend Bürgerköpfen, nicht zu den Verlierern der Krise zu gehören, sondern zu den Gewinnern.

So lässt es sich leichter ertragen, dass Goldman Sachs, die mächtigste Geldkathedrale der Welt, deren Chef sich als Pontifex Maximus, als Hohenpriester der Geldreligion, sieht, der »Gottes Werk« verrichtet, für das Katastrophenjahr 2009 einen Gewinn von 13,4 Milliarden Dollar meldet. Das Pokerface von Blankfein beim Schwur vor dem Kongress ließ Ähnliches erwarten.

V
TÄTERWISSEN FÜR
DIE THERAPIE

Brandstifter als Löschtrupp:
Vom Turbokapitalismus zum Staatskapitalismus

Wieviel klüger macht uns die Krise? Da laufen die öffentlichen und die heimlichen Lernprogramme. Und die Weigerung, Lektionen zu lernen, die uns einschüchtern, läuft mit.

Zu diesen Lektionen gehört die Erfahrung, dass die Weltstars der Finanzindustrie, die sich einer nach dem andern wieder in ihren Tempeln versammeln, auf einem andern Stern leben. Europa mag auf diesen Abstand stolz sein; die USA aber, mit ihren unauflöslichen Netzwerken zwischen Business und Politik, werden sich genau deshalb schneller aus der Krise befreien. Mehr Korruption, mehr Erfolg? fragt der moralisierende Deutsche. Mehr Verflechtung, mehr Verständnis für das wechselseitige Handwerk, antwortet der Amerikaner.

In Deutschland gibt es dagegen mehr Verflechtung, als zugegeben wird. Die Politik glaubt, ihren ressentimentfreudigen Bürgern mehr Abgrenzung vom Berufsstand der Banker und Industriemanager zu schulden, als für gemeinsame Lösungen gut ist. Kampagnendeutschland wünscht Feindbilder, und die Politik arbeitet relativ unbekümmert an diesen mit, um sich die Anhänglichkeit der Bürger zu sichern. Um die Anhänglichkeit der Topmanager braucht sie sich nicht zu kümmern: Sie stellen als Wähler eine Minderheit. Ihr politischer Einfluss sinkt.

Obendrein kämpft die Politik mit der Versuchung, die krisenbedingte Landnahme im Feld der Wirtschaft zu einer zeitlich unbegrenzten Besatzung zu machen: Mehr Staat, so die Meinung, schaffe stabilere Verhältnisse. Stabilität ist aber keine Garantie für Wachstum, das gilt jedenfalls für die Finanzmärkte. Wer Instabilität nicht erträgt, kann sich als Investor verweigern. Als Politiker sollte er beachten, was er ungern zugibt: dass vom Banking die Banker, vom unternehmerischen Risiko die Unternehmer mehr verstehen als die Politik. Wer das Handwerk der andern behindert, wird nicht die Verantwortungsbereitschaft stärken, um die es geht. Mehr Kontrolle bringt mehr Kontrollverlust. Das erfahren Führungskräfte nicht, weil es die Verteidigungsstrategie ist, die ihren Opfern regelmäßig den Sieg bringt.

Die Krise hinter uns lassen: Das geht nur mit Täterwissen und in Täterkontakt. Dabei sollten sich die Leute, die bei der Verteilung der weißen Westen der ersten Stunde schnell genug waren, nicht auf Geständnisse ihrer neuen Partner festlegen, sondern alles dafür tun, vom Insider-Know-how der kreativen Zerstörer zu profitieren.

Das ist nicht einfach in einem Land wie Deutschland, wo schon die Tatsache, dass man jemanden kennt, der mit Verpackungskünstlern Kontakt hatte, ausreicht, um zum Objekt einer Kampagne zu werden.

Täterwissen ist, auf den ersten Blick, ein knappes Gut: Die Leute arbeiten weiter. Sie sind beschäftigt. Ihr hochkarätiges Know-how macht sie überall, wo man ihre Talente nicht starwürdig findet, zu Außenseitern. Wer trifft sich mit Außenseitern? Wer wagt es, mit ihnen gesehen zu werden? Eine wertvolle Ressource bleibt hier, anders als in den USA, ungenutzt. Wer die Mentalität, das Risikobedürfnis, die Einsatzbereitschaft der bestens ausgebildeten jungen Banker kennenlernt, der wird die Diagnose »Gier« differenzieren müssen. Die Forschung zeigt uns, dass Ökonomiestudenten im Verlauf ihres Studiums immer maßvoller mit Gewinnchancen umzugehen lernen. Die These, dass Wirtschaftsstudien Ego-Agenturen seien, lässt sich danach nicht halten. Das nach dem Studium plötzlich manifeste Missverhältnis zwischen persönlicher Reife und persönlicher Macht scheint den Suchtprozess in Gang zu setzen.[42] Wer Täterwissen für die Therapie nutzen will, braucht genau das, was in der planvollen Entzweiung politik- und mediengetrieben abgeschafft wurde: Vertrauen. Es rächt sich, dass alle sichtbaren Personen nach dem Ausbruch der Krise nichts Eiligeres zu tun hatten, als Gräben zu ziehen, um von Anfang an auf der richtigen Seite zu stehen und zu den *survivors* zu gehören. Noch heute versucht die politische Klasse ihr Versagen in den Aufsichtsgremien der Landesbanken und anderer Institute der Finanzwirtschaft totzuschweigen. Schon sind wieder Positionen in – im Jargon – »systemisch wichtigen« Industrieunternehmen mit Lobbyisten der Regierung besetzt worden – Kontrolleure, die nichts als diese Eigenschaft auszeichnet, jedenfalls kein Sachverstand.

Da es so ist und bleiben wird, gibt es in Wahrheit viel kürzere Wege zum gemeinsamen Therapieprojekt: Alle sind verstrickt, es gibt keine trennende Frontlinie, die Arbeit kann beginnen. Eine Utopie? Wahrscheinlich.

Aber natürlich gibt es die heimlichen Treffen der Allianzpartner aus Vorkrisenzeiten – bei denen man sich wechselseitig Diskretion zusagt und ein ganz anderes Textbuch dabeihat als bei den Fensterreden. Finanzindustrie und Politik können sich ja gar nicht beliebig weit auseinanderdividieren, weil sie einander brauchen, besonders in Krisenzeiten. Täterwissen ist in beiden Lagern reichlich vorrätig. Nur die Doppelstrategie – hier anklagen, da kooperieren –, die von der Politik verfolgt

---

42 Vgl. Seth Freedmans Erfahrungen in: *Binge Trading: The Real Inside Story of Cash, Cocaine and Corruption in the City*, a.a.O.

wird, kostet Verhandlungserfolg – und am Ende kostet sie Glaubwürdigkeit.

Eigentlich waren die geborenen Mittler pünktlich auf der Bühne: die Nobelpreisträger. War es ein Täuschungsmanöver, sie zu rufen? War ihr Glaubwürdigkeitsvorsprung zu entlarvend für Banken und Politik? Haben beide nicht erkannt, dass die Wissenschaftler sie überwältigend entlastet hätten? Mit Hilfe der Weltstars der Ökonomie wären Maßnahmen durchsetzbar geworden, zu denen der Politik und den Banken der Mut fehlt.

Endlich verstehen wir, warum die Preisgekrönten nur in Zwischenruferrollen geduldet wurden: Eine gründliche Therapie der Geldsucht ist nicht erwünscht. Ausgerechnet einer der reichsten Businessstars der Welt holt sie aber wieder zusammen: George Soros, der 50 Millionen in das Institute for New Economic Thinking investiert hat, lud sie 2010 ins King's College zur ersten Zusammenkunft.

Die deutsche Politik übte sich schon 2009 in *leadership* einer ganz neuen Dimension: »Die Banken kriegen Schwimmwesten«, so das hybride Therapieangebot des deutschen Finanzministers, der damals noch Steinbrück hieß, »damit die über Wasser bleiben.«[43] Dafür braucht man keine Nobelpreisträger.

Für solche präpotenten Sprüche braucht man nur eins: eine hybride Ausblendung der Fakten. Die wichtigsten deutschen Spekulanten waren die öffentlich-rechtlichen Banken. In ihren Aufsichtsgremien war – und ist – die Politik eindrucksvoll, aber wirkungslos vertreten. Das gilt auch für Peer Steinbrück. Angriff ist die beste Verteidigung, mit diesem Regierungsprinzip ist der Minister auch international aufgefallen.

---

43 *Der Spiegel,* 11.5.2009, S. 102f.

So agiert die Politik im Nachkrisengelände eher defensiv; sie ist verstrickt – und scheint sich von der Offenlegung dieser Gefangenschaft im Täterlager nichts zu versprechen.

Gemessen an ihrer Mittäterschaft agiert sie aber etwas zu unbefangen auf der Anklägerseite. Strafrechtlich hat sie damit nach eigener Einschätzung sicheren Boden unter den Füßen: Rechtlich ist nur die Absicht zum Betrug relevant; Unfähigkeit ist nicht strafbar. Da wird ein Handicap unverhofft zum Vorteil; die meisten Mandate an Aufseher aus der Politik konnten nicht wegen Sachkompetenz vergeben werden, sie folgten nur den eingeschliffenen Proporzgewohnheiten. Ohne es auszusprechen, plädiert die Politik für ihre Abgesandten in den Aufsichtsräten der Landesbanken kurzerhand auf Unfähigkeit. Aber die Besetzungspraxis ändert sie nicht. Warum auch, wenn es sich im Katastrophenfall als Vorteil erweist, nichts durchschaut zu haben?

Die neue Justizministerin Sabine Leutheusser-Schnarrenberger stellt daran gemessen eine unbefangenere Diagnose: »›Eine ehrliche und schonungslose Analyse der Finanzkrise steht in Deutschland noch aus.‹ Zugleich lobt die Ministerin Barack Obamas ›klugen Weg …, die Folgen der Finanzkrise aufzuarbeiten, indem eine Kommission breit die Ursachen in den Vereinigten Staaten untersucht‹.«[44]

Die leichtfertige Praxis bei der Bestellung der Politaufseher in den Aufsichträten der Landesbanken hatte eine verhängnisvolle indirekte Folge: Der staatliche Schutzschirm über den Landesinstituten verführte die Rating-Agenturen zu ebenso leichtfertigen Ratings für diese Banken. Also zur Selbstüberschätzung angehalten, expandierten diese in globale Spekulationsabenteuer. Die Aufräumarbeiten gehen schleppend voran.

44 *Der Spiegel,* 1.2.2010, S. 69, 71.

Auch bei der sogenannten Aufarbeitung bleibt das Rauschmittel der Krisentreiber die zentrale Kategorie: Geld. Dass man Finanzkriminalität nur durch Entzug des Rauschmittels bestrafen könne, erscheint nur auf den ersten Blick logisch. Als Mittel für Rache und Vergeltung erscheint es einer Gesellschaft, die nur in geldwerten Nachteilen oder Vorteilen denkt, konkurrenzlos. Dass mit dem Entzug der Lizenz zum Mitspielen auch der Ruf, die Ehre, die Existenz auf der Strecke bleiben, interessiert weniger in einer Gesellschaft, die sich ständig über Begehrlichkeiten unterhält statt über Anstand, Ehre und Verantwortung. Einigungen zur Befriedung von Begehrlichkeit sind deshalb leichter, weil alle dasselbe fühlen: Begehrlichkeit. Betroffenenkompetenz ist die Grundlage der Debatten, die ungleiche Geldverteilung, unlautere Geldbeschaffung und unerlaubte Geldverschwendung zum Thema haben.

Die Justizministerin meint, die »wirtschaftliche Spielermentalität« sei eine der wichtigsten Ursachen für die Finanzkrise gewesen. Die allgemeine Zustimmung ist solchen Sätzen sicher. Wenn wir aber eine erfolgreiche Therapie beschreiben, werden wir auf das spielerische Element überhaupt nicht verzichten können. *Homo ludens* ist das spielende Wesen, das immer neue Lösungen durchspielen muss, um innovativ zu bleiben. Auch die »schöpferische Zerstörung« ist heute ein gern genutztes ironisches Zitat.

Was die Justizministerin mit ihrem Diktum meint, ist die Entgleisung des Spielers in den Rausch. Banking als Glücksspiel und Spielsüchtige unter Bankern zeigen die Entartung, die den Wettbewerb nach der Feststellung des Ökonomen Wilhelm Röpke jeden Tag bedroht. Wenn die selbstkritischen Ökonomen nun feststellen, dass die Weltwirtschaft ein komplexes System sei, das sich mathematischen Formeln nicht fügt, dann gilt das auch für Therapieversuche: Sie müssen komplex genug sein, um Lösungen zu schaffen.

Der Mathematiker Dirk Jens Nonnenmacher, seit 2007 als Prügelknabe bei der HSH-Nordbank beschäftigt, zeigt aus dem Ratio-Lager Nachdenklichkeit: »Die Mathematik ist wichtig. Sie verschaffte der Finanzbranche weltweit eine einheitliche Sprache. Aber die Mathematisierung hat ganz klar auch ihre Grenzen. Sie kann kein solides Risikobewusstsein ersetzen.«[45] So nähern sich die verschiedenen Disziplinen behutsam den Grenzen ihrer Fächer und dem noch unbesiedelten Terrain für Lösungen.

Lösungen finden, das heißt ja auch: sich von alten Routinen verabschieden. Alle Beteiligten in Finanzwirtschaft und Politik sichern ihr Revier. Die Politik sitzt am längeren Hebel: Sie weitet die Staatsmacht aus und weiß die Bürgermehrheit auf ihrer Seite. Manager berichten, dass der Staat zum zweitwichtigsten Faktor für unternehmerischen Erfolg geworden ist.[46] Der Kunde hält zwar immer noch Platz eins, aber Mitarbeiter und Aktionäre müssen sich mit den hinteren Rängen begnügen; der Staat rangiert gleich nach dem Kunden. Viel spricht dafür, dass er sich in den nächsten Jahren am Hauptpartner Kunde vorbeischiebt auf Platz eins an der Seite der Entscheider in der Firma. Also ist Lobbyarbeit das Gebot der Stunde.

Nach dem Turbokapitalismus der Staatskapitalismus: Konzernchefs setzen schon heute mehr Zeit ein, um die regulierenden Ansprüche des Staates zu erfüllen, als sich um Mitarbeiter und Kunden zu kümmern. Die Politik sieht ihr Vorrücken in die Entscheiderzonen der Wirtschaft als legitimen Anspruch, den sie als Krisenretterin stellen kann. Verblüffend ist das Blitzpensum an Verdrängungsarbeit, das schon wieder die Selbst-

45 *Der Spiegel,* 1.2.2010, S. 74.
46 *Handelsblatt,* 12.3.2010, S. 10.

einschätzung zulässt, die in der Krise endgültig untergegangen schien: als seien Politiker geniale Generalisten für alle, nicht nur für die eigenen Geschäfte. Sie regieren nicht nur weiter im Business, sie regieren wirksamer. Unternehmerische Freiheit ist unter Verdacht gestellt.

Selbst am revitalisierten Finanzplatz London ist nur auf den ersten Blick alles beim Alten geblieben. Zehn Prozent der Unternehmen denken über eine Verlagerung ihrer Geschäfte ins Ausland nach. Über Jahre habe die Finanzbranche Milliarden in die Staatskasse gepumpt, aber der Ton der Politik gegenüber den Bankern sei rauher geworden, seit jeder Politiker Beweise seiner Unschuld liefern wolle, so hört man. Aber auch die Politik mäßigt ihre Attacken; 60 000 verlorene Arbeitsplätze im Banking kosten Steuern.

Wer 2010 in die Londoner Pubs schaut, Abend für Abend, der sieht Banker ohne Schwimmwesten, leicht alkoholisiert, bester Laune – und wenig beeindruckt von den Gerüchten, der Finanzplatz London sei am Ende. Tausende von Bankern suchen Abend für Abend die Pubs im Finanzviertel der britischen Hauptstadt auf. Sie wissen, dass fast die Hälfte des internationalen Aktienvolumens in London gehandelt wird. Seit den neunziger Jahren ist die Stadt »zum Mekka für Geldgeschäfte« geworden – und der religiöse Topos, den die jungen Banker stolz verwenden, bezeugt die quasireligiöse Ehrfurcht, die ein Handelsplatz denen einflößt, die an seinen Erfolgen teilhaben. »70 Prozent aller Bonds, ein Drittel aller Devisen wird hier gehandelt«, schwärmt ein junger Banker. »Hier bist du nahe an allen Geschäftspartnern, du findest Investoren, wenn es um größere Projekte geht, und du erlebst das internationale Business mit Menschen aus allen Kontinenten, jeden Tag.« – »Aber das gesellschaftliche Klima hat sich geändert«, sagt ein Kollege. »Erfolg wird in London nicht mehr geschätzt, sondern

geneidet.«[47] Die Ära von New Labour, die 1997 so vielverspre-
chend begann, scheint endgültig vorüber.

Der großspurige Leitsatz von Wirtschaftsminister Peter Man-
delson: »Wir sind extrem relaxt gegenüber Leuten, die ver-
dammt reich werden, solange sie ihre Steuern bezahlen«, gab
den Auftakt zu einem intensiven Flirt der Politik mit den Finanzmanagern. Mit Ausbruch der Finanzkrise schlug der Wind
um. Selbst der damalige Premierminister Gordon Brown zö-
gerte nicht, die Banker als »gierig« und »unsozial« zu verurtei-
len. Die Sondersteuer auf Boni bestätigte das neue, frostige
Klima zwischen Regierung und Finanzindustrie. Die britische
Politik, so ein gesetzestreuer Banker, »achtet uns nicht mehr«.

Das war 2009, und auch dieser brave Banker erlebt 2010 mit
Erleichterung, dass der Londoner Pulsschlag immer noch den
Takt für die ganz großen Finanztransaktionen liefert. Selbst
Gordon Brown wird das mit Genugtuung aufnehmen. Die
Handschellen für Boni-Kandidaten hat er auch ganz unauffällig wieder eingepackt; schließlich braucht das Vereinigte Kö-
nigreich nicht nur bescheidene, sondern auch erfolgreiche
Banker. Nein, das ist nicht *business as usual*, was da läuft –
nicht ganz. »Wir kannten das nicht, von Feinden umgeben zu
sein«, sagt eine junge Bankerin, die London eigentlich anre-
gend fand. Sie kehrte nach Deutschland zurück und wechselte
anschließend in die Schweiz. »Ich habe meine Unbefangen-
heit verloren«, bekennt sie. Ein hoher Preis für die Krise. Die
Attraktivität des Investmentbankings für junge Ökonomen und
Finanzfachleute bleibt unberührt von diesem Liebesverlust der
Banker. Nur das Publikum, das sich nicht zutrauen kann, zum
Mitspieler und Profiteur zu werden, hat sich auf gnadenlose

47 *Welt am Sonntag,* 21. 2. 2009, S. 47.

Verachtung festgelegt. Nur Prostituierte und Vorbestrafte haben einen schlechteren Ruf als die Geldmanager.

Dass die Finanzwelt seit den Liberalisierungsschüben der siebziger Jahre ein gefährlicher Platz geworden ist, scheint viele junge Menschen eher anzulocken. Risiko ist ein Versprechen, das der Monotonie der meisten Berufe überlegen ist, so meinen Studenten der Finanzwissenschaft. Und viel Geld verdient man nicht ohne hohen Einsatz, also stimmt die Relation. Was Außenstehende und Neider von ihrem Berufsziel halten, das interessiert die *newcomer* nicht, solange sie allein unterwegs sind. Erst wenn die Kinder in die Schule gehen – falls man soviel Normalität überhaupt schafft –, werden die Kommentare der Mitschüler zu einem Thema für Eltern im Investmentbanking. Mancher Abwanderer aus London nennt genau diesen Grund für einen Wechsel in ein Land, wo Ressentiments gegen Banker noch nicht zum guten Ton gehören.[48]

Zeit der Tribunale:
Der Freibeuter als Ehrenmann

Es ist die Zeit der Tribunale. Virtuos spielen nur die Amerikaner dieses Instrument. Sie bieten den Circus Maximus, wo die Heroen des Untergangs ihren Auftritt inszenieren können. Obamas *commission* zur Anhörung der gefallenen Stars lässt keinen Augenblick vergessen, dass ein Ziel die gegnerischen Fronten verbindet: die Rettung der Führungsrolle Amerikas. Pa-

48 *Welt am Sonntag,* 21.2.2009, S. 47.

triotisch formuliert: die Wiederherstellung der Ehre Amerikas. Hier spielt großes Welttheater, das wissen auch die Topmanager der Finanzindustrie, und sie kennen ihren Part in diesem Stück. Was sie liefern müssen, ist ein ausbalancierter Mix aus Schrecken und Demut, das ferne Echo eines indirekten Schuldbekenntnisses, perfekte Trauerkleidung, grüblerischer Habitus beim Bericht über durchwachte Nächte mit ergebnisloser Gewissenserforschung und schließlich die erhobene Schwurhand: »Sorry«. Sie wissen, dass der Kongress nicht planen kann, alle Manager in den havarierten Banken auszutauschen. Kein Land hat solche Reserven an Personal, und, wichtiger: Die Helden der Boomzeit zu Antihelden zu erklären, schafft nicht über Nacht das Anlegervertrauen für *nobodies*, das die Banken genauso dringend brauchen wie die Unternehmen, die auf Kredite warten.

Manche Szene im US-Tribunal profitiert von der Wildwesttradition der Filmindustrie, die in allen Köpfen präsent ist: schillernde Helden, deren Vita von Höhenflügen und Abstürzen geprägt ist; Männer, die kein Richter einschüchtert und deren Lebensbilanz für einen markigen Schuldspruch zu komplex ist. Die Antihelden der Finanzaristokratie tragen Ähnliches vor: Die Produkte waren zu komplex, um ein klares Urteil über ihre Tauglichkeit zuzulassen. Regelmäßig sparen sich die Großverdiener das Argument, das ihr Unbehagen über die neuen Verpackungsmanieren der Kollegen in fernen Instituten immer wieder einschläferte: Die Derivate protzten mit Brief und Siegel und einem Bombenrating, das ihre verdächtig hohen Erträge von jedem Zweifel freistellte. Das Bombenrating war die Zeitbombe, und kein Bankchef gibt zu, dass für diese Sprengladung auch noch bezahlt wurde.

Viel Wildwestmanieren, in denen der Freibeuter als Ehrenmann auftritt, viel blauäugige Naivität, die auf längeres Training im dichten Netzwerk von Finanz und Politik schließen lässt – und immer ein *missing link*: keine rauchenden Colts. Die *smoking guns*, die den Verfolgern gerichtsfeste Beweise in die Hand geben könnten, fehlen. Niemand kann bis heute beweisen, dass die Wall-Street-Banker gezielt in die Hehlerrolle für das weltweite *packaging* und den Transfer von überbewerteten Krediten eingestiegen wären. Noch unwahrscheinlicher ist das Auftauchen von Beweisen für eine Täuschungsabsicht gegenüber den Anlegern oder eine tragende Rolle bei der Verschlüsselung trivialer Kreditpakete unter innovativen Labels. Die Schauseite der Produkte besorgten die Rating-Agenturen; für den notwendigen Leichtsinn bei der Weiterleitung der ›risikofreien‹ Investments sorgte die Begehrlichkeit der Banker selbst.

Die US-Jury aus zwölf Mitgliedern, die aus allen Bevölkerungsgruppen kommen und nichts mitbringen außer ihrem gesunden Menschenverstand, konnte bei den verhörten Helden keine Straftat entdecken und sprach sie frei. Es fehlt an Nachweisen für die Absicht zum Betrug, sagt auch Peter Henning, ein führender Fachmann für Wirtschaftskriminalität.

In Deutschland wird, wie im Vodafone-Verfahren, wieder der Untreue-Paragraph aus der Hitlerzeit bemüht werden, um zivilrechtlich Vergeltung zu üben. Ob die Übung erfolgreich sein kann, wird von derselben Frage abhängen, die in USA bislang nicht zum Nachteil der Beschuldigten geklärt werden konnte: ob betrügerische Absicht die Finanzmanager leitete. Dummheit ist so wenig strafbar wie Gier; Unfähigkeit ist nicht strafbar – sicher vor allem deshalb, weil sie schwer messbar und weit verbreitet ist. Auch die Topbanker werden wissen, warum die Erfinder und ersten Absender der Kreditpakete nicht gefunden werden: Ihr Hauptinteresse war neben dem Profit, der im Zeitverlauf abnehmende Tendenz haben würde, das Verschwinden

in der Menge. Bis die Katastrophe manifest wurde, die Tsunamiwoge umschlug und die Hütten der Kleinanleger – Investoren der letzten Stunde – wegriss, die als Verlustmacher einge-
plant waren, war die Spur der Starthelfer einer weltweiten
Betrugsaktion längst verweht. Auch darum können die Spitzenbanker sicher sein, dass man nicht sie belangen kann, die als
Durchlauferhitzer im mittleren Streckenabschnitt der Derivate-
Rallye fungiert haben wie alle anderen Banken auch.

Ein Hauptziel des globalen Blendwerks war es, den Tätern
perfekte Deckung zu liefern. Bankräuber maskieren sich; und
keiner fragt verwundert, warum sie das tun. Bei einem poten-
zierten Bankraub, der den Tätern gar nicht erst die Präsenz am
Tatort zumutet, fragen alle ›ahnungslosen‹ Mittäter aufgeregt,
warum man das Startpersonal des Riesendomino nicht findet
und an die Wand stellt. Dieser Eifer wäre unverständlich, wenn
es nicht den hohen Rechtfertigungsbedarf aller Mitspieler
gäbe. Ein weiteres Interesse der *banking community* kommt
hinzu: Solange nach Schuldigen der ersten Stunde gesucht
wird, findet keine Innovation der Arbeitsbedingungen statt.

Eine Parallele zur Internetblase von 2001 überrascht: Die
globalisierte Welt fungierte als ein verlockender Irrgarten, in
dem jedes gewagte Spiel auch gleich ein Versteckspiel wird.
Das Internetzeitalter lockte als virtueller Freizeitpark im Welt-
format. Slogan: Mit allen Kindern der Welt zugleich spielen.
Die globalisierte Finanzindustrie, in den neunziger Jahren von
fast allen Fesseln befreit, lockte mit der lasterhaften Vision: alle
Banken der Welt zugleich ausrauben – ohne am Tatort gesehen
zu werden. Das ist Virtualität pur, das perfekte Verbrechen.

Die Ursachen der Krise seien komplex, so heißt es. Die Produkte, die das Unheil brachten, seien zu vieldeutig gewesen,
um verstanden zu werden. Wenn beides stimmt, sollten wir
uns nicht wundern, dass der Lernstoff aus dieser Krise genau

das auch ist: komplex. Komplexität meint ebenfalls die Häufung von Widersprüchen. Nicht nur viele, sondern auch einander widersprechende Fakten machen komplexe Systeme aus.

Der Krise lag ein Geschäftsmodell zugrunde, dessen Urheber sich nicht öffentlich zeigen. Das Geschäftsmodell rechnete mit komplexen Strukturen, die beim globalen Verteilungsplan passiert werden müssten. Zugleich war es auf Endlichkeit angelegt. Wenn die großen Profitstationen durchlaufen waren, würde es sich selbst zerstören. Genau das geschah.

Seit mehr als einem Jahr beschäftigt uns der Versuch, die Immunität der Mitspieler in den Durchlaufstationen, internationalen Banken, aber auch Finanzfonds, zu stärken, obwohl ein ebenso starkes Profitinteresse sie zum Mitspielen verleitet hat. Die kollektive Intelligenz einer ganzen Branche hat versagt, weil ein anderes Motiv sie überlagerte: die Gewinnorientierung. Einzelne Warner in den Finanzunternehmen wurden kaltgestellt. Die Behauptung, man habe die hochprofitablen ›innovativen‹ Produkte für ›risikofrei‹ gehalten, können wir nur dann ernst nehmen, wenn wir zugleich die Qualifikation aller verantwortlichen Banker in Frage stellen. In Wahrheit glaubte niemand außer den Laien-Anlegern der letzten Stunde, als das Geschäftsmodell zerfiel, an risikofreie Finanzprodukte.

Folgerung: Wenn Sorgfalt und Verantwortung bei Finanzmanagern international und regelmäßig der Gewinnmaximierung zum Opfer fallen, dann sind Fragen nach dem handwerklichen Können dieser Berufsgruppe müßig. Vielmehr fehlt es genau an jenen Grundlagen für nachhaltigen Erfolg, die kein Staat und keine Justiz herstellen kann, die aber Voraussetzung für das Handeln in der freien Marktwirtschaft sind: Vernunft und Gerechtigkeitssinn, Mut und Maß.

Erste Durchblicke auf die Tiefenstruktur der Krise öffnen sich damit. Es ist ein zentnerschwerer Puzzlestein, der uns da für das komplexe Lösungsspiel in die Hand fällt. Und wir begreifen, warum die Diskussion, auch von seiten der Politik, so ›technisch‹ geführt wird; es gibt Ablenkungsbedarf. Nicht nur die Gewinnsucht, auch andere starke Emotionen wirken nun, nachdem die Krise auch für Banker ein Routine-Milieu geworden ist, ein Biotop fast, in dem das wasserdichte Vokabular von jedem beherrscht wird. Es sind negative Gefühle, ein Kontrastprogramm an Emotionen, das die Finanzwelt spaltet: Hier die Verwundeten, dort die Gewinner der Krise. Um wieder zu Kräften zu kommen, muss man die *winner* hassen. Goldman Sachs, der unbestrittene Champion auch nach der Krise, sieht sich den neuen Ressentiments ausgesetzt, die auch im fernen London und noch heftiger in Deutschland *en vogue* sind. »*Wanted!*« steht da, wie im guten alten Western, unter Lloyd Blankfeins Riesenportraits auf der Brust seiner Feinde vor der Washingtoner Niederlassung. Selbst Bankerhirne, sofern sie zur Konkurrenz gehören, sind von Emotionen überflutet; die Branchensolidarität wird weggeschwemmt von Ressentiments – als würde die eigene Firma besser, wenn der überlegene Konkurrent geschwächt wird.

Goldman Sachs kam aber nicht schwach, sondern stark aus der Krise. Der Grund: Ein Banker aus Heidelberg, der 2006 mit einer ersten Prognose den Spott des angesehenen *New-York-Times*-Kolumnisten Ben Stein auf sich zog, lieferte achtzehn Monate später die nächste Warnung: »Es würde mich sehr wundern, wenn nicht demnächst der Markt für Büro- und Geschäftsimmobilien einbricht.« Diesmal fand er Leute, die ihm glaubten – bei Goldman Sachs.[49] Der Heidelberger Jan Hatzius wurde Chefvolkswirt bei den »Goldies«, wie der Kosename der Bank aus guten Zeiten lautet. Eigentlich eine typisch ame-

---

49 *Handelsblatt,* 21.1.2010, S. 4f.

rikanische Aufstiegssaga, die vor den großen Verwerfungen im Finanzbusiness jedem Amerikaner gefallen hätte. Wer Erfolg hat, soll Geld verdienen, und Boni für die Erfolgreichen sind okay: Diese alte Melodie pfeift hier kein Spatz mehr von den Dächern.

Goldman hatte nicht nur das Glück, sondern auch den Verstand, auf einen Warner zu hören. Die Bank trennte sich schneller von den verteufelten Derivaten als die Konkurrenten. Sympathien hat das nicht gebracht. »Die Goldies sind eine Sekte«, heißt es im Banker-Gossip.

Folgerung: Es gab also doch ein Entkommen, als die Welle anrollte. Nicht alle wurden verschlungen. Aber es gibt ein Überlebendensyndrom, von dem viele Banker berichten. Die »Goldies« haben damit kein Problem, aber der Neid ihrer Wettbewerber macht ihnen zu schaffen. ›Überlebt‹ hat die Bank durch ein hochkarätiges Risikomanagement und ein hohes Tempo beim Verkauf von Wertpapieren. Noch herrscht wenig Neigung bei den Konkurrenten, dem erfolgreichen *highflyer* nachzueifern. Ressentiments sind bequemer. Auch die Politik ist noch nicht als Interessent für die Erfolgsursachen bei Goldman gesehen worden.

Und die Bank leistet sich Meinungsvielfalt. Nachdem der CEO, Lloyd Blankfein, mit dem Satz, die Banker verrichteten Gottes Arbeit, weltweit Strafpunkte gesammelt hatte, setzte der deutsche Statthalter der Bank, Alexander Dibelius, den Gegenakzent: »Banken, besonders private und börsennotierte Institute, haben keine Verpflichtung, das Gemeinwohl zu fördern.« Am besten dienten sie der Gesellschaft, wenn sie extreme Risiken vermeiden und Geld verdienen. Blankfeins ›göttliches‹ Diktum hatte in der *Sunday Times* schwarz auf weiß gestanden, da blieb zur Schadensbegrenzung nur der zur britischen Zeitung passende Satz: Das sei ein Scherz gewesen. Dibelius hatte seine Meinung in einer Rede vertreten. Hier war die Entschärfung Routine: Er sei falsch übersetzt worden. Jeder spürt: Das sind zwei Herren aus dem *closed shop* des Turbobankings. Sie brauchen sich nicht zu überschätzen, weil sie einfach besser sind als die andern. Mit einem Abonnement auf Sieg. »Lieber einmal Erster und einmal Letzter als einmal Zweiter«, sagt Dibelius.

Die Bank ist ein Imperium mit zahllosen Beteiligungen: Golfplätze in Japan, Ölbohrinseln in der Nordsee. Dass die Bank Geld verdienen will und dass sie nicht vom Staat gerettet werden musste, ist entscheidend für Firmen, die Transaktionen vorbereiten. Solange die Bank ihre Attraktivität durch beste Ergebnisse sichern kann, muss sie nicht an ihrem Ruf arbeiten, so meinen Insider. Oder doch? Die Laufzeiten für Boni wurden von drei auf fünf Jahre verlängert, und Blankfein persönlich legte ein Kreditpaket von 500 Millionen Dollar für Kleinunternehmer auf. Von Kreditpaketen und ihren Verfallsdaten versteht die Bank inzwischen mehr als andere.

VI
MACHTWECHSEL?
DIE MACHTERGREIFUNG
DER POLITIK: DAS SCHWERT
SITZT LOCKER

Leben auf verschiedenen Sternen:
Finanz und Politik

Wer Transaktionen plant, der denkt nicht nur an Goldman Sachs, sondern an einen Mann, der an der Wall Street als ›Legende‹ bezeichnet wird. Trotz des hochtrabenden Titels nennen alle ihn Joe. Es ist Joseph Perella, ein Selfmademann aus Brooklyn, der zusammen mit Peter Weinberg 2006 die Investmentbank-Boutique Perella, Weinberg & Co. gründete. Seither bitten internationale Großkonzerne bei Übernahmen oder Fusionen Perella & Weinberg um Begleitung. Joseph Perella beobachtet, dass alle Banken kein höheres und kein eiligeres Ziel haben, als die Staatsbeteiligung abzuschütteln. Mühelos sammelte die Bank of America Ende 2009 20 Milliarden Dollar ein, während jeder wusste, dass es sehr schwierige Zeiten sind. »Es zeigt, wie erfreut die Märkte sind, wenn Banken Geld einsammeln, um den Staatseinfluss zu stoppen und die Beteiligung der Regierung zurückzuzahlen«, erklärt Perella. »Selbst die Aktien stiegen nach der Ankündigung, weil die Regierung nun nichts mehr im Unternehmen zu sagen hat.«[50]

Perella sagt voraus, was am starken Auftritt von Goldman Sachs schon jetzt abzulesen ist: »Wenn der Staub sich legt, wird die Position der übriggebliebenen Banken stärker als je zuvor sein. Schauen Sie Goldman Sachs und JP Morgan an. Sie

---

50 *Handelsblatt*, 14.12.2009, S. 4f.

trumpfen mit Rekord-Quartalen auf. Kein Wunder«, fügt er hinzu, »schließlich gibt es Lehman Brothers, Bear Stearns und Merrill Lynch nicht mehr ...« Und er fügt warnend hinzu: »Wir sollten sie aber wegen ihres Erfolges nicht attackieren, wie das im Fall Goldman Sachs derzeit geschieht.« (Man schrieb den Dezember 2009.) »Wie hat schon Deng Xiaoping gesagt: ›Wenn wir nicht reich werden, werden wir alle arm.‹ Ich bin die Angriffe auf die Banken leid«. Noch in den siebziger Jahren traf Perella in New York auf eine Bankenlandschaft, die aus privaten Partnerschaften bestand. Mit eigenem Geld zu arbeiten, hieß Risiken gegen Chancen abwägen, die Bank als Spielcasino gab es nicht einmal in Bankerwitzen. Als eine Bank nach der andern an die Börse ging, war die Kultur der Partnerschaften überholt. Aktien sind nicht eigenes Geld, und der globale Handel und die digitale Revolution kreieren eine neue Finanzindustrie, die mehr verändert, als die meisten Akteure wahrhaben wollen: »Das sensible Gleichgewicht von Macht und Kontrolle wurde zerstört«, sagt Joseph Perella.

Glaubt er an eine internationale Regulierung?

Einerseits brauchen wir sie, sagt Joe. »Aber das ist, als ob man eine Vereinbarung finden müsste, um die Klimafolgen abzumildern. Alle kommen mit anderen Vorstellungen ...«

Alle kommen mit verschiedenen Vorstellungen, das gilt auch für die großen meinungsbildenden Blöcke, die Tag für Tag neue Bearbeitungsvorschläge für die Krise liefern und die Konturen ihrer Feindbilder unversöhnlich nachschärfen: Finanzwirtschaft, Medien und Politik tragen ihre gegensätzlichen Standpunkte zum Krisen-Handling ohne spürbares Einigungsinteresse vor.

Und die Finanzwirtschaft kommuniziert mit ihren ideologisch unbeschwerten Interessenten weltweit und meldet Erholung, ja mehr: Aufstieg zu alter Stärke und nachwachsendes

Vertrauen bei den Anlegern und Fondsmanagern: Vertrauen in »die Fähigkeit der Unternehmen, Gewinne zu steigern«.[51]

Die Bank of America, die gescheiterte Bank Merryl Lynch im Label, meldet in diesem Zusammenhang ein »robustes Wachstum der Weltwirtschaft«. Zu dieser Siegesmeldung gehört auch der Befund, dass die Zahl der Anleger, die »in ihren Portfolios ein überdurchschnittliches Risiko eingehen«, den höchsten Stand seit 2006 erreicht habe.

Die kleine Meldung erscheint unkommentiert in der seriösen Presse. Die wissenschaftliche Grundlage ist solide: 197 Fondsmanager wurden weltweit befragt; sie verwalten insgesamt 546 Milliarden Dollar. »Fondsmanager werden immer zuversichtlicher«, lautet die Überschrift der Nachricht. In Niklas Luhmanns Studien zum Vertrauen, die in den vierziger Jahren des 20. Jahrhunderts erschienen, wird Zuversicht als Ergebnis einer Kette von Vertrauenserfahrungen definiert, und Vertrauenserfahrungen stützen sich auf eingelöste Versprechen. Man kann sich auf die Partner verlassen, das schafft Zuversicht: Auch in Zukunft, so die Gewissheit, wird man sich auf sie verlassen können.

Die Welt der Fondsmanager fasst Zuversicht hingegen, wenn ihre Anleger bereit sind, gefährlich zu leben. »Überdurchschnittliche Risiken eingehen«, das qualifiziert Investoren als gute Partner, so die Nachricht. Endlich wieder im Risikogelände von vor der Krise angekommen zu sein, 2006, als man die ersten Warnungen systematisch überhörte und das Donnergrollen der heranrollenden Woge nicht zu hören entschlossen war, einer Riesenwelle immerhin, die auch Merryl Lynch hinwegfegte, das wird im April 2010 als Sieg gefeiert. »Wall Street, wach auf!« ruft zur gleichen Zeit der New Yorker Staatsanwalt,

---

51 *Frankfurter Allgemeine Zeitung*, 14.4.2010, S. 19.

der Inder Preet Bharara, den Finanzmanagern an der Wall Street zu. Bharara ist für alle Finanzdelikte zuständig, die den Krisendschungel fast undurchdringlich gemacht haben.

Man lebt auf verschiedenen Sternen, tatsächlich. Präsident Obama zeigt mit Bharara die andere Seite seiner Aufklärungsstrategie, neben der die Schwurhand-Shows mit den großen Pokerspielern der Hochfinanz nur Beiprogramm sind. Bharara ist mit 220 Mitarbeitern unterwegs; Woche für Woche erhebt er neue Anklagen. Schon wenige Monate nach dem Lehman-Crash unterschrieb der amerikanische Präsident ein Gesetz, das die Verfolgung von Finanzbetrug erleichtern soll. Die Justizverwaltung erhält bis Ende 2011 330 Millionen Dollar für ihren Kampf gegen Wirtschaftskriminalität; davon fließen 50 Millionen an Staatsanwälte, 21 Millionen an die Börsenaufsicht SEC und 140 Millionen an die Bundespolizei FBI.

Wer sich an die heillosen Verflechtungen von Finanz und Politik erinnert, die den Rating-Agenturen und ihren zahlenden Partnern freies Spiel gewährt haben, wer die dubiose Rolle der Börsenaufsicht im Fall des Madoff-Frühwarners Harry Markopolos noch im Kopf hat, der hört mit Erleichterung, dass Obama »die meisten Schlüsselpositionen für den Kampf der Behörden gegen Finanzverbrecher ... neu besetzt hat: beim FBI, bei der SEC, bei den Staatsanwaltschaften«.[52] So sieht konsequente Aufräumarbeit aus. Welches europäische Land findet so schnell von den Debattenritualen zu entschiedenen Handlungskonzepten?

Barack Obama versucht, seinen Wahlkampfslogan mit Leben zu erfüllen: *Yes, we can.*

Und dennoch: Finanzwirtschaft und Politik leben auf verschiedenen Sternen. Genauer: Die Finanzwirtschaft nimmt den alten Rhythmus nach dem Motto »viel Risiko, viel Ehr« wieder

---

52 *Handelsblatt*, 14.4. 2010, S. 21.

auf, als lebte sie in einer eigenen Galaxie. Der ideale Anleger geht »überdurchschnittliche Risiken« ein; er wird auf der Weltbühne des großen Geldbusiness als Erfüllungsgehilfe der kühnsten Träume von Zockern alter Schule begrüßt. Wo risikofreudige Anleger sind, muss man riskante Produkte komponieren, sagen die Fondsherren, und die risikoverliebten Bankmanager leben auf: ohne Risiko keine Spitzenerträge.

Es geht um das Maß, das Risiken vertretbar macht – zum Wohl der Firma und zum Wohl der Kunden. Die Deutsche Bank hat angekündigt, hohe Risiken nur noch auf Kundenwunsch einzugehen: Spekuliert wird nur mit Kundenmitteln und auf Wunsch des Kunden, verkündete Josef Ackermann bei der Hauptversammlung 2010. Bank of America und Merryl Lynch begrüßen ihn deshalb so freudig, den risikobereiten Investor, weil sie selbst kaum noch ungehindert ›überdurchschnittliche Risken‹ eingehen könnten, seit sie an der kurzen Staatsleine laufen. Der tollkühne Kunde als Lichtgestalt: Da ist es nur logisch, dass die Banken ihre Beziehungen zu vermögenden Kunden besonders pflegen wollen. Wie kompetent wünschen sich die Bankmanager diese Kunden, die sie künftig als *risktaker* vertreten sollen? Vielleicht möglichst inkompetent, was ›überdurchschnittliche Risiken‹ angeht?

Die Politik sollte genau hinschauen. Halten künftig Spielernaturen unter den Bankkunden das Casino offen, das die Banken selbst nicht mehr betreiben sollen?

Eine ausgeschlafen aufgewachte Wall Street, *clean*, wie sie der Staatsanwalt Bharara präsentieren möchte, wäre sicher nicht ein Spielerparadies mit lauter kundengeführten Casinos. Erfolgreiche Krisengewinner wie Goldman Sachs agierten jedenfalls bisher nicht mit einem Ethik-Kodex. Wer eine Lektion in stolz präsentierter Demut möchte, sollte bei Lloyd Blankfein, dem Chef des siegreichen Instituts, in die Schule gehen.

Die Spendenkosmetik ist Fassadenschmuck. Im Innern der Galaxie der Goldies arbeiten dieselben besessenen Geldmanager weiter. Im Büro des deutschen Goldman-Stars Dibelius hängen Anzüge und Krawatten zwischen den Aktenregalen; Hemden, Socken und Unterwäsche liegen in der Schreibtischschublade.

Das Lebensgefühl der superreichen Bankmanager hat sich längst vom Gemeinwesen, in dem sie als Durchreisende, als Vaganten des virtuellen Zeitalters auftauchen, abgekoppelt. Ihre Unempfindlichkeit für die inkompetente Kritik von allen Seiten hat mit dem längst unüberbrückbaren Abstand zu tun, der sie von der sogenannten Normalität trennt. Daher ist auch immer erst verspätet zu erfahren, ob und was ein solcher Bankgigant für das Gemeinwesen erarbeitet – zumal selbst Dibelius dessen Nutzen nur als einen Nebeneffekt bezeichnet.

Ein nachdenklicher Manager, der für Goldman Sachs gearbeitet hat, versucht ein Fazit: »Manchmal möchte ich die Bank gar als Zockerbude bezeichnen.«[53]

Manchmal, nicht immer. Man schrieb den Januar 2010. Drei Monate später schlug eine milliardenschwere Anklage der Börsenaufsicht bei Goldman Sachs ein. Der Star-Zocker des Hauses, 29 Jahre alt, ist maßgeblich beteiligt.

Das schwelende Zerwürfnis zwischen Wirtschaft und Politik wird zum Reformhindernis: Einerseits sollen die Banken Kredite vergeben, andererseits horten sie ihre Erträge, um sich von der staatlichen Aufsicht zu befreien – und drittens geraten sie ins Sperrfeuer ihrer Gegner, wenn sie hohe Gewinne melden und Boni ausschütten.

International wächst die Kritik am zersplitterten Regulierungspalaver der Staaten. Obama prescht vor, die Starbanker wie Josef Ackermann warnen vor nationalen Alleingängen und erfolgs-

53 *Handelsblatt*, 21.1. 2010, S. 5.

feindlichen Regulierungen. Ohnehin scheint klar: Der Erholungs-prozess wird sich durch die Eingriffe der Politik verlangsamen.

Das von Deutsche-Bank-Chef Ackermann geleitete Institute of International Finance (IIF) hat den Aufsehern der G20-Staa-ten eine Hauptforderung und Warnung zugeleitet: »Stoppt den Rückfall in die Renationalisierung unter dem Deckmantel von Bankenrettung und Finanzmarktreform.«[54]

»Die Lage wird immer unberechenbarer. Die Entscheidun-gen der Politik werden immer irrationaler«, so ein Manager einer deutschen Großbank.

Misstrauen bestimmt den Umgang von Banken und Politik miteinander. London fügt dem Alleingang des amerikanischen Präsidenten den Coup mit der Boni-Steuer hinzu; eine kosme-tische Maßnahme, die schon heute von gestern ist und den Finanzplatz London nicht länger beschäftigt hat.

Der durchschlagende Dissens, der die Partner von einst, Wirt-schaft und Politik, so auseinanderdriften lässt, hat auch mit dem Bedarf der Politik an Vergeltungsaktionen zu tun, die das aufge-brachte Publikum wünscht. Für vernünftige und besonnene Maßnahmen fehlt ein Klima des Vertrauens auch im Verhältnis der Bürger zu ihrem Staat. Sichere Sparguthaben reichen zur Besänftigung des Volkszorns im Moment. Vertrauensbildende Maßnahmen stehen nicht auf der deutschen Tagesordnung. Das Versprechen, harte Strafen zu verteilen, ist keine vertrauensbil-dende Maßnahme, weil es negative Emotionen in andere nega-tive Gefühlslagen umleitet: Rachebedürfnis in Schadenfreude. Frieden für das Gerechtigkeitsstreben ist schwerer zu erreichen. Der ehemalige Chefökonom des Internationalen Währungs-fonds (IWF) und Harvard-Professor Kenneth Rogoff, erfasst den Kern des Duells, das kaum kaschiert zwischen Wirtschaft und

54 *Handelsblatt*, 22.1. 2010, S. 36f.

Politik ausgetragen wird: Die Akteure leben in zwei Galaxien mit verschiedenen Zwängen und verschiedenen Geschwindigkeiten. Die Politik ist verurteilt zur Langsamkeit, das Business muss sich dem Tempo der Marktprozesse anvertrauen, um Erfolg zu haben; Chancen lassen sich nicht aufschieben.

Die deutsche Kanzlerin Merkel ist die Inkarnation der Langsamkeit, die eine lange Verweildauer in politischen Ämtern garantiert. Die Langsamkeit macht chronische Abwärtsspiralen für die Bürger akzeptabel, weil das schleichende Band der Verluste ein Generator des Vergessens ist.

Die schnelle Erholung einiger Spitzeninstitute ist im Sinne dieses Credos des Entschleunigers Politik wie ein Sündenfall behandelt worden, so als sei Geldverdienen generell ein Verdachtsmoment.

Die Politiker verdrängen dabei den Widerspruch, dass sie selbst den Ausweg aus der Krise in Wachstumskategorien beschreiben, während sie zugleich das Misstrauen gegen die Großverdiener unter den *winner*-Banken schüren.

Rogoff also macht die Diskrepanz in der neuen Konfrontation von Finanz-*community* und Politik deutlich, wenn er sagt: »Ich sehe nicht, wie die USA und China, die beiden Wachstumslokomotiven der letzten zwei Jahrzehnte, ein deutlich niedrigeres Durchschnittswachstum als vor der Krise verhindern wollen.« Und Rogoff nennt die Ursachen: »Im besten Falle wird der US-Finanzsektor kleiner und strenger reguliert aus der Krise hervorgehen … Wenn die Politiker bei der Bankenregulierung die Uhr um mehrere Jahrzehnte zurückdrehen, wer garantiert uns, dass sie bei den Einkommen nicht das Gleiche tun? … Höhere Steuern und stärkere Regulierung können nicht gut für das Wachstum sein.« [55]

55 *Financial Times Deutschland*, 26.5.2009, S.28.

Wer Rogoff Wachstumsfetischismus vorwirft, muss ihm nur zuhören. In den USA wie auch im europäischen Standort Deutschland wird Wachstum nicht nur zum Abtragen der Schuldenberge und zur Reform der Sozialsysteme benötigt; auch die von Wachstumskritikern favorisierten »alternativen« Ziele wie erneuerbare Energien, schadstoffarme Autos und mehr soziale Gerechtigkeit kosten vor allem eines: Geld.

Der Kern der krisenbedingten Therapiekonflikte zwischen Finanzwirtschaft und Politik liegt im hohen Geldbedarf der Staaten nach der Krise und im gleichzeitig gestarteten Versuch der Politik, die Geldmacher zu bändigen.

Die beiden Akteure haben nach der Krise ein gemeinsames Dilemma. Weil beide die beste Lösung für illusionär halten, werden sie zunächst mit schlechten Lösungen weitermachen: Viel Regulierung, aufgeblähte Überwachungsapparate, Reibungsverluste Qualitätsverluste beim Personal, Motivationseinbrüche, Ertragsrückgänge. Systematisch herbeigeführte Schäden für beide Seiten.

Und die beste Lösung? Sie beginnt mit dem gemeinsamen Bekenntnis, dass der Umgang mit großen Geldsummen und die Belohnung von Zufallserfolgen eine Glücksspielmentalität fördert und Suchtpotential freisetzt. Die Lösung selbst ergibt sich aus allem, was wir bisher gezeigt haben: Die Krise und ihre Nachfolger bleiben unbeherrschbar, wenn wir sie über Strafandrohungen und Kontrollen bändigen wollen. Es wird auch in Zukunft genug Länder geben, die ungebändigte Banker mit Zockermentalität einstellen. Der Marktplatz für alle Entgleisungen und alle Korrekturen bleibt die Welt; wir werden scheitern, wenn wir ihn auf nationale Formate zurückschneiden wollen. Die beste Lösung ist ein neues *business behaviour*, das den Boden unter den Füßen der Markt-Akteure sichert. Er liefert die Grundlage für wechselseitiges Vertrauen, weil ein schmaler Kodex von Werten die Marktpartner zusammenhält. Jeder von ihnen weiß, dass die eigene Reichweite übertroffen wird, wenn wir kooperieren.

Jeder weiß, dass sein Vorteil, um immer wieder genutzt werden zu können, mit dem Vorteil des Geschäftspartners zusammenfallen muss.

Jeder weiß, dass Raubzüge im Revier der andern uns zu Verlierern machen, weil das, was wir einander abjagen, am Ende allen fehlt.

Schon heute, 2010, erkennen die besten Analytiker, dass wir unversöhnlich auf schlechte Lösungen zudriften. Weltmärkte lassen sich nicht durch starre Regulierung an die Kette legen. Sie bestrafen die Regulierer mit Ertragsverlusten.

Märkte sind Menschen. Wir müssen uns vom Kurieren an Symptomen verabschieden, wenn wir die nächste Pandemie vermeiden wollen. Die besten Analytiker der Marktwirtschaft wussten und wissen: Entscheidend für Markterfolg ist das, was die Menschen in den Markt mitbringen – an Überzeugungen, an Erfolgsrezepten, an Wertvorstellungen. Die ›Väter der Marktwirtschaft‹ wussten das. Die Therapiekonzepte von heute, soweit sie von der Politik kommen, fragen nicht, was die Menschen in den Markt mitbringen; sie beschränken sich auf Kontrollen, Barrieren und Strafandrohungen, um das Handeln der Menschen im Markt zu kanalisieren. Wer viele Verbote setzt, multipliziert die Übertretungen. Wer nur kontrolliert, statt zu kooperieren, wird betrogen.

Wenn der Staat in die Märkte einfällt

»Der Staat ist nicht die Lösung, der Staat ist das Problem«, sagte Ronald Reagan einst. Die Politik erliegt als Krisentherapeutin einer Jahrhundertversuchung, die sie für eine Jahrhundertchance hält: ihre Macht über die Wirtschaft so auszubauen, dass die Unterschiede bei der Diagnose genauso gegenstandslos werden wie die Widersprüche um die Therapie. Ob Märkte rational oder irrational reagieren, das große Streitthema mit der klassischen Ökonomie, wird weggebügelt, wenn so viel Staat in die Märkte einmarschiert, dass alle Wettbewerbsprozesse von staatlicher Planung und Berechenbarkeit bestimmt sind. Entschleunigung, wie sie nur die Politik versprechen kann, wird dann alle Turbulenzen einfangen, so die Anhänger der neuen Staatswirtschaft.

Nie erschien der Einzug des Staates in die Märkte besser verkäuflich als jetzt, da die Begleitmusik für hohe Akzeptanz sorgt: Die Kriminalisierung von Managern hat ganze Berufsgruppen in Finanz und Industrie so gründlich beschädigt, dass die Personaldecke ganz oben regelrecht verschlissen wirkt. Die latente Bedrohung jeder Spitzenkraft mit verschärfter Einzelhaftung für Team-Entscheidungen hat einen Rückzug vieler Manager von Topangeboten in Gang gesetzt. Die politisch angeordnete Herabsetzung der Bezüge in anspruchsvollen Managementpositionen dämpft die Motivation zusätzlich. Eine große Zahl von Managern ist für Jahre beruflich blockiert durch angekündigte oder eröffnete staatsanwaltliche Untersuchungen und Prozesse. Ein Generalverdacht begleitet die Führungsschicht der Wirtschaft.

Schon am 22. Oktober 2008 stellte die FAZ fest: »Die Finanzkrise hat es Politikern gestattet, ihren Ruf kräftig aufzupolieren … Leider befindet sich die Politik in der Gefahr, jene Maßlosigkeit an den Tag zu legen, die sie zu Recht Teilen der Bankerelite vorwirft … Sarkozy schlägt … Staatsbeteiligungen an sogenannten Schlüsselindustrien vor, für die es keinen vernünftigen Grund gibt … Über die Schweiz und Luxemburg äußern sich Berliner und Pariser Politiker mittlerweile so, als handele es sich um obskure und rechtlose Steueroasen in der Karibik.« In Amerika, so fügt der Autor Gerald Braunberger hinzu, bestehe die Gefahr, dass »Staatsgelder nicht zur Stabilisierung notleidender Banken genutzt werden, sondern zum Aufbau mächtiger Finanzkonzerne.«

Die Finanzindustrie geriet durch maßlose Deregulierungen in den neunziger Jahren in die Versuchung, ihre Freiheiten zu missbrauchen. Die Folgen vor Augen, sieht die Politik nun die Chance für eine Revanche gekommen. Der Machtwechsel soll jede Entgleisung der *gambler* in den Spiel-Banken für alle Zukunft ausschließen.

Das Fatale: Diese Machtergreifung der Politik ist auch eine Entgleisung. Zwar ist absehbar, dass die Staatswirtschaft nicht über Nacht alle demokratischen Staaten, die im Krisenfieber mit verminderter Abwehrkraft darniederliegen, erobern wird. Aber auch die von 2008 bis 2010 fortgeschrittene Selbstermächtigung der Politik vergrößert die Chancen auf Konjunkturerholung nicht, sondern vermindert sie.

Noch buchstabieren viele Ökonomen und Banker unwillig die Lektion, dass die »Rationalität der Märkte« nicht mehr ist als eine nützliche Legende, da meldet sich die Anschlusslegende von seiten der Politik: Es ist die Irrlehre von der überlegenen Rationalität der Regulatoren. Sie soll den grenzenlosen Machtanspruch der Politik über die gescheiterte Finanzindustrie sichern. Krisentherapie ist eine Zone massiver Versuchungen für alle. »Nachkrisenzeit« ähnelt darin der »Nachkriegszeit«: Verlierer wechseln getarnt auf die Siegerseite; Verbrecher maskieren sich mit Großspenden und Aufbau-Angeboten; kleine und große Deals werden rasch noch in trockene Tücher gebracht; unentdeckte Schneeballwerfer schauen ungläubig auf die nun politisch inszenierten Geldverbrennungsanlagen und wägen ab: fliehen oder bleiben? Vor dem Spiegel üben sie Biedermannsmienen ein, Telefone nehmen sie nicht mehr ab, Handys ersäufen sie im East River oder im Hafenbecken nahe ihrem Büro.

Schon heute zeigt sich, dass die Politik im gleichen Moment an Glaubwürdigkeit verlor, als sie ihr Revier maßlos auszudehnen begann in der Annahme, so günstig würden die Sterne nie mehr stehen, und eine weltweite Krise verdiene »großes Denken« bei ihren Heilern. Selbst Politiker sehen den neuen Anspruch ihrer Kollegen mit Sorge. Allerdings möchte der Erzähler eines Jokes, der von schwarzem Humor zeugt, nicht genannt werden, weil die politische Führung in Deutschland auch ihre Mitglieder an der kurzen Leine führt. »Was unterscheidet den Kapitalismus vom Kommunismus?« so die harmlose Eingangsfrage des Jokes. Und die Antwort: »Im Kommunismus werden die Betriebe zuerst verstaatlicht und dann ruiniert. Im Kapitalismus werden sie zuerst ruiniert und dann verstaatlicht.« Der tschechische Präsident Václav Klaus, der eher durch die Zahl seiner Feinde auffällt als andere Politiker, betrachtet das Krisenmanagement der Politik mit dem kritischen Blick des kommunismuserfahrenen Staatsmanns: Die Finanzkrise, so beobachtete er schon 2008, werde wieder einmal dazu benutzt, den Umfang der staatlichen Eingriffe in die Wirtschaft zu erweitern.[56]

56 *Frankfurter Allgemeine Sonntagszeitung*, 2.11.2008, S. 14.

Was Václav Klaus sagt, kann man auch weniger seriös ausdrücken. Der englische Philosoph Thomas Hobbes hat 1651 in seinem Buch *Leviathan* den Staat als den großen Bändiger beschrieben, der den Kampf aller gegen alle immer wieder befriede.

In den dann folgenden Jahrhunderten sicherte der Staat nicht nur den Komfort der Bürger immer weiter ab; er flocht auch sein Sicherheitsnetz immer engmaschiger. Das Seeungeheuer Leviathan, so ein später Nachfahre von Hobbes, habe als Herrscher über den Wohlfahrtsstaat »immer mehr die Züge einer Milchkuh angenommen«. Arnold Gehlen, der diesen schmeichelhaften Vergleich in den sechziger Jahren des 20. Jahrhunderts zog, würde heute all jenen widersprechen, die ›die Rückkehr des Staates‹ begrüßen, der in Wahrheit beharrlich mit der Ausweitung seiner Macht über alle Angelegenheiten der Bürger beschäftigt geblieben ist.

Irrtümer wie die Privilegien für die Finanzwirtschaft will er nun umso gründlicher revidieren. Das Bild von der »Milchkuh« würden die Hauptakteure der Krisenpolitik sicher gern durch ein rassigeres Tierbild ersetzen. Einige der beteiligten Staaten führen den Adler im Wappen, immerhin einen Räuber, der als Greifvogel über den Feuern der Geldverbrenner kreisen und Beute machen könnte. Die Politiker selbst würden sich eher als Rache-Engel sehen, die nun wirklich, und anders als Goldman-Chef Blankfein, »Gottes Werk« verrichten, indem sie die Höllenhunde anketten.

Die Konfrontation hat neben enttäuschter Liebe der Politik, die sich mit den gewährten Privilegien die Dienstbarkeit der Geldfürsten sichern wollte, den sehr ernsten Aspekt, dass die Machtergreifung der Politik im Revier der Wirtschaft nicht Entlastung für die Staatshaushalte bringt, nicht Investitionssicherheit für die Anleger und die Industrie, sondern einen Subventionswettlauf zwischen Europa und den USA. Während die Europäer noch das gestorbene Konzept von der Zerschlagung großer Banken diskutieren, stattet die amerikanische Regierung die Großen der Wall Street mit Eigenkapital aus, das nicht nur den Sprung in eine neue Großbankdimension erlaubt, sondern auch das implizite Versprechen liefert: Bank of America, JP Morgan Chase und Wells Fargo stehen unter dem Schutz des Staates. Sie können nicht mehr scheitern. Dieses unausgesprochene Bekenntnis der Regierung zu ihren Großbanken ist ein Wachstumsprogramm: Wer so aufgestellt ist, hat Vorteile für die Refinanzierung.

Noch ehe das Palaver zwischen den neuen Gegnern Politik und Finanzwirtschaft in die nächste Runde geht, schafft die amerikanische Regierung Fakten. Das Wettbewerbsbewusstsein der Amerikaner ist realistischer als der europäische Traum von globaler Verbrüderung. Das Comeback des Staates in Europa entwickelt im Dauergefecht mit den Spitzenbankern wenig Glanz. Die deutschen Bürger kommen ihrem machthungrigen Staat mit einer wachsenden Sympathie für Interventionismus entgegen: Jeder zweite Deutsche, so das Allensbacher Institut für Demoskopie, wünscht den Eingriff des Staates, wenn die Wirtschaft Probleme hat. Auch die Zahl der Gegner einer freiheitlichen Wirtschaftsordnung, immerhin ein Kernstück der Demokratie, wächst weiter. Schon 2008 war jeder vierte Deutsche überzeugt, dass ein freies Wirtschaftssystem nicht dauerhaft funktionieren kann.

Der Interventionswettlauf begann schon 2008. Auch internationale Routinetreffen der EU-Minister und Staatschefs täuschen nicht mehr darüber hinweg, dass die düstere Gesamtlage nicht einigend, sondern spaltend auf die Staaten wirkt. Dass immer noch die nationalen Interessen auf Platz eins der Rangordnung zu verteidigender Positionen stehen, zeigt sich nicht in guten, sondern in schlechten Zeiten. Die eilige Vergabe von Staatshilfen an Banken ist immer verbunden mit der Erwartung, dass die Politik nun Einfluss auf die Geschäftspolitik des Geldhauses nehmen kann.

Der Wettlauf um die beste Wettbewerbsposition der nationalen Banken, die natürlich für das internationale Geschäft fit gemacht wurden, begann 2008. 2010 wechseln in den USA die Subventionen wieder einmal die Richtung: Die Parlamentswahlen im Herbst führen zu einem Turnaround der Großbanken gegenüber den beiden großen Parteien: Nun geht der Löwenanteil an Parteispenden wieder zu den Republikanern. Ein Machtspiel mit Thrillerformat: Barack Obama muss sein Gesetz zur Bankenregulierung vor der Sommerpause durch den Senat bringen. Dazu braucht er Stimmen aus der Opposition. Kurzerhand kauften sich die Großbanken, die Gegner der Regulierung sind, mit massiven Spenden bei der Opposition ein – mit dem erwünschten Ergebnis, dass die Republikanische Partei sich zur Totalblockade des Gesetzes entschloss. Oppositionsführer Mitch McConnel begründet die Ablehnung knapp: Der Gesetzentwurf habe »tödliche Fehler«.[57] Seine neuen Unterstützer werden ihm sicher erklärt haben, welche. Zum Beispiel das Verbot des lukrativen Eigenhandels und die rigorose Beschneidung der Gewinne im Derivatehandel – zwei Stichworte, die das Krisentrauma bei Politikern wiederbeleben.

Misslingt die Regulierungsreform in den USA, dann wird es auch in Europa keine geben. Die europäischen Staaten werden ihren Geldhäusern keine Wettbewerbsnachteile zumuten können. Überhaupt sei die Finanzbranche ob der geplanten Finanzmarktregeln sehr verunsichert, so das IIF, dem Josef Ackermann vorsitzt. Man erwarte, so der Verband wider besseres

57 *Handelsblatt*, 16.4.2010, S. 2f.

Wissen, eine enge Koordinierung der internationalen Maßnahmen. Die Investitionskraft und die Innovationsstärke der Banken dürfen nicht blockiert werden. Die wirtschaftliche Erholung, so die Bankchefs weiter, sei in Gefahr, wenn unkoordiniert oder zu streng reguliert werde.

Am Ende wird Europa für das amerikanische Vorpreschen dankbar sein: Das edle Anliegen, die Banker zu veritablen Befehlsempfängern der Politik zu machen, ist zwar gescheitert, aber der Tugendvorsprung der Politik ist den Bürgern wieder einmal eindrucksvoll bewiesen worden. Und generell interessieren Bürger sich gar nicht so sehr für Großbanken, die es in Europa gar nicht gibt. Sie schauen auf ihre eigenen Subventionen und votieren für alles, was diese steigert.

Die alte und geheime Allianz zwischen Finanzindustrie und Politik kehrt zu alter Verlässlichkeit zurück. Es gibt Streckenabschnitte, auf denen die Bündnispartner abtauchen und den Schaukämpfern das Terrain überlassen. Beide Seiten wissen: Es sind imagewirksame Auftritte, die man in simulierter Gegnerschaft absolviert. Anschließend geht die Kooperation der Saubermänner aus beiden Lagern weiter.

Zwei Jahre Schlagabtausch zwischen Finanzaristokratie und Politik. Wer ihn beobachtet hat und die Vorgeschichte der beiden Mächte aus ruhigen Zeiten kennt, sieht ein abgekartetes Spiel. Längst sind die härtesten Anschuldigungen verklungen. Obwohl sie nur in eine Richtung gingen – von der Politik wählerwirksam geschärft –, wurden die Angeklagten nicht ernstlich eingeschüchtert. Josef Ackermann, der Chef der Deutschen Bank, hat nach diesen zwei Jahren einen Imagegewinn zu verzeichnen, über dessen Gründe niemand redet: Es sind seine Beharrlichkeit und Konsequenz, die eigenen Einsichten und Geschäftsprinzipien zu verteidigen, unpolemisch, fast sanftmütig, die ihn als berechenbaren Partner qualifizieren. Es ist wichtig festzuhalten, dass genau dies auch von unkundigen Zuschauern honoriert wird. Es bedürfte also der wahlkampforientierten Feindseligkeiten gar nicht, Berechenbarkeit würde reichen, so die Botschaft an die Politik. Aber die Nachricht wird nicht angenommen.

Bemerkenswert ist der Imagegewinn von Ackermann vor allem vor dem Hintergrund der Empörung, die sein honoriges Statement auslöste, er werde für die Deutsche Bank kein Steuergeld in Anspruch nehmen: »Ich würde mich schämen.« Die staatstrunkenen Bürger wollten aber gerade die Deutsche Bank in Fesseln sehen. Und niemandem in Deutschland fiel es auf, was diese Empörung bedeutete: Die Deutschen votieren für Staatswirtschaft, wo immer sich die Gelegenheit bietet.

2010 scheint die Auseinandersetzung zwischen Wirtschaft und Politik zu kulminieren; schon mit der willkommenen Bremswirkung aus USA im Blick. Die martialischen Stichworte sind nur noch Zitate, Notizen aus einer nie geschlagenen Schlacht: Banken zerschlagen, Saläre diktieren auch ohne Staatsbeteiligung, Geschäfte verbieten, Geschäfte kontrollieren, Zielgruppen für Kredite festschreiben, Bankenfonds ohne Staatsbeteiligung bei gleichzeitig hochgefahrenen Eigenkapitalvorschriften. Diese viel zu roh geschliffenen Waffen sind stumpf, das wissen auch kluge Politiker. Sie schaden den Volkswirtschaften mehr, als sie dem Überwachungsinteresse des Staates nutzen.

Beide Seiten werden um schleichende Verläufe der Übereinkünfte bemüht sein. Schritt für Schritt werden die Kampfvokabeln abgebaut; niemand soll als Verlierer dastehen. Wer nach Motiven für dieses verdeckte Komplott fragt, der landet bei Selbstverständlichkeiten, über die niemand spricht: Banking ohne Risiko ist so absurd wie unternehmerisches Handeln ohne Wagnis. Auch wenn der Spruch umgeht, alles laufe weiter wie bisher, dürfen wir davon ausgehen, dass die Banken keine Lust auf die nächste Katastrophe haben. Sie werden ihre Risiken aus zwei Gründen besser prüfen: einmal, um bei der Politik nicht so bald wieder negativ aufzufallen, und zum andern, um nicht in rascher Folge wieder ein selbstzerstörendes Geschäftsmodell weltweit zu befördern, das den meisten von ihnen extreme Schäden gebracht hat.

Die Banken werden im eigenen Interesse ihr Risikomanagement verbessern, und sie werden es kaum an Politiker delegieren können, weil denen die Sachkunde fehlt; genauso wie den meisten Bankchefs.

Ein weiterer Grund für die bevorstehende Einigung ist die verschwiegene Erkenntnis der Politik, dass sie vom Banking doch weniger versteht, als sie dachte. Während sie ihr Versagen in den Aufsichtsgremien um keinen Preis bekennen wollte, hat die politische Klasse im Lauf der letzten beiden Jahre ein unbequemes Lernpensum absolviert, das den regulierungsfrohen Zuchtmeistern einer suchtgefährdeten Finanzelite die eigenen Grenzen gezeigt hat. Der Nutzen ertragsstarker Banken für das Gemeinwohl, das Wählergunst bedeutet, mag einigen von den politischen *Clean*-Spezialisten auch wieder in den Sinn gekommen sein. Ab Mitte 2010 ist nur noch ›Exit‹ im neuen Sinne das geheime Ziel.

Ausstieg aus den Feindseligkeiten mit einer höheren Weisheit, die vor allem für den politischen Sieg *conditio sine qua non* ist. Die *banking community* kann mit allem leben, was ihr nicht geradezu ›das Handwerk legt‹. Das Vertrauen ihrer wichtigsten, der vermögenden Kunden haben die meisten Banken ohnehin, weil die Interessen gleich gelagert sind: Wohlhabende Kunden werden die Bank nicht verlassen, solange sie Gewinne liefert. Die Politik hat sich auf einen Weg begeben, der den Ausstieg schwieriger macht. Sie hat mit Beginn der Krise auf die Verurteilung ganzer Berufsgruppen gesetzt, um dem vermuteten Ressentiment der Wähler Bestätigung zu geben. Die Politikberatung hat offenbar keine Chance gehabt, den Verfolgern aller Großverdiener, die auch weiterhin die Subventionen für die Nullverdiener zahlen sollen, zu erklären, dass die Pflege von Feindbildern nicht eine Atmosphäre des Vertrauens erzeugt, sondern negative Emotionen, Aggression und Neid, Missgunst und Ohnmachtsgefühle fördert. Wähler mit einem Kopf voller negativer Gefühle sollte sich kein Politiker wünschen, weil sie eine Klientel sind, die immer unbequemer und am Ende unbeherrschbar wird.

Die Politik hat es schwer, sich aus dem Widerspruch zu befreien, den sie selbst erzeugt hat, als sie zum Mitspieler bei der Dauerkampagne gegen Großverdiener wurde, ohne auf Differenzierungen zu bestehen.

Der Staat verdient bei hohen Einkommen mit; er schätzt die Zahler hoher Steuern – und er sollte viele von ihnen auch wegen ihrer Leistung schätzen. Statt dessen schlägt die Politik sich auf die Seite derer, die Geldverdienen generell verdächtigen.

Die Regierung hat sich offiziell als Deckelungsbehörde für Managersaläre ins Spiel gebracht – immerhin auf dem Hintergrund, dass die eigene Berufsgruppe, die Politiker, ihr Einkommen selbst bestimmen und selbst erhöhen; von einer ›Deckelung‹ war noch nichts zu hören. Selbst in staatsdominierten Banken ist die Kappung der Managerbezüge eine heikle Sache. Was dort nun unter Staatsdiktat verdient wird, das hält einem Vergleich mit der geforderten Leistung nicht stand. Es ist, in der Sprache anderer Schichten, also ungerecht. »Mag sein«, entgegnet ein Politiker. »Hier können wir uns Gerechtigkeit nicht leisten, weil sie das Gerechtigkeitsempfinden anderer Bevölkerungsgruppen verletzen würde.«

Topmanager als Freiwild:
Waghalsige Experimente der Strafverfolger

»Wird managen jetzt strafbar?« fragen zwei Autoren in der *Welt am Sonntag*. Es ist Dezember 2009, kurz nach der Großrazzia bei der Landesbank LBBW.[58] Die Anklage gegen Vorstände der Bank richtet sich gegen Geschäfte, die auch die meisten anderen Banken gemacht haben. Fast jeder Topmanager, so die Auskunft von Wirtschaftsrechtlern, sei zu belangen, wenn Risiken, wie sie Manager der LBBW akzeptiert haben, strafbar seien. Der Hamburger Wirtschaftsjurist Michael Adams sieht »die Grenzen des Strafrechts erreicht«. Das weiß auch die Staatsanwaltschaft. Daher operiert sie im Fall LBBW mit dem Zivilrechtsparagraphen von 1933, der damals »im Kampfe gegen Schiebertum und Korruption« eingeführt wurde. Der Tatbestand heißt »Untreue«. Er kann bei alltäglichen unternehmerischen Risiken angewandt werden, wenn die Strafverfolger das für angemessen halten. In USA und Großbritannien muss die persönliche Bereicherung als Ziel hinzukommen, um die Anklage zu rechtfertigen. Die Deutschen brauchen diese Absicht nicht, um das Verfahren zu eröffnen.

Geldverdienen ist so verdächtig wie Geldverlieren; bei den Bankern kommt meist beides zusammen, wenn man lange genug hinschaut. Die Politik hat nun wirklich ein Problem mit der Bewertung von Risiken, die Bankmanager eingehen dürfen oder nicht. Sie hat das Problem, seit sie sich dafür zuständig sieht, das Handwerk der Banker zu kontrollieren und mit neuen Maßstäben auszustatten. Um diese Maßstäbe durchzusetzen, die noch nicht genauer beschrieben, weil strittig sind, soll

---

58 *Welt am Sonntag*, 13.12.2009, S. 34.

die Strafandrohung eine wichtige Rolle spielen. Das bedeutet aber, dass die Politik und die Justiz führende Gruppen der Gesellschaft, die den Berufsstand der Manager in Wirtschaft und Finanz ausmachen, generell für überwachungsbedürftig halten und folglich als ungeeignet für Führungsrollen ansehen.

Diese Folgerung offenbart eine weitere Krise, die nicht mit Regulierungen bekämpft werden kann – zumal noch nicht klar ist, ob sie vom Führungspersonal der Wirtschaft ausgeht oder ein Produkt der übereifrigen Verfolger dieser Führungsgruppen ist. Wenn bei beliebigen anderen Landesbanken die Lastwagen vorfahren und tonnenweise Akten abtransportieren würden wie bei der LBBW, wenn an allen Bankstandorten neben den Firmenräumen die Wohnungen der Topmanager durchsucht würden, wenn die logische Folge auch nur als ›Anfangsverdacht‹ bezeichnet würde und viele Monate vergingen, in denen die Führungsteams Objekte vermuteter oder angekündigter Anklagen wären, denen sich neue Wartezeiten anschließen müssten, die bis zur Eröffnung eines Verfahrens oder bis zur Nachricht über eine Nichteröffnung des Verfahrens vergingen – die betroffenen Manager wären kaum auf ihren Plätzen zu halten, und ihre berufliche Ausschaltung wäre unabhängig vom Ausgang der Verdachtsphase unvermeidlich. Ergeht es den Kollegen in anderen Instituten ähnlich, dann wird es schwierig, qualifizierte Ersatzleute für die verwaisten Positionen zu finden. Dort Staatskommissare einzusetzen, wird die Regierung deshalb vermeiden, weil diese trotz fehlender Qualifikation mit denselben Sanktionen bedroht werden müssten, die künftig für Manager gelten sollen: verschärfte Haftung mit persönlichen Vermögenswerten und Strafandrohung bei Risiko- und Spekulationsgeschäften. Inzwischen weiß die Politik, dass zumindest die Bewertung von Risiken und die Definition dessen, was Spekulation heißen soll, kaum darstellbar ist. Sie wird sich hüten, eigene Leute in das Sperrfeuer zu schicken, das Karrieren verbrennt wie die Krisenzocker die Geldpakete.

Wir müssen aber die Frage klären, ob Politik und Justiz davon ausgehen, dass im Topmanagement generell eine größere Kriminalitätsdichte zu vermuten sei. Wenn das bejaht wird, dann müssen wir schnellstens untersuchen, ob die Finanzwirtschaft eine höhere ›Gelegenheitsdichte‹ oder eine größere Dichte der Versuchungen liefert als andere Branchen und ob die Finanzwirtschaft einen Typus anlockt, der labil für ›Versuchungen‹ ist oder ein gestörtes Verhältnis zur Legalität hat, so dass ihn die Gelegenheit zur Regelverletzung fasziniert.

Am meisten diskutiert wird in diesen noch ungeklärten Zusammenhängen das vom Mittel zum Ziel mutierte Gut, das alle Beteiligten am meisten fasziniert und beunruhigt: das Geld. Liegt es an diesem magischen Gut, dem Geld, dass die Spielregeln des Wirtschaftens so leicht aus dem Blick geraten? Ist es die Droge Geld, die ganze Managerkollektive in einen Rausch versetzt, der ihnen das Gefühl vermittelt, über dem Gesetz zu stehen?

Gleichzeitig zeigt die Rationalität der Strafverfolger Spuren von emotionalem Furor und kaum verhüllter Befangenheit; auch sie geraten, wie die Politiker und das ressentimentgeladene Publikum, in den Bannkreis des Geldes, um das es in allen Fällen geht. Die *banking community* tut ihren Misstrauenspartnern zusätzlich den Gefallen, sich wie eine Loge zu präsentieren. Während im Kopf der Betrachter Gefühlschaos herrscht – Unbehagen und Begehrlichkeit sind die Hausgötter des Geldes –, präsentieren sich die Hohenpriester der *money church* weltweit im Businessdress der Unantastbaren.

Die unberechenbare Geldreligion verwirrt ihre Ankläger mit zwei gegensätzlichen Typen von Erfolgsmenschen: Neben den eisglatten Priestergestalten an der Spitze sind es die verschwitzten *fighter* an den Handelscomputern, die man nur vom Hörensagen kennt. Der Abstand zwischen beiden Gruppen ist gewollt; er wird gepflegt. Im Verfolgungsfall zeigen die Chefs sich unwissend, die Händlerteams wechseln den Auftraggeber und übertreffen ihre Kontrolleure an Sachkenntnis weit.

In USA wird dieser Vorsprung inzwischen gefährdet durch immer mehr Überläufer. Die Fusionen und Übernahmen haben viele Investment-Talente in den freien Markt entlassen. Nicht wenige von ihnen folgen dem Angebot der Börsenaufsicht SEC, bei der Enttarnung von illegalen Spielern mitzuwirken. Mancher Großverdiener von gestern gibt sich hier dem Vergnügen seiner Überlegenheit hin und schult die neuen Kollegen nach.

Die Finanzbranche führt Menschen zusammen, die, auf verschiedenen Seiten stehend, verbunden sind durch das, was keiner von ihnen ausspricht: Geld ist ein besonderes Gut. Niemand bleibt unbefangen, wenn es um Geldgeschäfte und ihre Bewertung geht. Niemand kann behaupten, die Geldmärkte seien Märkte wie andere auch. Die Magie des Geldes ist das unausgesprochene Leitthema, das wirkliche Neutralität auch bei den Ermittlern nicht zulässt. Die Lastwagenladungen mit Akten, die in neu gemieteten Räumen von neu eingestelltem Personal gelesen werden sollen, zeigen die Schrotschussmanier, mit der man versucht, die allgemeine und die eigene emotionale Verwirrung zu bedienen und zu beruhigen. Gibt es tatsächlich ganze Hundertschaften bisher unentdeckter Krimineller in Deutschlands Führungsetagen? Oder ist es das Thema Geld, das alle gewohnten Kategorien radikalisiert?

Von dem juristischen Grundsatz der Unschuldsvermutung ist bei den Razzien in Büros und Wohnungen von Managern nicht die Rede. Auch ihre Namen wird uns die Presse spätestens morgen mitteilen, wenn sie heute lachhaft abgekürzt erscheinen: Eine gute Story lebt von Fortsetzungen, die immer näher an die

Beute heranführen. Jeder Kinderschänder ist besser geschützt als die Führungseliten, wenn die Moral Amok läuft.

»Die Verfolgung von Managern hat experimentellen Charakter«, sagt der Strafverteidiger Rainer Hamm. Und er fragt: »Kommt nach der Finanzkrise die Strafrechtskrise?« Auch Juristen und Staatsanwälte, so Hamm, »die sich in den letzten Jahrzehnten verstärkt darangemacht haben, die ›Kriminalität der Mächtigen‹ zu entdecken und zu verfolgen, sind nicht immer sicher in ihrem Urteil über die begrenzte Leistungsfähigkeit des Strafrechts«.[59] »Das Schwert sitzt locker«, sagt der Strafverteidiger, und er liefert Beweise: »Straftatbestände, die ursprünglich für wirkliche Kriminalität gedacht waren, werden durch den Gesetzgeber und die Rechtsprechung auf Sachverhalte ausgedehnt, die im professionellen Umfeld der Beschuldigten als wertneutral oder sogar als sozial erwünscht gelten.«

Der Jurist bestätigt, dass längst die Gewohnheit herrscht, alles, was »zu öffentlichen Aufgeregtheiten führt, mit dem schärfsten Schwert des Staates, dem Strafrecht, ... zu bekämpfen«. Die Rechtsprechung wagt sich im Fall der flächendeckenden Verdächtigung von Bankmanagern auch in die Zuständigkeiten von Finanz- und Börsenaufsicht vor. Das Ergebnis sind langwährende Großverfahren, die in nicht justitiable Zusammenhänge führen und in aller Regel mit hohen Zahlungen der Angeklagten abgeschlossen werden, während dieselben Angeklagten weiterhin als unschuldig gelten. Das Verfahrensziel, sie zugleich unwiderruflich zu beschädigen und aus dem Führungspersonal auszuschließen, wird aber in jedem Fall erreicht.

Auch die Rating-Agenturen sind längst im Schussfeld. Wenn falsche Ratings bei der Fehleinschätzung von Bankprodukten durch die Bankmanager eine Rolle gespielt haben, so muss

59 *Frankfurter Allgemeine Zeitung,* 13.4.2010, S. 19.

zugleich beachtet werden, dass die Banken nicht frei waren, auf Ratings zu verzichten. Die drei mächtigen Rating-Agenturen der Welt waren verbindlich vorgeschriebene Mitspieler bei der Bewertung der Banken und ihrer Produkte. Korruption gab es, wie wir wissen, auch in den Geschäftsbeziehungen zwischen Rating-Agenturen und Banken zumindest in den USA. Der Generalverdacht lässt sich daraus nicht ableiten.

Die fiskalischen Schäden, die durch »waghalsige Strafverfolgungsexperimente« ausgelöst werden, lässt die Staatsanwaltschaft sich in der Regel von den – als unschuldig geltenden – Angeklagten bezahlen. Auch die Weiterleitung dieser Zahlungen an gemeinnützige Einrichtungen wird den Ansehensverlust nicht ausgleichen, den die Strafjustiz mit den Massenanklagen riskiert. Historiker werden fragen müssen, ob die Justiz bei der Verfolgung der ›destruktiven Eliten‹ nicht am eigenen Ansehensverlust mitgewirkt hat.

VII
TOPSTARS DER GELDRELIGION
ZIEHEN BILANZ

Alan Greenspan:
Die Verteidigung des Magiers

Einen Magier der Geldpolitik nannten sie ihn: Alan Greenspan, Chef der amerikanischen Notenbank Federal Reserve System, auch FED genannt, bis 31. Januar 2006. Der große alte Mann, heute 84 Jahre alt, wurde zu Anhörungen vorgeladen wie die verdächtigten Megabanker. Das Tribunal, dem die Starbanker mit List entkommen waren, ließ den eben noch mächtigsten Herrn des Geldes nicht einmal mehr ausreden. Aufgeregte Schuldsprüche unterbrachen seinen Versuch, die Vorgeschichte der Krise darzustellen.

Greenspan hat seine Deutung der Krisenauslöser in einem Papier geliefert, das nicht nur Bekanntes wiederholt, sondern auch Folgerungen liefert, die seinen Kollegen in der Finanzwirtschaft und den Streitpartnern in der Politik Therapiehinweise geben.

»Ich definiere eine Spekulationsblase als einen sich hinziehenden Zeitraum fallender Risikoscheu«, schreibt er.[60] Auch Greenspan sieht Politikversagen als den langfristig entscheidenden Initialeffekt für die wachsende Blase. Der Markt für amerikanische Hypotheken finanzschwacher Schuldner (»Subprime«) lag 2002 bei 7 Prozent vom amerikanischen Häusermarkt. Dann begann er zu wachsen, Investoren griffen wegen

---

60 *Frankfurter Allgemeine Zeitung*, 13.4.2010, S. 19.

der Renditen zu, und die Verbriefung begann: Langfristige Kredite wurden in handelbare Wertpapiere verwandelt. Greenspan urteilt: Das Wachstum dieses Marktes wurde befeuert durch Politikversagen. Die in düsteren Legenden nun jedermann bekannt gewordenen Bankenzwillinge Fannie Mae und Freddie Mac kauften nicht zufällig haufenweise Subprime-Papiere. Greenspan dazu: »Ein signifikanter Anteil der wachsenden Nachfrage nach Subprime-Papieren in den Jahren 2003 und 2004 war politisch beauftragt.« Irrationale Ratings förderten die Attraktivität der trügerischen Wertpapiere derart, dass schon 2005 und 2006 zwanzig Prozent aller amerikanischen Häuserfinanzierungen im Subprime-Sektor stattfanden.

Greenspans Diagnose »fallende Risikoscheu« ist so treffend, dass hörbare Zustimmung von seiten seiner Kollegen nicht verzeichnet wurde. Greenspan zeigt den größeren Rahmen, in dem das Risiko-Radar bei den Banken ausfiel: Die wirtschaftliche Stabilität seit den achtziger Jahren habe allen Akteuren im Finanzmanagement ein Unverwundbarkeitsgefühl vermittelt. »Große Puffer an Eigenkapital in den Banken erschienen weniger dringlich.« Das Risikomanagement der Banken wurde vernachlässigt, was Greenspan zu dem Bekenntnis nötigt, auch die FED habe, wie die Banken selbst und alle Regulierer, dieses Handicap nicht bemerkt.

Diese Sorglosigkeit überrascht besonders, wenn man die Innovationsgeschwindigkeit bei den Produktstrukturen ins Auge fasst, die von allen Bankmanagern als Generalpardon für angebliche Ahnungslosigkeit im Hinblick auf Produktqualität strapaziert wird. Auch Greenspan bemerkt nicht den Widerspruch, der zwischen sinkendem Risikobewusstsein und steigender Komplexität der Bankprodukte klafft. »Hochgezüchtete mathematische Verfahren zur Risikomessung« – man folge seinen Worten nun aufmerksam – seien die Ursache für »ausgeprägte und in manchen Fällen nicht entzifferbare Komplexität eines weiten Spektrums von Finanzprodukten und Märkten.«

Damit liefert Greenspan eine so bislang nicht gehörte Kausalität, die fast absurde Züge hat: die hochgezüchteten Verfahren zur Risikomessung seien für genau das Gegenteil dessen verantwortlich, was sie liefern sollten; ihr Ergebnis sei Intransparenz, Undurchschaubarkeit statt Berechenbarkeit und Klarheit. Die neuen Instrumente zur Risikomessung hätten also nicht ihr Ziel erreicht, Risiken zu minimieren, sondern eindeutig Risiken verschärft.

Wenn diese neue Kausalkette stimmt, drängt sich die Frage auf: Warum wurden die neuen Verfahren nicht abgewiesen? In wessen Interesse lag es, sie beizubehalten? Der Verdacht liegt nahe, dass eine ganze *community* von Bankern, die mit undurchschaubaren Produkten handelte, den anonymen Spielern des großen Abzockerdominos nur recht sein konnte. Und man muss weiterfragen: Wer verkaufte den Banken die neuen mathematischen Verfahren mit dem trügerischen Ziel der »Risikomessung«, deren Folge Risikoblindheit war?

Greenspan übergeht diese Anschlussfragen mit der dürren Abschlussbemerkung, die überforderten Investmentbanker hätten sich an die Rating-Agenturen gewandt, die sich ebenfalls überfordert gezeigt hätten. Es ist das erste Mal, dass wir von »überforderten Investmentbankern« hören. Wenn sie überfordert waren, muss die Komplikation, die die Mathematik in die Banken brachte, sehr anspruchsvoll gewesen sein. Die »Rockstars der Banken«, wie der norwegische Autor Kristof Magnusson sie nennt, könnten aber auch ein anderes Motiv als ›Überforderung‹ für den Versuch gehabt haben, die Rating-Agenturen an der Verantwortung für fehlenden Durchblick zu beteiligen. Investmentbanking als Risikotrip ließ sich schließlich noch gewagter inszenieren, wenn man die Verantwortung delegieren konnte.

Als ehemaliger FED-Chef hat Greenspan eine grundsätzlich positive Sicht auf die Finanzbranche. Ihre Leistungsfähigkeit sei Voraussetzung für eine dynamische Wirtschaft. Über Jahrzehnte habe die amerikanische Finanzindustrie »Investitionen in Fabriken, Ausrüstungen und Humankapital« verfügbar gemacht. Um das auch in Zukunft garantieren zu können, müsse die Geldpolitik von allzu aggressiven Regulierungen verschont bleiben.

Dass er immer auch das Zusammenspiel der Kräfte in den Volkswirtschaften im Blick hat, beweist sein Hinweis für die Zukunft: »Wir brauchen ein viel tieferes Verständnis der Rolle des Finanzwesens für das Wirtschaftswachstum.« Zur Risikodebatte stellt er klar: »Ein Finanzunternehmen kann ohne Risiken keine Gewinne erzielen.«

Wer seine Bemerkung zur »fallenden Risikoscheu« in guten Zeiten daneben hält, stößt auf den Kern beider Botschaften: Die Wirkung einer Medizin hängt von der Dosierung ab.

George Soros: Der geniale Coup des Großinvestors

Einer der ganz großen und sehr erfolgreichen Investoren, George Soros, verabschiedet sich in der Logik genau dieser Diagnose aus den leeren Debatten und startet die Therapie. Er liefert damit nicht nur ein leuchtendes Beispiel für die Verwendung von Millioneneinnahmen; vielmehr weckt er die schweigenden Stichwortgeber in den wissenschaftlichen Instituten aus ihrem Heilschlaf nach dem Sturz in die Wirklichkeit auf: Jene Ökonomen, die den Bankern und Politikern immer wieder Absolution erteilt haben mit der Legende von der »Rationalität der Märkte«.

Das Soros Institute for New Economic Thinking (INET) hat seine erste Konferenz bereits streitbar absolviert: Vom 8. bis 11. April 2010 kreuzten im ehrwürdigen King's College in Cambridge zweihundert Wissenschaftler verschiedenster Prägung die Klingen: Nobelpreisträger und Hochschulprofessoren wetteiferten mit unbekannten Außenseitern um die besten Ideen für einen wissenschaftlichen Umsturz: einen radikalen Turnaround der Kerntheorien der Volkswirtschaft. George Soros stellt die heißlaufende Ankündigungsorgie der Politik in den Schatten; er zeigt: Große Probleme brauchen große Ideen, und die beste Theorie ist – die Praxis, wie es schon Aristoteles lehrte.

Soros legte Tempo vor. Im November 2009 kündigte er die Gründung seines Thinktanks an; er werde 50 Millionen Dollar investieren. Die erste Konferenz im April 2010 trug den Titel »The Economic Crisis and the Crisis of the Economic Profession«. Das Institut wird auch unkonventionelle Forschungsprojekte finanzieren; 5 Millionen Dollar gingen bereits an die Universität Oxford. Der Schlagabtausch im King's College bot das vielversprechende Gegenmodell zu den taktischen Initiativen, die dem Verzögerungsinteresse beider Seiten dienen: Banker mit Samthandschuhen bändigen Politiker, die als Bankerbändiger in den Ring gestiegen sind.

Der Keynes-Biograph Robert Skidelsky fand die kurze Formel, die alle Wissenschaftler im King's College ihrer Debatte zugrunde legten: »Die große Rezession von 2008 und 2009 ist eine Krise der Ideen.«[61] Auch in Cambridge war damit nur die

---

61 *Handelsblatt*, 12.4.2010, S. 22f.

Diagnose auf eine höhere Ebene gehoben, nicht aber schon in die Zielkurve zur Lösung eingeschwenkt.

George Soros selbst hat eine klare Sprache für die Konferenz vorgegeben: »Wir müssen die Theorie, dass die Finanzmärkte effizient funktionieren, aufgeben.« Und mancher Konferenzteilnehmer mag sich in nächtlichen Vier-Augen-Gesprächen ein paar Hinweise gewünscht haben, die den Erfolg von Soros als Investor auch in der Welt der falschen ökonomischen Theorien erklären.

Wer die Ratio überschätzt, der unterschätzt die Macht der Emotionen, so ein beliebter Kurzschluss. Die Ratio-Jünger sind aber oft in Wahrheit mit dem Gegenteil beschäftigt: Sie kennen die Macht der Emotionen und wollen diese Raubtiere an die Kette ihrer Vernunft legen. Die Hormonforschung weiß längst, dass Männer mit starken Gefühlsschüben kämpfen und schon als Halbwüchsige den Kampf um ein rationales Image aufnehmen. Dass die Fiktion von den rationalen Märkten auch eine Schutzbehauptung war, die Regulierungsideen der Aufsichtsbehörden und der Politik zerstreuen sollte, ist gezeigt worden.

Der Nobelpreisträger George Akerlof weist darauf hin, dass die Ächtung von Emotionen und »Animal Spirits« die Ökonomie sozusagen »einäugig« gemacht hat.

Ratioverliebte Forscher möchten, schon aus persönlicher Eitelkeit, Unsicherheiten in ihren Modellen nicht zulassen. Vielleicht hat die gesamte Makroökonomie die Verflechtung der Systeme Finanz und Wirtschaft fahrlässig unterschätzt, gibt der Princeton-Professor Markus Brunnermeier zu bedenken. In Cambridge traten fast fünfzig Redner auf; die Meinungsvielfalt beeindruckte umso mehr, als es sich um renommierte Forscher handelte. Jeder von ihnen war eingeladen wegen der Qualität seiner Arbeiten zur Volkswirtschaft. Daraus ergeben sich nicht nur Vorteile: Jeder anerkannte Forscher vertritt seine Thesen,

ohne besonders aufmerksam den Thesen seiner Kollegen zuzu-
hören. So entstand auch im King's College ein Puzzle von ori-
ginellen, teils eigenwilligen Ansichten selbstbewusster Ökonomen, von denen keiner mit der Leidenschaft unterwegs war,
seine Ergebnisse mit denen seiner Fachkollegen zu einem stim-
migen Bild zusammenzufügen.

Auch Gegner der Kernthese des Gründers fanden sich: Keineswegs habe die Finanzkrise das Versagen der Wirtschaftswissenschaften offengelegt, so der Finanzwissenschaftler Jeremy
Siegel aus Pennsylvania. Das Krisenmanagement von Noten-
banken und Regierungen sei als Triumph zu verbuchen.

Der Widerspruch kam ebenso energisch. Der international
angesehene Harvard-Professor Kenneth Rogoff erledigte die
Frage nach geeigneten Waffen gegen die Krise mit dem ver-
nichtenden Urteil: »Im Grunde sind wir Ökonomen derzeit in
der Situation, dass wir überhaupt keine Ahnung haben, welches Instrument wie funktioniert.«[62]

Ein Fachkollege aus New York warnte vor der Überschätzung
der Aussagekraft mathematischer Modelle. Jede Erkenntnis daraus sei nur so gut wie die Annahmen, die ihr zugrunde liegen.
Doyne Farmer aus Santa Fe ging noch weiter: Die Modelle, mit
denen die Ökonomie rechne, seien nicht komplex genug: »Wir
müssen die Welt als das behandeln, was sie ist: ein komplexes
System.« Und William White, ehemals Chefvolkswirt der Bank
für Internationalen Zahlungsausgleich, steigerte das Ergebnis
weiter: »Wir brauchen ein ganz neues analytisches Rahmen-
werk.«

George Soros steuerte wiederholt sein Credo bei, das zur
Gründung von INET geführt hat: »Wir müssen die Theorie der
rationalen Erwartungen und der effizienten Finanzmärkte auf-

62 *Handelsblatt*, 12.4.2010, S. 22.

geben. Statt dessen müssen wir unsere Theorie der Finanzmärkte darauf aufbauen, dass das Wissen jedes einzelnen Akteurs unvollständig ist, dass die Menschen fehlbar sind.«

Der erfolgreichste Investor im Kreise der Zweihundert liefert
das bescheidenste Fazit. Zugleich ist es die realistischste Bilanz
aus den turbulenten Lektionen der Krisenjahre 2008 bis 2010.

Das Ende des »Marktfundamentalismus«, das Soros und der
Nobelpreisträger Joseph Stiglitz gekommen sehen, wird als
Schlachtruf kaum ausreichen – eben weil die Märkte so komplex und instabil sind wie die Menschen und ihre Erwartungen, die in den Märkten unterwegs sind.

Auch die erste Konferenz des vielversprechenden Thinktanks
war gefesselt von der Frage, wie die Menschen sich selbst daran hindern können, Fehler von gestern auch morgen zu wiederholen. Die Therapievorschläge landen dann schnell bei Regeln, Kontrollen, Sanktionen.

Die Frage vor dieser eigentlich zweiten Frage wäre aber: Wie
betreten Menschen die Marktplätze, in denen sie Erfolg suchen? Welche Mittel für ihren Erfolg halten sie für geeignet
oder erlaubt oder verboten? Welchen Stellenwert messen sie
dem Erfolg der andern zu, gleichviel, ob sie mit ihnen kooperieren oder sie als Wettbewerber erfahren?

Alles, was entgleist oder uns entgleitet, hat damit zu tun, wie
wir den Marktplatz betreten und wie wir die gestellten Fragen
beantworten.

Die These von der Rationalität der Märkte gibt ein Beispiel,
wie folgenreich eine Fiktion wird, die als Täuschungsmanöver
geplant und eingesetzt wurde. Sie sollte Überwachung verhindern und selbstgefällige Anschlussthesen befördern. Die Folgen dieser kollektiven Selbsttäuschung reichen bis tief in die
Finanzlandschaft hinein. In »rationalen Märkten«, so die Meinung jugendlicher Großverdiener, kann man sich allerlei Toll-

kühnheiten leisten. Wenn die Chefs an stabile Märkte glauben, wird jedes Wagnis irgendwie aufgefangen.

Soros selbst hat schon in der ersten Konferenz die Wirklichkeit zur Lehrmeisterin der Theorie erklärt. Soros ist es auch, der von den Symptomen zu den Ursachen führt. Ein Erfolgsprinzip des Investors George Soros prägt auch seinen Zugriff auf das Krisenszenario: Die richtigen Fragen stellen. Dazu braucht man einen kühleren Kopf als die um ihr Krisenstanding ringenden Akteure.

Soros kühlt das heißeste Thema dieser Jahre entschlossen herunter, um ausgerechnet der Ratio seiner Diskussionspartner eine Chance zu geben. Der Abkühlungscoup gelingt ihm so gut, dass bisher niemand auf den Verlust an Geldmagie hingewiesen hat – weder in der Konferenz noch im Medienecho. So sieht erfolgreiche Führung aus. Soros wählt den Weg, den niemand fand: Flammen ersticken, Brandherde löschen, Rauch abziehen lassen und die abgekühlte Landschaft der Brandkatastrophe abschreiten, um die Brandursachen leidenschaftslos zu klären.

Soros beruhigt die Szene, weil er den Dunstkreis der Sucht verlässt, in dem die Kontrahenten ›draußen‹ gefangen sind: Rechtfertigungsdruck macht die Täter listig, Pflichtversäumnisse und Kumpanei machen die Aufseher aggressiv, Versagen und Mittäterschaft treiben die Politiker in Deckung.

Im Soros-Institut wird nicht über Strafen und Salärkürzungen verhandelt; die Zähmung der Banker ist nicht das Thema, wohl aber die Zähmung der Gedanken.

Der Großinvestor George Soros macht nicht die Casinomentalität der Investmentbanker zum Thema; er stellt weder die Sekten- noch die Drogenfrage; er plädiert für die Vernunft der Aufklärer mit dem realistischen Menschenbild, »dass das Wissen jedes einzelnen Akteurs unvollständig ist, dass die Menschen fehlbar sind«.

Wenn das Institut für neues ökonomisches Denken ein Erfolg wird, dann wegen dieses kühlen Zugriffs auf die Voraussetzungen in den Köpfen. In den Köpfen der Menschen wird entschieden, welche Lizenzen sie sich erteilen und welche Grenzen sie achten. Wenn das Lager der Grenzverletzer immer größer wird, wenn die Gruppe intelligenter Marktteilnehmer wächst, die sich selbst alle Lizenzen erteilen, dann ist nicht nur die Theorie falsch, auf die sie sich berufen – Beispiel »Ratio der Märkte«. Dann steht die Bindungskraft aller Übereinkünfte auf dem Prüfstand.

Das Soros-Institut versammelt die Lieferanten der Theorie, hinter der sich emotionale Amokläufe verstecken ließen. Es fordert die Wissenschaft heraus, an die unzählige Akteure ihre Verantwortung delegiert haben. Es wagt, die Therapie zu verlegen – aus dem Schlachtgetümmel unter den offenen Wertehimmel, wo die Entscheidungen fallen.

VIII
DIE NEUE STORY:
RATIO IST MACHTLOS
OHNE EMOTIONEN

Wer auf Ratio setzt,
verliert die Krisenwitterung

Der wichtigste Einwand gegen die These von der Ratio der Märkte wird nie vorgebracht. Er lautet: Ratio reicht nicht, um gute Geschäfte zu machen. Sie reicht auch nicht, um Fairness im Wettbewerb zu garantieren. Die Idee von der Rationalität der Märkte ist schon wissenschaftlich ohne Boden; sie ist deshalb ein Programm für Anschlussfehler. Die Annahme, Märkte funktionierten nicht besser als ein halbes Menschenhirn, zwingt zu einer Kette falscher Annahmen. Sie beginnt mit der Fiktion, ›der Markt‹ als System folge eigenen Gesetzen, in denen die Vernunft immer die Führung behalte, obwohl Märkte nichts anderes sind als Menschen, die sich nur selten und nur für kurze Zeitspannen auf ihre Ratio reduzieren lassen.

Die These von der Rationalität der Märkte ist daher nicht nur falsch; sie ist schädlich, weil sie weit hinter der Realität der Märkte zurückbleibt.

Die jungen Investmentbanker an den Handelscomputern haben gute Gründe gehabt, nicht auszuplaudern, was ihr Geschäft so erfolgreich macht: Es ist die Irrationalität der Menschen im Markt. Investmentbanker setzen auf Gefühle, nicht auf Verstand. Und sie verstehen es, ihre Angebote »rational zu überarbeiten«, damit die Investoren im Sturm ihrer Emotionen einen Anker für ihre Entscheidung haben. Sie spüren die Gefühlslastigkeit ihrer Lage, und sie brauchen jemanden, der ihnen ihre Begehrlichkeit als die pure Rationalität darstellt. Das macht der Anbieter, weil er selbst die Welt der starken Emotionen gut kennt.

Die Verpackungsorgien, die den Crash 2007 und 2008 einleiteten, wurden von Finanzrambos veranstaltet, die genau wussten, dass sie der zuverlässigste Verbündete in den Märkten erwartete: die Irrationalität der Anleger.

Und mehr: Die Absender der Ramschpakete konnten sich auf ihre Kollegen in den Banken weltweit verlassen, weil die hohen Renditen der undurchsichtigen Produkte die Ratio auch der Banker sofort abschalteten. »Im richtigen Moment intuitiv reagieren, das unterscheidet die Powertypen im Management von den Losertypen«, sagte mancher Topmanager früher gern. Heute muss man die Erfolgsformel geringfügig umbauen: »Im falschen Moment intuitiv reagiert, und mancher Powertyp landet bei den Losertypen.«

Die Irrationalität feiert überall dort Triumphe, wo die Konkurrenz der Ziele versagt. Wann geschieht das? Wenn ein Ziel alle andern verdrängt – Beispiel: Geld. Neben diesem Ziel gab es für die Banker, die vor verschlüsselten neuen Produkten standen, kein gleichwertiges Ziel mehr, das dem Verlangen, aus viel Geld mehr Geld zu machen, widersprochen hätte. Das Renditeziel löschte alle anderen Ziele aus.

Das Produkt vertreten können? Den Weiterversand verantworten können? Das Kundeninteresse an zuverlässiger Prüfung erfüllen? Das *standing* der Firma unbeschädigt halten? Lauter lachhafte Fragen von blauäugigen Nonprofessionals. Lauter Fragen, die in den Banken niemand stellt, wenn das große Geld zum Greifen nah ist. Hat man heute noch so einen Fragesteller an Bord, so stellt man sicher, dass er morgen nicht mehr da ist. Er hat das Zeug zum Verräter. Und der Absturz, der diesem Triumph der Begehrlichkeit folgte? Alles eine Frage der

Perspektive, sagt der Guru des neuen Zeitalters, Robert Shiller. Dem großen Brand werde eine dichte Kette von Innovationen folgen. Erfindungen, so Shiller, hätten immer schon Probleme mit sich gebracht. Als das Flugzeug erfunden wurde, habe es zuerst auch eine Menge Abstürze gegeben. So Shiller aus der Vogelschau.

Ein vielversprechender Absturz also, dieser Weltfinanzcrash. Ein Absturz in fruchtbares Gelände sozusagen, auch wenn wir bisher nur streitende Abgestürzte raufen sehen.

Nach der Irrlehre von der Rationalität der Märkte könnte es die jetzt häufig von Politikern beschworene Ersatzidee von der ›Stabilität‹ der Finanzmärkte werden, die uns in falscher Sicherheit wiegt.

Der Abschied von alten Sicherheitslegenden, so wünscht es zumindest die Politik, soll nicht in Unsicherheit, sondern in neue Sicherheiten führen. Alle Bändigungsentwürfe gegen Banker und Banken stehen unter diesem Motto: Berechenbar machen, an die kurze Kette legen, Transparenz verordnen oder erzwingen, Strafen androhen.

Wenn wir die irrationalen Züge des Treibens im Markt akzeptieren – Abschied von der Ratio-These – und zusätzlich die Instabilität der Finanzmärkte erkennen, dann nähern wir uns einem realistischen Bild vom Marktgeschehen und von dem Unruhepotential, das die Finanzmärkte in den Markt bringen. Wer beides wegrationalisieren oder wegregulieren will, hat die Vorteile noch nicht verstanden, die uns eine realistische Marktphilosophie bringt.

Die Lehren aus der Krise sind nämlich schwer entzifferbar. Wer uns sagt, dass die emotionale Kondition von Unternehmen erfolgsentscheidend ist; wer uns ermuntert, die irrationalen Züge einer guten Kundenbeziehung zu kultivieren; wer uns obendrein auffordert, als Investoren und Bankkunden die

Märkte, in denen unsere Anbieter schwimmen wie die Fische im Wasser, als instabil zu betrachten, der hat kein leichtes Spiel, weil er alle Traumata der Krise gleichzeitig beschwört, vor denen viele Menschen immer noch auf der Flucht sind.

Die Hauptlektion aus der Krise ist aber genau diese: Die wissenschaftlich wegdiskutierten Mächte – Emotionen, irrationale Wünsche, Risikofreude und Abenteuerlust – sind die Erfolgsmelodie der unlauteren Anbieter gewesen, zugleich die Rauschmittel, die Normalbanker ins Zockerlager gezogen haben – und ob wir das akzeptieren oder nicht, diese Marktmächte sind es, die unternehmerischen Erfolg erst möglich machen. Vernunft allein blockt jede Innovation. Regelwerke stoppen Kreativität, Strafandrohung vertreibt Ideenträger.

Die eigentliche Kränkung durch die Krise war genau diese: dass die Verführer ihre Truppen mit denselben Begleitmotiven rekrutieren konnten, die einen großen Managementerfolg flankieren. Mit einem entscheidenden Unterschied: dass die Begleitmusik aus Risiko, Abenteuer und Gewinnversprechen so betörend war, dass Hunderttausende mit den gesetzlos agierenden Anführern ohne Zögern die Legalität verlassen haben.

Genau diese Scham ist es, die im Kern der großen Kränkung pocht.

Befangen wie wir deshalb sind, sollten wir uns trotzdem die üblichen Anschlussfehler ersparen: die Kräfte zu ächten, deren sich die Verräter unserer Wertekultur bedient haben. Der souveräne Zugriff auf Gefolgschaft qualifiziert diese Täter auch, uns an ihrem Wissen über menschliche Verführbarkeit teilhaben zu lassen. Darum plädiere ich für die Nutzung von Täterwissen.

Die Erfolgsgeschichte der *gambler* und ihrer Paketaktion zeigt uns, wie gefährlich es ist, die Welt in zwei Reiche aufzuteilen, sich stolz auf die Seite der Ratio zu schlagen und die irrationale Welt der Emotionen, ein Schattenreich mit schwer zu bändigenden Bestien, den Gesetzesbrechern zu überlassen. Die großen Erfinder und Innovatoren sind in beiden Reichen zu Hause, die erfolgreichsten Unternehmen ebenfalls. So verlässlich die Ratio erscheint, weil sie rechnet und Beweise vorlegt: Die Ratio verspätet sich auf jedem Kampfplatz, wo es um schnelle Reaktionen geht. Die Hirnphysiologie beweist, was Notärzte und Feuerwehrleute aus Erfahrung wissen: Der emotionale Zugriff ist schneller; das gilt für Täter, Opfer und Retter. Die emotionale Kondition von Menschen und Organisationen entscheidet über schnelle Diagnosen, die lebensrettend sein können. Das ›Leben‹ einer Firma hängt auch an ihrem Ruf. Vertraut sie sich nur ihren Logikern und Rechnern an, dann wird sie sich bei Kampf und Flucht verspäten, noch ehe sie entscheiden konnte: *fight or flight?* Die große Zahl der Mitspieler beim Riesendomino der Krisenregisseure erklärt sich auch aus der mangelnden emotionalen Fitness in Zeiten der überschätzten Ratio. Die weltweite Immunstörung, die das Abwehrsystem auch braver Banken lahmlegte, hat ihre Ursache in der Geringschätzung der assoziativen Logik, die wie eine Immunschwäche die Gefahrenwitterung der Unternehmen blockiert.

Aus diesem Handicap lässt sich auch verstehen, warum so viele Mitspieler sich als Opfer bezeichnen: Ihre Krisenwitterung hat versagt, weil sie auf logische Reaktionen trainiert waren. Zur Logik gehört für die meisten Banker auch die Gewinnverpflichtung; so hatte jeder leichtes Spiel, der sie mit einer überlegenen emotionalen Fitness bei genau dieser Profitorientierung, dem Credo ihrer Firma, fasste.

Das dressierte Mittelmaß in den Banken war das prädestinierte Opfer der gefühlsstarken Überflieger, die überall offene Einflugschneisen fanden, weil ihr Beuteschema stimmte: die Droge im Gepäck und das nie gehörte Renditeversprechen im Beipackzettel.

Die Mischung wird tödlich allein in dieser Branche, wo Geld als Ziel alle Geschäfte dominiert. Die Ablenkungsmanöver liefen nicht von ungefähr auf vollen Touren: immer mehr Mathematik in die Produkte, immer mehr Flankenschutz durch die logikverliebte Hochschulökonomie.

Ausgerechnet in das weite, unbekannte Terrain der emotionalen Intelligenz müssen die Innovationen führen, die wir aus der Krise ableiten. Die Routinefrage im Alltag der Wirtschaft: »Frisst es mich – oder fresse ich es?« ist ja ein Klassiker geworden, weil sie das Wagnis als Herausforderung für blitzschnelle und schicksalsentscheidende Handlungen gelten lässt. Fliehen oder kämpfen – keines von beidem haben die meisten Banken auf ihrer logiklastigen Agenda gesehen, als die Verlockung mit unübersichtlichen Produkten ins Haus kam. Die Logik versagte – wegen Langsamkeit, antwortet der Hirnforscher. Es ist noch ernster: Die Logik durfte gar nicht auftreten mit ihrem Wunsch zu sichten, nachzurechnen, zu verstehen. Sie hatte Hausverbot, als die zauberhaften Produktschwalben einflogen, weil sie das irrationale Blitzmodell: »Zupacken, weiterreichen!« gestört hätte. So geht es Branchen mit Balancestörung. Sie können nicht praktizieren, was ausgewogen entscheiden lässt: den wechselseitigen Beistand von Gefühlen und Gedanken, der die Verwechslung einer großen Versuchung mit einer großen Chance verhindern würde.

Wo die Ratio versagt, machen wir Fehler. Wo die Emotion versagt, ebenfalls. Die emotionale Intelligenz von Firmen und Branchen ist ein Garant für Erfolg – vor allem dort, wo die Kompetenz der Ingenieure, der Mathematiker, Ökonomen und Juristen endet.

Auch Banker wissen: Jede Produktinnovation ist eine Wette. Ob sie auch wissen, dass der Stoff, aus dem ihre Wetten sind, die Besonnenheit der Spieler mindert? Die Ware, um die ihre

Wetten kreisen, ist explosiv und brandgefährlich. »Spielgeld«, sagt ein erfahrener Banker, kann bei uns sechs oder neun Nullen haben, »die Investmentbanker fühlen das Surreale dieser Einsätze und Ziele nicht mehr.« Ein Immuntraining für den Umgang mit so hohen Suchtpotentialen gibt es in den Banken nicht. Nur die Fassade wird trainiert: drinnen und draußen scharf unterscheiden! Im Erfolgsrausch nur mit Insidern zusammensein; das eigene Kampfgebiet durch Schweigen schützen; das Beuteschema auch gegen Kollegen abschirmen: Jeder kämpft für sich, die Waffen liefert die Company. Jeder profitiert, auch die Company. Jeder hat potentielle Arbeitgeber im Blick, und jeder macht jeden Tag seine Wetten auf eigenes Risiko.

Eigentlich müsste jedes der Schuldenpakete, die als Geldpakete um den Globus kreisen, beim Versand Symbolstempel mitnehmen, wie wir sie giftigen und brennbaren Waren mit in den Markt geben: »Toxisch«, »Vorsicht Brandgefahr«, »Leicht entflammbar«. Die Bildsymbole für diese Gefahrengüter sind: Totenschädel, Mine mit brennender Lunte, Flammen. Statt dessen diskutiert die Politik Fußangeln, Verbotsschilder, Tugend-Appelle.

Große Erfolge sind nie allein der Ratio zu verdanken. Große Innovationen brauchen Wagnisbereitschaft und Emotionen. Starke Gefühle im Markt zu ersticken wie die Flammen eines Brands, der unkontrollierbar werden könnte, ist unmöglich. Suchtpotential zu kontrollieren, das sich im Glücksspielmilieu entwickelt, scheint ebenso erfolglos.

Wenn sich ein Glücksspielmilieu aber dort entwickelt, wo zugleich unzählige Mitspieler in den Märkten vom Misserfolg der *gambler* mitgerissen werden, laufen die Regelwerke für Spielautomaten und Spielbanken ins Leere.

Banker weisen den Vergleich zurück: Sie wissen, dass sie eine Weltmacht vertreten, ohne deren Gunst die Weltwirtschaft kollabieren würde. Jüngste Beweise häufen sich, und Politikern fällt zu diesem Dilemma nicht genug ein, weil die Beweisführung der Banken ihnen auch bei ihrem brutalsten Plan, der Verbote für die lukrativsten Geschäftsfelder vorsieht, in die Parade fährt: Investmentbanking und Eigenhandel sind die *cash cows*, wiederholen die Starbanker der Welt unermüdlich. Wenn wir die nicht mehr melken dürfen, können wir unsere Gewinne mit niemandem mehr teilen.

Der deutsche Oberpriester Alexander Dibelius von Goldman Sachs wird noch genauer: Es sei »unrealistisch und unberechtigt zu erwarten, dass Banken eine selbstlose Beziehung zu ihren Kunden haben, besonders auch bezogen auf die Kreditvergabe«.[63] Will sagen: Wenn wir trotzdem mit euch spielen, ihr Dorf- und Kleinstadtkinder, ihr Bankenzwerge weltweit, wenn wir eure Deals, die ihr nicht durchschaut, begleiten, wenn wir euch beraten bei Kaufofferten, die zwei Nummern zu groß für euch sind, dann weil wir multikompetent sind, weil wir nahezu alles können.

Der Aufstand gegen Goldman Sachs, der aus dieser Perspektive ein Zwergenaufstand ist, hat mit dieser Präpotenz des Bankenstars zu tun, mit der Überheblichkeit seiner Topmanager, die ein beispielloses Know-how-Geflecht in alle Märkte der Welt unterhalten.

Ob die Welt sich die Vernichtung dieses Imperiums vornehmen kann, ist die eine Frage. Ob der Sturz der Weltmacht gelingen kann, ist die andere Frage. Am wichtigsten aber ist die dritte Frage: *Cui bono?* Wem nützt die gedachte Vernichtung? Da sie unwahrscheinlich ist: Wem nutzt der geplante Makel im Profil eines Partners, der stärker ist als alle seine Kunden? Wem nutzt der Sturz des großen Bruders, mit dem alle Ankläger Ge-

---

63 *Focus Money*,15.1.2010.

schäftsbeziehungen unterhalten? Alle, außer Goldman, liefern eine schizophrene Performance. Warum?

Die alte Story: *Money never sleeps*

Die führenden Banken verdienen am meisten dort, wo sie Geld als Köder, als Motivator, als Prämie für Sieger einsetzen. Die Suchtgefährdung der Mitarbeiter in den Erfolgssektoren Investmentbanking, Eigenhandel hat unmittelbar mit den hohen Gewinnchancen zu tun, die hohe Risikobereitschaft voraussetzen. Hier gibt es keine Ware im Zielgebiet der Spieler, die sie in die reale Güterwelt zurückholen würde: Hier wird nur mit Geld gegen Geld für Geld gewettet, und die Skala der Gewinne ist nach oben offen. Kein reales Gut steht im Wege mit einem Preisschild, einem Anbieter. Das Geld ist nur mit sich im Gespräch.

Die Händler sitzen auf den gefährlichsten Plätzen in den Banken, und ihre Chefs haben gute Gründe, das eigene Wissen über das, was da im einzelnen geschieht, zu dosieren. Die Newcomer in den Handelsräumen kommen, weil sie schnell viel Geld verdienen wollen. Es dauert nicht lange, dann spüren sie: Mit dem Geldverdienen läuft es gut. Die Einsätze sind hoch, aber die Belohnungen sind noch größer als die Einsätze. Und nun verschieben sich die Ziele. Wer mit dreißig genug verdient hat, spricht nicht mehr vom Geldverdienen, sondern vom Rausch, der unentrinnbar geworden ist. Kein Tag, keine Stunde ohne diese Droge, die das Ego riesig macht, die gute Laune unzerstörbar, das Überlegenheitsgefühl so gigantisch, dass man jeden Tag alles einsetzt, um in diesem geradezu außerirdischen Zustand weiterzumachen. Ohne Chemie geht das für die wenigsten; aber die euphemistischen Namen der neuen ›Intelligenzverstärker‹, die permanente Selbstüberschätzung garantieren, stempeln jeden zum unbelehrbaren Dummkopf und Feigling, der noch mit dem eigenen, unbehandelten Gehirn unterwegs ist. Die Hauptquelle der globalen Bankenpower liegt also bei Mannschaften, die den Ausnahmezustand als Dauerzustand leben: konkurrenzlose Risiken, selbstzerstörerische Leistungsnormen, beispiellose Gewinnaussichten, Absturzgefahr jeden Tag jede Stunde.

Dass sich hier nicht der Durchschnitt sammelt, ist logisch. Dass man nach einigen Jahren in diesem Milieu den Sinn für die ›draußen‹ geltenden Regeln verliert, dass man auch keine Grenzen erkennen kann, die man beim Wetten nicht überschreiten sollte, ist leicht nachvollziehbar.

Beide logischen Prozesse sind der Verhandlung um neue Regeln für das Finanzwesen durch ein starkes Tabu entzogen. Das Schweigekartell der Banker zu diesem Thema bedarf keiner Absprachen. Niemand außer gescheiterten Mitgliedern der banking community liefert Insiderberichte; und die Loserrolle reicht zum Verlust der Aufmerksamkeit des Publikums aus.

Die Topmanager und ihre Aufseher in den Banken wissen, dass die hohen Boni für diese Spezialtrupps, die Megadeals heranschaffen und abwickeln, in einem harten Wettkampf mit anderen Arbeitgebern gezahlt werden, und sie werden immer Wege finden, ihre freeclimber entsprechend zu belohnen und an sich zu binden – gleichviel, wie die Bleibeprämien heißen.

Und doch sind dies Nebenkriegsschauplätze. Am Hauptkampfplatz gilt ein Maskenspiel, das grotesker nicht ausfallen könnte. Wir betreten diesen Spielort der Maskenträger mit der Frage: Da die Politiker Wert darauf legen, das ›innere Szenario‹ des Investmentbankings, die heißlaufende zentrale Geldmaschine der Banken, gar nicht zu kennen, verhandeln sie denn mit dem Ziel, dass die Banken ihre Erträge mindern sollen? Wäre mit dieser Vorschrift das Drogenpotential des Geldes so herunterzufahren, dass kein berauschter Händler mehr ins Risiko ginge? Schon jetzt haben die staatsabhängigen Banken mit ihrer 500 000-Euro-Obergrenze hohe Motivations- und Personalverluste.

Die Kardinalfrage, ob geringere Gewinne der Banken angestrebt werden, ist längst beantwortet. Nicht nur die Fachpresse jubelt, wenn die gewachsenen amerikanischen Banken, die im Krisenprozess entstanden sind, schon für 2009 Gewinne melden, die die Analystenprognosen übertreffen. Keiner fragt: Ist das legal verdientes Geld? Den schlagenden Beweis aber für die Geldbesessenheit der angeblich tief verstörten Fangemeinde von Goldman Sachs lieferte der mit strategischer Akkuratesse ins Klageszenario eingeblendete umwerfende Erfolgsbericht der Bank für 2009.

Die Wirtschaftspresse feierte den Triumph, und kein Analyst, kein Finanzjurist fragte, ob das denn, in einem so korrupten Haus, mit rechten Dingen zugegangen sei. Im Gegenteil: Die Hochachtung für das Weltreich der Goldies schlug sofort wieder durch – nicht weil sie eine ethische Glanzfigur abgegeben hätten –, sondern weil sie Geld zusammengebaggert haben, mehr als jeder erwartet hatte. Der eben noch vom Bannstrahl der Bessermenschen getroffene *winner* siegt wieder; sofort sind alle wieder seine Verehrer. Und die Saubermänner von der BayernLB, die sich Weltruhm für ihre einsame Kündigung der Geschäftsbeziehung zu Goldman Sachs erhofft hatten, schränken eilig ein: Nur ein einziges Beratungsmandat hätten sie gecancelt. Besser nur Fensterreden in solchen schizophrenen Beziehungen, das lernen die Bayernbanker jetzt von den andern. Worte reichen; Taten schaden.

Kaum ein Kommentator diskutiert den Sieger-Auftritt als eine Etappe in der neuen Story, die doch angeblich das Thema hatte: die ganze Welt gegen Goldman. Der gewagteste Journalistensatz in diesem Zusammenhang lautete feinsinnig: Die großartige Ertragsnachricht werde »überschattet« von der SEC-Klage. So formuliert man, wenn ein Trauerfall, nicht ein düsterer Verdacht einen Sieg verdunkelt.

Der öffentliche Jubel, der Erfolgsnachrichten aus den führenden Finanzzentren begleitet, zeigt die zerstrittene Geldgemeinde ohne Masken: Banken sollen Geld machen, wir fragen auch nicht, wie sie das machen, das ist die Botschaft dieses plötzlich versöhnlichen Auftritts. Banken sollen kein Geld verlieren, sie sollen Geld liefern, das ist die fast naive Begleitmelodie.

Wenn Banken die Geldvermehrung managen, dann schauen wir nicht näher hin, wie sie das machen, lautet die unausgesprochene Zusage der Aufseher und Politiker an solchen Glückstagen.

Dass alle Kämpfer für eine Welt der armen, kleinen Banken plötzlich demaskiert sind, spielt jetzt auch keine Rolle; morgen schon werden sie ihre Masken wieder aufsetzen. Die Tage der Bankenkritik werden sich regelmäßig wiederholen; das wissen die Banker am besten. Und die Schizophrenie der Story »Alle gegen Goldman« wurde zur Groteske, als die Feinde der Goldies, noch schwindlig vom Seitenwechsel zurück ins Weltreich der Superzahlen, den Abschluss der Crédit Suisse zu kommentieren hatten. Es war ein Abschluss der maßvollen Erträge aufgrund vorbildlichen Risikomanagements.

Das Fachpublikum unterbrach seinen Jubelchor für Goldmans Megazahlen nur kurz, um mitzuteilen: enttäuschend, diese Performance von Crédit Suisse. Die Bank hat vorgeführt, wie hoch die Strafen der *financial community* für vorbildliches Verhalten im Sinne der Tugendforderungen der neuen Story vom kreuzbraven Langweilerbanking sind: 22 Prozent Eigen-kapitalrendite konnten nicht verhindern, dass der Kurs der Bank um mehr als 5 Prozent abstürzte. So sieht der Lohn ›der Märkte‹ für ethisch hochwertiges Banking aus.

Die Widersprüche in der Außenwirkung lassen sich nur als Krankheitsbild verstehen: Opportunismus und Begehrlichkeit sind als Verbündete unterwegs. Das Ergebnis ist eine manifeste Schizophrenie: Goldman stürzen, weil das Unternehmen mäch-tig und unentbehrlich ist – schon das ein Widerspruch in sich. So handeln Menschen mit einem Unterlegenheitssyndrom. Schon am nächsten Tag ist die Kehrtwendung fällig: Goldman siegt nach Zahlen, man muss dabeisein. Dabeisein war gestern alles, weil der neue Trend die Hypermoral der Reden, nicht der Taten ist. Dabeisein heute, da Goldman goldene Berge vorzeigt, ist ebenso trendkonform, weil ohne die Goldies im Weltgeldge-schäft nichts läuft. Beide Rollen laufen mühelos nebeneinander her: Goldman-Vernichter sind Goldman-Jünger, weil sie Geld-Jünger sind. Die Presse erleichtert dieses Doppelspiel: Sie liefert wochenlang getrennte Berichterstattung – hier die Tugendmanie der Finanz- und Politgemeinde, dort die Lorbeerkränze fürs Geldmachen, beides unter dem Goldman-Label.

Wer die Krankheit leugnet, die man moralfrei als kollektive Schizophrenie bezeichnen kann, der findet den schlagenden Beweis in der als Loserstory aufbereiteten risikoarmen Ge-schäftspolitik der Crédit Suisse: die Antwort des CEO Brady Dougan für die maulenden Finanzanalysten verpuffte wir-kungslos: »Dank unserer auf das Kundengeschäft ausgerichte-ten, kapitaleffizienten Strategie und eines verringerten Risiko-einsatzes haben wir im ersten Quartal erneut nachhaltige und solide Erträge erzielt.«[64] Eine Mitteilung mit den entscheiden-

64 *Handelsblatt*, 23.4.2010, S. 40f.

den Stichworten aus der Tugenddebatte der neuen Maulmoralisten: Risiko verringert, nachhaltige und solide Ergebnisse erzielt.

Die Wahrheit ist: Niemand will Management mit Maß. Nachhaltigkeit, ein Lieblingsbegriff auf den Meinungsmärkten, ist eine glanzlose Strebervokabel, sagt die Reaktion des Fachpublikums und der Börse. Risikominderung schmälert das Ergebnis, heißt der zweite Einwand. Der schizophrene Chor auf den Bühnen der Finanzwirtschaft wird nicht mehr lange mit einer neutralen medizinischen Diagnose vor dem exakten Befund geschützt werden können: Nicht die Banken, aber ihre Beobachter haben eine Krisenstrategie gewählt, die eine Strategie der Lüge ist. Nur die Lüge tritt mit so steilen moralischen Ansprüchen auf wie diese Boten einer neuen *clean story*, die sich täglich selbst widerlegen.

Die Kette der Vorwürfe an die Crédit Suisse im April 2009 liefert einen Katalog der Beweise: Niemand wünscht strengere Maßstäbe für Risiko. Die ›horrenden Verluste‹ beim Handel mit Anleihen, Rohstoffen, Devisen und Zinsprodukten, die zur Krisenstory gehörten, hat die CS nicht wiederholt. Ihr Ergebnis »enttäuscht« deshalb. Die Kritiker lassen nur Zahlen gelten. Neben JP Morgan, UBS und der durch Fusion angeschwollenen Bank of America werden dem Chef der CS die 7,4 Milliarden Dollar Einnahmen von Goldman Sachs vorgehalten. Aber diese Banken haben mehr Risikopapiere in ihren Büchern, sagt CEO Dougan. Wir haben unseren *value at risk* halbiert. Der *value at risk* zeigt an, wieviel eine Bank an einem Tag verlieren kann.

Lauter gute Nachrichten. Ein stolzer Lernerfolg aus der Krise. Der Amerikaner Dougan wird erkennen, dass sein Haus ethische Standards ausprobiert hat, die niemanden interessieren und nur Nachteile bringen. Die Zahlen zählen. Wie sie zustande kommen, ist so lange gleichgültig, wie alle profitieren. Das große Domino muss unter Ausschluss von Laien gespielt werden, so die Profi-Folgerung. Selbst regulierungsfreudige Laien, wie die Politiker, üben Zurückhaltung, solange goldene Berge angehäuft werden.

Dass die CS-Strategie vielen Kunden Vertrauen eingeflößt hat, ist in Strategenkreisen, unter Analysten und Fachjournalisten kein Pluspunkt. Trotz intensiver Arbeit der politischen Klasse am Vertrauensverlust der Banken sammelte Crédit Suisse in den ersten drei Monaten des Jahres 2010 26 Milliarden neue Kundengelder ein. Wer risikobewusst managt, auch das erfuhr Dougan in der Aktionärsversammlung Ende April 2010, darf erst recht keine hohen Boni kassieren. Als Goldman sein bombastisches Ergebnis für das erste Quartal 2010 vorlegte – immerhin als Angeklagter –, sprach zunächst niemand von Boni. Erstmal war die Party fällig. Im schizophrenen Club lässt sich das Thema stündlich wechseln.

In welchem sinnvollen Verhältnis zu ihren eigenen Interessen stehen die Attacken der Politik und ihrer Behörden gegen die Banken? Wer Krisen für alle Zukunft verhindern will, wird zwar den irrationalen Impuls spüren, die »Tatorte« zu verwüsten, von denen die jüngste Krise ausging. Zugleich ist eine enge Verflechtung der Politik mit den Geldimperien gegeben, deren Ruf und Geschäfte sie jetzt zu ruinieren ankündigt. Vor allem sollen Produkte verschwinden, die wie Seismographen für Politikversagen wirken, wie die CDS: »CDS sind jenes Instrument, mit dem man unter anderem auf den Ausfall von verbrieften Hypothekenkrediten (CDOs) wetten kann.«[65]

Was solche Wetten bringen? Sie informieren die Anleger rechtzeitig über Misserfolgsaussichten von Unternehmen,

---

65 *Financial Times Deutschland*, 23.4.2010, S. 26.

während traditionelle Wetten die Erfolgsvermutung zum Thema haben. Diese erfolgsfixierten Papiere führen zum irrationalen Überschwang, wie er in den Startkapiteln der jüngsten Krise Tausende von Anlegern erfasste. Keine Panikreaktion entfaltet in den Märkten solche hysterisierende Wirkung wie der kollektive Überschwang.

Die Politik schaut also weniger auf den objektiven Marktnutzen eines Produkts als auf seine entlarvende Wirkung, die sie selbst trifft.

Wie irrational die Versuche aus dem politischen Lager sind, die Finanzbranche an die Kette ungeklärter Ressentiments zu legen, bewies im Frühjahr 2010 der als Moral-Rambo berüchtigte ehemalige deutsche Finanzminister Peer Steinbrück. In einer Talk-Show auf sein Heuschrecken-Verdikt angesprochen und um eine Definition der Hedge-Fonds gebeten, trug er vor: »Mit wenig Eigenkapital nehmen sie viel Fremdkapital auf, kaufen Firmen maßgeblich auf, zerlegen die, verkaufen Firmenanteile wieder.«[66] Die *Welt am Sonntag* kommentiert: »Ein ehemaliger Finanzminister, der jahrelang mit Vehemenz für eine weltweite, stärkere Regulierung von Hedge-Fonds gekämpft hat, verwechselt diese offenbar mit Private Equity-Fonds. Das mag dem Laien unerheblich erscheinen. Er würde sich jedoch sicherlich wundern, wenn der Verkehrsminister eine Tankstelle mit dem Hauptbahnhof verwechseln würde.«[67]

Ob der Moderator Einwände gehabt hätte, konnte nicht geprüft werden, da eine Finanzfachfrau, die Tochter des ehemaligen Bundeskanzlers Helmut Schmidt, cool und klar die Inkompetenz des Maulhelden entlarvte: »Ich würde das eher Private Equity nennen.«

66 TV-Sendung »Beckmann«, 12.4.2010.
67 *Welt am Sonntag* vom 18.4.2010, S. 57.

Nur die Gier der andern ist ein Laster. 2010: Die *bad story*, mit der sich die Scharfrichter entlarven

»Alle gegen Goldman«, hieß es im Frühjahr 2010, »Goldman und die Folgen«, »Amerika gegen Goldman Sachs«, titelten die deutschen Zeitungen.[68]

»Einen solchen Versuch, die Geschichte zu wenden, gab es selten«, meinte die *Frankfurter Allgemeine Sonntagszeitung*. Wer die alte Legende von der Herrschaft der Ratio im Business immer noch nicht opfern wollte, der lernte hier die umwerfende Lektion über die Macht der Leidenschaften, über Rachedurst und Mordlust. Die Darsteller im Flutlicht des Circus Maximus sind allesamt Geschäftspartner des Angeklagten, alle gegen einen, verbunden in der periodisch hochkochenden Illusion, sie könnten aus der *loser-* in die *winner-*Rolle springen, wenn sie den winner – vernichten.

Goldman Sachs, das ist eine Erfolgsgeschichte, die in eine Loserstory umgeschrieben werden soll, weil die Stunde des letzten Gefechts zu schlagen scheint. Alle haben offene Rechnungen in den Taschen: die New Yorker Börse, kollabierte Banken, gescheiterte Spekulanten, überforderte Politiker. Keiner von ihnen möchte die eigene Mittelmäßigkeit noch länger ertragen. Da nun einmal zum Jagen geblasen wurde, vergessen die meisten Goldman-Verbündeten von gestern, sich eine Welt ohne Goldman vorzustellen. Die deutschen Landesbanken versuchen, ihre beschämende Performance nachträglich auf das Goldman-Konto zu schreiben; der amerikanische Ver-

68 *Welt am Sonntag*, 25.4.2010; *Frankfurter Allgemeine Sonntagszeitung*, 24. und 25.4.2010.

sicherungsriese AIG hat es vor ihnen versucht, und die deutsche IKB versucht verspätet, von elementaren Fehlern beim Dealen auf dem internationalen Parkett abzulenken. Es gilt das Gesetz der Kampagne: Wenn ein mächtiger Anführer zur Schlacht bläst, wechseln Opportunisten ins Heldenlager – bis es ernst wird. Der mächtige Anführer, die New Yorker Börse, zeigt einen hohen Wetteinsatz. Wenn es ihr nicht gelingt, ihre ›Augen-zu-Politik‹ im Fall Madoff im strahlenden Licht eines Sieges über einen Imperator wie Blankfein verblassen zu lassen, dann hat sie mehr verloren als gewonnen.

Und wie stellt sich die Leitung der SEC die Welt nach Goldmans Sturz vor? Wer liefert und pokert noch erfolgreicher – und wer schöpft aus Volumina, die die meisten Staatshaushalte in den Schatten stellen?

Da liegt der Gedanke nicht fern, dass es sich bei dem tollkühn erscheinenden Angriff auf die Bank um einen Schaukampf handelt, um ein rachelüsternes Publikum zu befriedigen, das der Politik und ihren Behörden Tatenlosigkeit vorwirft.

Money Never Sleeps, diese poetische Titelzeile von Oliver Stones neuem Film, wird nicht erst nach der Uraufführung des *Wall-Street*-Nachfolgers in Cannes in den schlaflosen Köpfen der Angreifer den Refrain aller Vernichtungsphantasien abgeben: Es ist der Slogan, der Angreifer und Angeklagte verbindet: *Money talks, money never sleeps*. Sie alle, gleichviel auf welcher Seite sie stehen, gleichviel auch, wann sie zuletzt die Seiten opportunistisch gewechselt haben, sie alle verbindet die *money-mania*. Schon deshalb kann ein Zerwürfnis, wie es um Goldman inszeniert wird, eigentlich nur als Farce aufgefasst werden. Das große Drama der Abhängigkeit aller von diesem Stoff läuft als unterschwelliger Strom weiter. Bald werden sie alle wieder in dieselbe Richtung schwimmen, von kleinen Scharmützeln bei Laune gehalten. Dass es im Aufstand gegen

Goldman »vor allem um Ethos und Moral« gehe,[69] wagen nur anonyme Zwischenrufer einzuwerfen.

Londoner Investmentbanker dagegen liefern Klartext: »Das kann die ganze Branche treffen. Goldman ist nur das prominenteste Opfer, an dem ein Exempel statuiert wird.« »Goldman ist zugleich der beste und schlechteste Geschäftspartner, den man haben kann«, sagt ein früherer Mitarbeiter. »Sei nicht kurzfristig gierig, sondern langfristig«, so die Devise. Und Lloyd Blankfein, der Boss, sendet allen 32 000 Mitarbeitern im Angesicht der SEC-Klage eine Botschaft, die beweist: Die eigene Gier erlebt man anders. Nur die Gier der andern erlebt man als Laster. Der Goldman-Chef ruft seinen Leuten zu: »Ich will alle an die fundamentalen Werte erinnern, die Goldman Sachs durch unsere Geschichte gedient haben: Teamarbeit, Exzellenz und Einsatz für unsere Kunden.«

Die Attacke der Goldman-Partner auf ihren Geldgeber könnte in die Geschichte eingehen als das, was sie eigentlich ist: der Versuch, einen Mythos zu knacken, den alle Beteiligten gemeinsam geschaffen haben. Optimisten könnten darin einen Versuch der Selbstreinigung sehen; Realisten erkennen einen überschießenden Rechtfertigungsbedarf der gesamten *financial community*, der alles ausblendet, um einen zu schlachten. Wie heftig die Schuldgefühle aller sind, zeigt die Auswahl: Es muss der Stärkste sein, von dem sie alle abhängen, der auf den Scheiterhaufen gedrängt wird. Sein Sturz soll sie alle reinwaschen. Jeder von den Angreifern hat nicht nur offene Rechnungen gegen Goldman zu präsentieren; alle haben auch schwebende Geschäfte mit dem mächtigen Partner.

Die kollektive Großattacke hat Züge eines Amoklaufs. Die Hirnphysiologie erklärt, wie er ausgelöst wird: Die gekränkte

69 *Welt am Sonntag*, 25.4.2010, S. 27.

Ratio der Verlierer schlägt durch bis ins älteste, gut verpackte Steinzeithirn, das wir mit den Reptilien teilen: Das Reptilhirn liefert jetzt die Kern-Emotionen, gegen die kein Vernunft-Appell etwas ausrichten kann: Angst und Wut ergeben diese auch für die Angreifer tödliche Mischung.

Nur oberflächlich vertreten die plötzlichen Feinde Goldmans aus dem Freundeslager ihr eigenes Interesse. Dieses Eigeninteresse ist großflächig identisch mit dem Interesse Goldmans: Alle wollen sie Geld verdienen, mal miteinander, mal gegeneinander. Aber die Wut der Verlierer von gestern walzt ihr Gewinninteresse für morgen erst einmal nieder.

Goldman 2010 ist die Story, mit der sie sich alle entlarven: die Börsenaufsicht, die Politik und gründlicher noch die Wettbewerber und Geschäftspartner, die nach demselben Muster wie Goldman die wunderbare Geldvermehrung betrieben haben. Sie alle reden mit verstellter Stimme von einer Moral, die sie geringschätzen, weil sie im Besitz der Schwächeren ist, die nie wirklich Milliarden abräumen. Die Ethik der Zwischenrufer ist ein Verlierermodell. In guten Zeiten hört man wenig von ihr, in Krisenzeiten muss man die richtigen Sprachbausteine ins große Domino schieben, ganz behutsam. Auch das können die Großen, wie Goldman, am besten. Chefjustitiar Gregory Palm lieferte dazu ein elegantes Statement ab, als die SEC-Klage in die Welt tickerte: »Wir würden niemals irgend jemanden vorsätzlich in die Irre führen, und bestimmt nicht unsere Kunden und Handelspartner«.[70] Der Satz wirkt so naiv, wie die klügsten Sätze immer wirken. Er liefert aber einen klugen Vorbehalt mit, den Goldman später vielleicht als Zitat benötigen wird: In die Irre führen? Möglicherweise. Aber nie vorsätzlich.

---

70 *Frankfurter Allgemeine Zeitung*, 24.4.2010, S. 13.

Lloyd Blankfein selbst spricht auch gern auf mehreren Ebenen: »Im Sport verliert selbst das beste Team in drei von zehn Fällen«[71], sagt er nebenbei. Hilfen zur Deutung braucht er nicht zu liefern. Immerhin hat er auch im Sperrfeuer seiner Ankläger den hochangesehenen Joe Perella auf seiner Seite, der gern von der hohen Kompetenz des Investmentbankings von Goldman spricht. Perella lobt souverän, während alle tadeln; er entlarvt damit die komplexbeladenen Kollegen noch einmal. »Goldman hat oft die besten Ideen«, warnt ein Manager aus dem Wettbewerb.

Die Kampagne gegen Goldman bringt einige unerwünschte Wahrheiten ins öffentliche Licht. Die Opfer werden ertappt bei ihrer Gier, die eine aufmerksame Prüfung der lukrativen Produkte verhinderte. Dramatischer aber – und im Kartell des Schweigens der öffentlichen Aufmerksamkeit total entzogen: Die These, niemand habe den Crash kommen sehen außer ein paar Outsidern, denen niemand zuhörte, ist längst unhaltbar geworden. Es war auch nicht allein eine Clique mafiöser Anarchisten, die das Domino anstießen mit ihrer Versand-Idee. Unter den Tätern der ersten Stunde waren bereits die hellhörigsten und intelligentesten Banken, unter ihnen Goldman, und eine stattliche Zahl von Hedge-Fonds-Managern, die auf den Absturz der Hauspreise wetteten, während ihre Kunden im Versandhandel bedient wurden, wo steigende Werte die irreführende Begleitmusik machten.

Statt sich mit dieser weltweiten Erfolgsgeschichte von Profiteuren der Krise zu befassen, die keineswegs im Schatten der Illegalität, sondern in gesetzlich geschützten Grauzonen ihre Gewinne machten, sammeln sich nun die *winner* und *loser* zu einem improvisierten Weltgerichtshof, um den wachsten und

---

71 *Welt am Sonntag*, 25.4.2010, S. 27.

erfolgreichsten Handelspartner und Financier zu verbrennen mit all den Geldpaketen, die sie selbst gern gesammelt hätten. Der informelle Weltgerichtshof urteilt, ohne eine Verhandlung abzuwarten. Jeder von den Klägern weiß, dass der so verursachte Rufschaden unter Umständen der einzige ›Sieg‹ sein wird, den sie erringen. Dass der sie alle mit beschädigt, hat in ihrem stammhirngetriebenen Amoklauf vorerst keine Wahrnehmungschance.

Money Never Sleeps, Oliver Stones Film, der im Mai 2010 in Cannes Premiere hatte, versucht die Sühnestory zu erzählen. Im Reich der Fiktion mögen auch moralfreie Börsenhändler die ganz große Illusion: heimzukehren in die Welt der Warner und Retter, statt den heraufziehenden Finanztornado zu Geld zu machen. Der im Gefängnis geläuterte Held, Gordon Gekko aus *Wall Street*, kann niemanden für seine Frühdiagnose gewinnen; er trägt das Kainsmal seiner Vorgeschichte als Täter im Lager des Bösen auf der Stirn. Oliver Stone erzählt also nun die andere Story, von der die Goldman-Angreifer profitieren wollten, freilich ohne ihre Geldmaschinen abzustellen. Stone verdient Geld mit den widersprüchlichen Gemütslagen der *fighter* im Finanzkrieg: Er entlarvt das glamouröse Weltreich der Finanzaristokratie Amerikas als dekadenten und amoralischen *closed shop* von Süchtigen. Das jugendliche Interesse am Investmentbanking wird durch solche Enthüllungsstorys gesteigert.

Wenn sich Verbündete so entschieden als Feinde präsentieren, wie das im Fall Goldman geschieht, dann muss das ernste Gründe haben. Alle Spieler sind interessiert daran, diese Gründe nicht einmal selbst zu erkennen. Und mit Recht fühlen sie sich ziemlich sicher: Kein Insider wird sie verraten. Daher sind diese Feinde aneinandergekettet. Dass die Finanzwirtschaft in einer Sonderzone agiert, ist selten so klar geworden wie im Crash von 2008.

Wir können diesen Ausnahmefall einer Chance verspielen. Die gesamte *banking community* arbeitet mit verteilten Rollen auf dieses Ziel hin. Mag sein, dass auch der Überfall auf Goldman diesem Ziel dient.

Auch die Politik hat gute Gründe, ihre simplen Therapievorschläge nicht durch tieferes Wissen aushebeln zu lassen.

Die Supermächte der globalen Geldregierung: Banken und Fonds

Die *banking community* ist schon ein spezieller Club. Und sie genoss bis zur Finanzkrise 2008 bei ihren Aufsehern und politischen Partnern Sonderkonditionen. Die Herren des Geldes durften ihre Kontrolleure in den Regierungen und Behörden immer als Schutzmächte an ihrer Seite wissen.

Wo es um Geld geht, so lehrt die Krise, gelten nicht andere, sondern weniger Gesetze. Die *money community* hat in normalen Zeiten so viele Freunde wie das Geld. Die Supermächte der globalen Geldregierung sind nicht die Staaten, sondern die Banken und Fonds. Geld als Branche genießt eine Sonderstellung, die den Bedürfnissen der Geldhändler jeder Couleur angepasst ist. Eine Krise wie die jüngste Weltfinanzerschütterung wäre ohne die Privilegien der Geldhändler und der Banken nicht möglich gewesen.

Ein Widerspruch entlarvt die Überschätzung des Sektors Geld: Die Krise spült namenlose Moralisten in die erste Reihe, aber nur für kurze Zeit. Zugleich bricht das Verliererlager der Geldprofis dritter Klasse eine Moraldebatte vom Zaun, die dem eigenen Wissen um den Privilegienschatz des Finanzwesens widerspricht. Hier, unter Heuchlern, öffnet sich das *window of opportunity*, die Sonderkonditionen der Finanzbranche Revue passieren zu lassen. Dürfen Banken ihren Kunden Wertpapiere verkaufen, bei denen sie selbst mit fallenden Kursen rechnen? Die legal gesicherte Antwort lautet: Ja.

Darf eine Bank dem Kunden eine Aktie verkaufen, von deren Niedergang sie überzeugt ist?

Die Antwort: Ja, wenn der Kunde diese Aktie ausdrücklich kaufen will.

Wenn die Bank als Berater auftritt, muss sie über Risiken von Papieren und Märkten informieren. Ist ein Kunde selbst kompetent genug, die Risiken zu erkennen, die ein Produkt begleiten, weil er selbst Banker ist, dann ist seine Entscheidung nicht vom Anbieter zu verantworten. Die IKB Deutsche Industriebank versucht dieses Spiel im Fall Goldman, um von eigenen Fehlentscheidungen abzulenken.

Darf eine Bank gegen Papiere wetten, die sie ihren Kunden als Erfolgsprodukte verkauft hat?

Die Antwort: Ja. Aber sie muss ihre Prognose dem Kunden mitteilen. Und sie darf nicht Papiere zum Kauf empfehlen, mit deren Niedergang sie rechnet; erst recht nicht, wenn sie selbst Einfluss auf den Wertverlust oder die Wertsteigerung der Papiere hat. Hans-Peter Burghof, Professor an der Universität Hohenheim, fasst das Prinzip, das für die Banker gilt, in zwei Sätzen zusammen. »Es ist nicht verboten, auf das Abbrennen einer Scheune zu wetten. Es ist nur nicht erlaubt, dann das Feuerzeug dranzuhalten.«[72]

Angewendet auf die Bankgeschäfte heißt das: Sobald die Bank Einfluss auf ein Produkt hat, ist sie mehr als Verkäufer, sie

---

72 Zu den Regeln für den Wertpapierhandel und das Diktum Burghofs vgl. *Frankfurter Allgemeine Sonntagszeitung*, 25.4.2010, S. 42.

ist Emittent. Dann gilt: Sie muss im Interesse des Kunden handeln. »Ein Fonds«, so Kapitalmarkt-Anwalt Andreas Tilp, »darf also nicht gegen die Papiere wetten, die er selbst ins Portfolio steckt. Er muss seine eigenen Interessen hintanstellen.«[73] Der unerfahrene Kunde ist dem erfahrenen gleichgestellt.

Ändert die Bank nachträglich ihre Einschätzung zu Papieren, die sie dem Kunden verkauft hat, und ist sie gleichzeitig Vermögensverwalterin des Kunden, dann muss sie ihm beim Weiterverkauf helfen. Hat sie ihn ›nur‹ beraten, kann er keine Forderungen stellen. In diesen Kraftfeldern bewegen sich die Streitfälle, um die es im Fall Goldman – und der zahllosen Mitläuferbanken in der Krise – geht. Es sind verminte Felder, auf denen Intelligenz und Kasuistik siegen werden. Was die Ausstattung mit diesen Geistesgaben angeht, dürfte Goldman Sachs seinen Angreifern voraus sein. Die Ermessensspielräume sind umso größer, je stärker das strategische Potential der Angeklagten ist. Goldman hat die SEC mit 22 000 E-Mails beliefert – und er beschwert sich, dass davon gerade einmal dreißig der Presse bekanntgemacht wurden, natürlich mit dem Ziel, den Verdacht gegen die Bank zu verstärken. Die Auseinandersetzung als finalen Kampf gegen die Bestie Geld oder das Laster Gier zu dämonisieren, kann je länger sie dauert, desto weniger gelingen.

Die Einflugschneisen des Bösen zu erkennen, das Verschwimmen der Moral ›draußen‹ zu verfolgen, die im Ghetto der Händler bald als die ›Moral der andern‹, der Einfältigen im Tal der Ahnungslosen gesehen wird, das ist die große Chance jetzt, nicht später. Denn die Legendenbildung ist schon in vollem Gang.

73 *Frankfurter Allgemeine Sonntagszeitung*, 25.4.2010, S. 42.

Die »Plünderer im weißen Kragen« sind, auch wenn das Verdikt von Nobelpreisträger Paul Krugman stammt, nur Teil des Problems, weil sie zwangsläufig Teil der Lösung sein müssen.

»Wir alle sind Lehmans Brüder«, sagt Lucy Kellaway in einer klugen Analyse. »Der Grund für die Krise liegt nicht in zu vielen Männern oder zu vielen Alphatieren in Führungspositionen«, sagt sie. »Die wahre Verantwortung trägt der Mitläufer in uns.« Mitläufer, so die Autoren Robert Hoyk und Paul Hersey in ihrem Buch The Ethical Executive[74], werden in Büros gezüchtet. Der Anpassungsdruck verführt zum storytelling ohne eigene Story – die Folge: Stress. Der Stress macht folgsam für Anweisungen, weil die Energie für eigene Positionen aufgezehrt wird. Macht und Geld liefern die entscheidenden Fesseln und verschleiern zugleich, dass man in der Falle sitzt.

Der Gefangenenchor von Aufsteigern fällt nur noch egoistische Entscheidungen, weil kein Ziel mit dem einen konkurrieren kann: dem Machterhalt.

»Am Rande der Finanzszene«: Der Banker als Anarchist

Teams in allen Firmen leben mit dieser Gefährdung. In der Finanzindustrie finden sich aber noch viel gefährlichere Arbeitsplätze, weil der Stoff, aus dem die Produkte sind, Geld, hochexplosiv ist. Wer hier Bomben entschärfen will, die in Produkten schlummern, müsste ein Sprengmeister-Examen

---

74 Robert Hoyk / Paul Hersey: The Ethical Executive. London 2008.

bisher unbekannter Art haben – und unter einer Führungscrew arbeiten, die Minensuchhunde gezielt ins Haus holt, um nicht, wie alle andern, dem Duft des Geldes zu erliegen, der von den Renditeversprechen verströmt wird. Der Schweizer Banker Konrad Hummler hat wiederholt den »Banker als Anarchisten« beschrieben. Er habe das Buch des portugiesischen Philosophen Fernando Pessoa gelobt, das den Titel trägt *Le Banquier anarchiste*, so Hummler, weil Pessoa die entscheidende Idee verfolge, »dass der wahre Banker von der Interessenlage seiner Kunden sehr weit entfernt ist, um so die richtige Haltung zu haben. Das ist im Idealfall ein Anarchist, weil er – sozusagen – außerhalb der Ordnung steht … Ein reizvolles Gedankenspiel. Ich habe mir für die Kundenberatung immer vorgenommen, diese Distanz zu wahren.« Was er damit meint, klingt kurz und knapp: Er wolle »die Gesamtsituation des Kunden aus einer langfristigen Perspektive betrachten«.

Auf zweifelnde Nachfrage ergänzt er: »Ja, ich bewege mich am Rande der Finanzszene. Ich habe kein Interesse, das zu denken, was andere denken.« – Was ihn antreibt? »Das Geld natürlich … aber auch eine große Neugier.« In den meisten Gremien herrsche »Bequemlichkeit und Feigheit«, stellt Hummler fest.

Sein Lebensgefühl entspricht dem vieler Topbanker, die Schweigen für die günstigere Strategie halten. Hummler agiert als ihr inoffizieller Stellvertreter, auch wenn die meisten Banker den Nutzen klarer Auskünfte nicht einzuschätzen wissen.

Der Privatbanker Konrad Hummler ist Gesellschafter der Bank Wegelin und findet das »super, denn so übernehme ich die Verantwortung für meine Entscheidungen«.

Dass Untergangsprognosen in der Bankenlandschaft Karrieren bedrohen, unabhängig von ihrem Wahrheitsgehalt, aber direkt abhängig von der Interessenlage der Bank, hat Hummler selbst in der Rolle des Propheten erlebt: »Ich begann bei der Schweizerischen Bankgesellschaft ... Als jüngster Analyst schrieb ich einen Bericht zu einer US-Ölfirma, in dem ich deutlich machte, dass die Firma bald pleite geht. Statt Anerkennung erhielt ich den wütenden Anruf eines Direktors der Bank. Man habe kurz zuvor eine Anleihe der Ölfirma am Markt plaziert ... Alsbald ging die Ölfirma pleite. Dieses Ereignis machte mir klar, dass man mit gesundem Menschenverstand und einfacher Mathematik sehr viel herausfinden kann, wo andere nur nachplappern.«[75]

»Nicht zu viele Informationen sind das Problem, sondern Zielkonflikte«, sagt Professor Matthias Raith, der an der Universität Magdeburg »Entscheidungsforschung« betreibt.

Der wütende Direktor, der den jungen Analysten Hummler nicht feuerte, muss etwas davon begriffen haben. Die neue Story als Gegenentwurf zu jener lange als Erfolgsstory missverstandenen Vorkrisenstory zu schreiben, ist nicht objektiv besonders schwierig, wohl aber aus Tausenden von subjektiven Perspektiven der Betroffenen – und das sind nicht deshalb alle, weil es um Fehlinvestments und Geldverluste geht, sondern weil der Stoff, aus dem die Vorkrisenstory war, zu neunzig bis hundert Prozent das Geld war.

Alle Mitglieder der Gesellschaft sind von einem Kardinalverlust bedroht, der den Sturz des höchsten Gutes, des Geldes, aus Rang eins der Werteskala zum Thema hat. Vertreibt man die Geldprofis, die man als pechschwarze Sündenbockherde in die Wüste schicken möchte, dann fehlen die Garanten für die Rückkehr in eine Welt des »sicheren Geldes« und der Verteilerrolle der Politik. Am schmerzlichsten: Die Hoffnung auf

---

75 www.sueddeutsche.de/.../reden-wir-ueber-geld-hummler-der-wahre-bankier-ist-ein-anarchist-1.392165-2

eine Heimkehr in das gewohnte Wohlstandsszenario schwindet.

Die wichtigste Erkenntnis aus der Krise: Die Finanzindustrie, wo das höchste Gut der Begehrlichkeitskultur umgesetzt wird, das Geld, ist eine Sonderzone mit Sonderrechten, ein Gebiet auch legaler Ausnahmezustände, wo das intuitive Rechtsverständnis der Alltagsklugheit scheitert. Das interessiert die Normalverbraucher nicht. Aber sie melden Verlustangst, während die Verluste bereits manifest, aber noch nicht akzeptiert sind.

Wo das spontane Gerechtigkeitsempfinden versagt, macht sich Unsicherheit breit. Die Suche nach Feindbildern beginnt. Die Politik macht den Fehler, bei der Lieferung von Feindbildern zu helfen, statt strategisch zu führen. Strategisch kommunizieren müsste sie schon heute, was morgen unvermeidlich ist: die Kooperation mit den Geldprofis von gestern, weil sie die Geldmacher von morgen sein werden, immer einen Schritt voraus, immer mit den besseren Netzwerken.

IX
SURVIVORS UNTER SICH:
ZEIT DER RITUELLEN
WASCHUNGEN

Zeit für Revivals:
Geheime Allianzen wiederbeleben

Die heimliche Allianz von gestern durch eine offene Partnerschaft ersetzen – ein Vorhaben, das keiner von den Kontrahenten ernstlich ins Auge fasst.

Noch ist die Zeit der rituellen Waschungen, die jede Seite gegen die andere vollzieht. Das Spiel »Eine Hand wäscht die andere« soll erst morgen wieder beginnen, wenn die Zuschauer wegschauen.

Dass Goldman auf den Weltgerichtshof geführt wurde, verspricht für alle, inklusive Goldman selbst, eine besonders wirksame rituelle Sündenbefreiung. Die Ankläger zeigen Mut; man wird ihnen nach dieser Schlacht kein Versäumnis mehr vorwerfen können. Die Angeklagten rehabilitieren sich selbst durch Bekenntnisse zur Wirtschaftsethik, flankiert durch Eingeständnisse kleiner Fehler nach dem Motto: »Auch die besten Teams verlieren drei von zehn Matches.« Goldman hatte auch zu dieser Chance, sich als Schutzmacht seiner Kunden darzustellen, schon im Februar 2010 die beste Idee.

Der Jahresbericht für 2009 liefert ein ethisches Credo, das als neue Bankerbibel in die Finanzgeschichte eingehen könnte.

Niemand zitiert diesen neuen Coup von Goldman, weil er einfach zu gut ist.

Beim Überfall der SEC und aller Krisenversager auf Goldman ist nicht ein Gerichtsverfahren das Ziel. Die Aufmerksamkeit käme abhanden, wenn es über Jahre liefe. Schon hat sich der Chor der Rechtsanwälte im Bühnenhintergrund versammelt: Sie raten zum Vergleich, unabhängig von juristischer Schuld. Es geht um die Reputation von Goldman, hört man da plötzlich, um den guten Ruf der Firma und um ihre Glaubwürdigkeit bei den Kunden. Für Goldman Sachs ist ein Vergleich ohne ein Gerichtsurteil im Zuge der rituellen Waschungen der ideale Abschluss. Blankfein und seine hochmütigen Manager könnten sich als großzügige Spender zeigen, die den *underdogs* eine abschließende Demütigung liefern, ein Geschenk sozusagen, das im Auge der Gegner heller glänzt als jeder richterliche Schuldspruch – Geld. Plötzlich reden selbst die Wettbewerber des Bankriesen zartfühlend von der Reputation des Konkurrenten.

»Nicht nur die Rechtswissenschaftler« raten zu diesem Schachzug, so hört man. »Auch Topmanager von drei konkurrierenden Unternehmen sprachen diese Empfehlung aus. Unterm Strich müsse es darum gehen, den guten Ruf so schnell wie möglich wiederherzustellen.«

Vor Gericht, so warnen Experten, drohe ohnehin Gefahr von Krisenopfern: »Falls viele der Geschworenen einen Großteil ihrer Ersparnisse in der Krise verloren haben, dürfte das sicher der SEC zugute kommen«, sagt eine Professorin für Unternehmensrecht aus Boston.[76]

Auch für die Börsenaufsicht wäre ein Prozess riskant. Goldmans Zahlung im Zuge eines Vergleichs würde auch die SEC vor einer neuen Blamage retten. Die polternden Auftritte des fünfundsiebzigjährigen Carl Levin, Leiter im Untersuchungsausschuss des US-Senats, liefern der Politik die Genugtuung, die ein unsicherer Prozessausgang zerstören könnte. Schon in

76 *Handelsblatt*, 27.4.2010, S. 40.

den dreißiger Jahren, so Levin, habe ein Ermittlungsausschuss »die desaströsen Resultate« der unregulierten Investmentbanken angeprangert. »Die heutigen Parallelen sind unübersehbar«, so Levins Donnerwort zu Beginn der Anhörung am 27. April 2010. Erst 1999 wurde die damals verfügte Trennung von Geschäfts- und Investmentbanken in den USA wieder aufgehoben. Zehn Jahre später, so der inoffizielle Chefankläger Carl Levin, sei eine noch radikalere Regulierung unausweichlich.[77]

Wieder ist es der Goldman-Chef Lloyd Blankfein, der das raffinierteste Statement zu der Anhörung beisteuert. »Wir müssen besser darin werden, eine Balance zu finden zwischen dem, was ein informierter Kunde für seine Anlageziele für wichtig hält, und was die Öffentlichkeit für zu komplex und riskant hält.«[78]

Man beachte die Kasuistik! Die feinsinnige Unterscheidung zwischen Kunden und Öffentlichkeit erlaubt es, den Hauptakteur, die emittierende Firma, die sich gern als »Intermediär« bezeichnet, unerwähnt zu lassen. Was der Kunde für wichtig hält, lehnt eine unkundige Öffentlichkeit ab? Sie entscheidet gegen unseren Kunden, wenn nicht wir, die Goldmänner, »die Balance« herstellen. Die Rolle der Bank so zu verharmlosen, ist schon ein Kunststück: Goldman will »besser darin werden«, zwischen klugen Kunden und einer inkompetenten Öffentlichkeit zu vermitteln. Die Bank als Friedensstifter zwischen zwei Parteien, die ihre Interessen nicht ausbalancieren können. Blankfein steckt sie alle in die Tasche – und sie bemerken es nicht einmal.

Beinahe fatalistisch hat Blankfein in seinem Eröffnungsstatement vor dem Ausschuss ausgeführt, Gewinner und Verlierer

---

77 *Financial Times Deutschland,* 28.4.2010, S. 15.
78 *Financial Times Deutschland,* 28.4.2010, S. 15.

gebe es nun einmal bei jedem Deal, und jeder könne nur nach bestem Wissen seinen Part wahrnehmen – einmal auf der Gewinnerseite, einmal als Verlierer.

Genau das erläutert auch Dan Sparks, der die Hypothekenabteilung der Bank geführt hat, als der Absturz der Häuserpreise für Kenner mit guter Krisenwitterung wahrscheinlich wurde. Bis Ende 2006, so Sparks, habe Goldman an steigende Hauspreise geglaubt. Im Dezember 2006 habe der Finanzchef David Viniar für neue Wachsamkeit votiert; das »kurzfristige Risiko zu senken«, sei die Botschaft gewesen. »Ich wurde nicht angewiesen, auf steigende oder fallende Preise zu setzen. Der Fokus lag auf dem Risiko.«[79]

Blankfeins Truppe zeigt ein absolut windschnittiges Profil: Risikomanagement, so die implizite Botschaft, wird doch wohl niemand verbieten wollen.

Senatoren und Investmentbanker haben es bei der Anhörung vom 27. April, auf die die Welt schaute, wieder einmal gespürt: Sie leben auf verschiedenen Sternen.

Die Politiker empört die arrogante Distanz der Banker, und die Finanzmanager halten Kurs. Da sie von einem anderen Stern kommen, befremdet sie der moralisierende Unterton des Vorsitzenden. »Im übrigen könne es keinesfalls im Interesse einer Bank sein, den eigenen Erfolg auf dem Misserfolg bedeutender Kunden aufzubauen«, entgegnen sie dem leitenden Senator Carl Levin. Die Kunden für komplizierte Produkte wie die umstrittenen verbrieften Subprime-Papiere seien Institutionen, die zu den »professionellsten Akteuren« zählen.

»Man wird das Gefühl nicht los«, schreibt die *Neue Zürcher Zeitung*, »dass sich Politiker und Regulatoren auf Kosten einer zwar arroganten, aber erfolgreichen Investmentbank profilie-

---

79 *Financial Times Deutschland*, 28.4.2010, S. 15.

ren wollen, die den ›Fehler‹ gemacht hat, die Risiken des Sub-prime-Marktes frühzeitig zu erkennen und einzudämmen.«[80]

Die Kläger sind anderer Meinung: Goldman habe durch die abrupte Wende zu Wetten auf sinkende Hauspreise als Brand-beschleuniger gewirkt.

Der Widerspruch entlarvt eher die Beschwerdeführer als die Banker, weil er den ›alten Deal‹ offenlegt, dass Banken Geld verdienen sollen, indem sie Wetten auf die Sieger von morgen abgeben und damit auf der richtigen Seite stehen. Hätte im ersten Krisenschub, da es sehr viele Verlierer gab, die Bank gegen ihre eigenen, legal nicht verwerflichen Interessen han-deln sollen? Und warum steht nur die Bank am Pranger, nicht aber ihre politischen Freunde von gestern, die über Jahrzehnte sanktionsfrei gestellt und legalisiert haben, was sie heute plötz-lich kriminalisieren?

Überraschungen dieses Kalibers von seiten der Politik häufen sich seit einigen Jahren; die überfallartige Kriminalisierung von Provisionen, die seit 2001 Korruption heißen, gehört in diese neu angebrochene Epoche der rauschhaften Moralschübe. »Herren vom anderen Stern« sind in den Augen der Politiker auch jene Auslandsmanager der Realwirtschaft, die aus endlo-sen Strafprozessen in Vergleiche flüchten, die keinem Rechts-verständnis standhalten würden. Einer vom andern Stern ist auch der zum Beelzebub stilisierte Fabrice Tourre, der das De-sign der Produkte geliefert hat, die 2007 die Kehrtwende von Goldman aus der alten auf die neue Siegerstraße, Richtung fal-lende Hauspreise, markierten. Von Tourre sind übermütige E-Mails bekannt geworden, die ihn als euphorischen Anarchi-sten zeigen, der seine Kreation mit Frankensteins Kreaturen vergleicht, die sich gegen ihren Schöpfer erheben. Vor dem

80 *Neue Zürcher Zeitung*, 28.4.2010, S. 26.

Ausschuss fährt Tourre das Goldman-Konzept: »Die vergangene Woche war sehr schwierig für mich und meine Familie.«[81]

Mit Tourre steht einer der sonst nie gezeigten Maschinisten aus den Katakomben der Geldmaschine vor seinen informellen Richtern.

Die Herren des Geldes gegen die Herren der Weltordnung, so mag es in den turbulenten Köpfen der selbsternannten Rächer aussehen. In Wahrheit ist es ein Zwist unter Brüdern, der hier ausgetragen wird; ein Fight, der beweisen soll, dass sie nun tatsächlich von verschiedenen Sternen aus mit unversöhnlichen Botschaften wetteifern. Längst sind die Politiker mit ihrem Zorn allein; die Banker haben ihre Performance abgestimmt und sprechen mit einer Stimme. Blankfein tritt auf wie der Wolf im Schafspelz, meinen die ohnmächtigen Politiker. »Was wir und andere Banken, Rating-Agenturen und Regulierer versäumt haben«, so vereinnahmt er kurzerhand alle, das »war: Alarm zu geben, dass zu viele Kredite vergeben werden … und diese zu billig geworden sind«, erklärt er mit entwaffnender Schlichtheit.

Dass bei den Herren vom anderen Stern eine außerirdische Logik gilt, beweist auch der Großinvestor Warren Buffett. Die Krisen-*community* feiert ihn noch 2010 für ein starkes Diktum von 2002, das er seinen Aktionären zurief: »Meiner Meinung nach sind Derivate finanzielle Massenvernichtungswaffen.« Soweit, so gut. Die Verlierer halten ihn für einen der ihren. Buffett ist aber 2010 mit einem Antrag gescheitert, ältere Derivate, wie sie seine Gesellschaft Berkshire Hathaway hält, von den neuen Abgabenregeln freizustellen. Trotz seiner Warnung,

---

81 *Handelsblatt*, 28.4.2010, S. 34f.

Derivate »können Dynamit sein«, investiert Berkshire seit langem in Derivate.

Die neuen Regeln verlangen hohe Sicherheitsleistungen für die »explosiven« Finanzpakete, und Buffett wollte den Zahlungen ausweichen. Kein Widerspruch in der Welt der Finanzjongleure. Die Alltagsmoral, sagen die Außerirdischen, ist ein schlechter Ratgeber in Geldgeschäften. Wo Moral ist, da lauert die Unmoral. Deshalb ist man besser ganz ohne Moral unterwegs.

Das Allerweltsthema Verantwortung ist längst entschärft, weil die globalen Zerstäuber über Tausende von Akteuren wirken: Jeder hat ein paar Milligramm von dieser altmodischen Tugend, aber jeder kümmert sich um sich selbst.

In einem Boot mit den Herren vom anderen Stern

An der Wall Street wird schon seit 2009 wieder gut verdient. Junge Männer mit guter Ausbildung möchten möglichst schnell ihre Studienkosten zurückholen: 100 000 Dollar, die das Studium an einer Elite-Universität kostet, sind nirgends so schnell verdient wie bei einer der mächtigen Geldfabriken – wie JP Morgan, Bank of America oder eben Goldman. Auch sensiblere Bewerber, die in ihrer Hochschulzeit kritische Distanz zum Finanzwesen entwickelt haben, fühlen sich nach kurzer Zeit als Mitglieder der Branche. »Die sehen die Banken nicht so negativ wie der Mann auf der Straße«, sagt Walter Lazzari von der Universität Mailand.« Das Prestige von Deutscher Bank,

Barclays oder Goldman Sachs ist intakt.«[82] Goldman hielt auch auf dem Höhepunkt des allgemeinen Misstrauens Platz vier unter den attraktivsten Arbeitgebern. Damit hatte die Bank nur einen Punkt eingebüßt, verglichen mit den vier Jahren zuvor.

Für den Großangriff der Börsenaufsicht war die Bank also besser gerüstet als jede andere: Die Zeitschrift *Fortune* liefert für das Jahr der Attacke gegen Goldman, 2010, Umfragewerte, die beweisen, dass Goldmans Ansehen in der Finanzwelt sich in der Krise verbessert hat. »Auf der Liste der 2010 am stärksten bewunderten Firmen weltweit stieg die Bank ... um sieben Plätze auf Rang acht.« Der offizielle Grund für diese hohe Reputation: Goldman habe sich »am geschicktesten durch die Krise geschlagen«.

Genau dieses bewunderte Krisenmanagement war es, das die Börsenaufsicht auf Goldman aufmerksam machte: Das Exempel sollte an einem Star vorgeführt werden; nur so ließ sich ein Skandal von der Qualität auslösen, die den Angreifern einen schlagartigen Imagegewinn liefern würde. Das mitlaufende Motiv, das nur im Flüsterton besprochen wird, stammt aus der Zeit der Verflechtungen, die bald nach dem Schaukampf wieder anbrechen soll: Um die alte Allianz möglichst bald und möglichst unauffällig wieder aufnehmen zu können, braucht sowohl die Politik als auch die Börsenaufsicht starke Partner im Banking. Darum muss der ideale Gegner für den Schlagabtausch zur Befriedung der Öffentlichkeit eine starke Bank sein: Goldman, da ist auch die SEC sicher, wird sich schnell wieder erholen. Die Zuschauer werden sich zerstreuen, und die Welt der guten Beziehungen zwischen außerirdischen Moralignoranten und ihren nachsichtigen Aufsehern bleibt intakt.

82 *Handelsblatt*, 9.3.2010, S. 42.

Die Einsteiger aus den Universitäten entwickeln schnell ein Insiderdenken, weil sie für gute Arbeit hohes Prestige in Anspruch nehmen können: Für eine der besten Investmentbanken zu arbeiten, ist ein Gütesiegel, das man schweigend via Visitenkarte vorzeigt; man gehört dazu. Welche Branche kann mit vergleichbarem Ego-Futter aufwarten?

Dass sie um die besten – was auch meint: die hungrigsten – Mitarbeiter konkurrieren, tragen die Banken überall vor, wo ihre Garantieboni getadelt werden. Was sie nicht berichten, weil es, aus ihrer Sicht, niemand zu würdigen wüsste: Ihr Risiko-Appetit steigt schon seit dem Krisenjahr 2009 wieder. »Bereits im Sommer 2009 meldeten die großen Investmentbanken wieder einen höheren *value at risk*, das ist die Kennzahl für den höchstmöglichen Verlust an einem einzigen Handelstag. Auch hier glänzte Goldman durch Wagemut; die Kritiker würden sagen: durch Gier. »Goldman Sachs hatte im Juli mit 245 Millionen Dollar sogar den eigenen Vorkrisenwert übertroffen.«[83] Die Risikopuffer sind komfortabler geworden, die Erträge, so heißt es, geringer und entsprechend sicherer. 2010 steigen auch die Erträge wieder, und der Optimismus der Regulierer, dass ihr Einfluss steigend sei, verfliegt. Die US-Regierung scheiterte Ende April 2010 mit ihrer Finanzreform, Goldman Sachs meldete im gleichen Monat einen verdoppelten Gewinn. Die Banken seien »vorsichtiger geworden«, meinte der Finanzwissenschaftler Hans-Peter Burghof im Herbst 2009. Goldmans Auftritt beim SEC-Tribunal 2010 hinterlässt einen anderen Eindruck: Die Banken bauen ihren Intelligenzvorsprung aus. Sie durchschauen die gemischte Motivlage und die begrenzte Kompetenz ihrer Gegner; und sie sorgen dafür, dass der Gegner sie noch weniger durchschaut als vor der Krise.

83 *Frankfurter Allgemeine Sonntagszeitung*, 18.10.2009, S. 45.

Obendrein erleben die Goldman-Manager mit heimlicher Genugtuung, dass ihre Brillanz bei der Geldvermehrung wie ein Virus auf ihre Gegner überspringt: Kaum hatten die sieben Goldmänner New York verlassen, da meldete sich die Chefin der Börsenaufsicht SEC mit einer zupackenden Bonus-Idee bei eben jenem Senat, dem sie die Bonus-Virtuosen aus dem Hause Goldman als Sünder zugeführt hatte: Mary Shapiro, von Barack Obama Anfang 2009 zur SEC-Chefin ernannt, fordert 1,26 Milliarden Dollar mehr für ihre Behörde – schließlich sei der Fall Goldman ein gutes Beispiel dafür, »wie wichtig die Aktivitäten sind, die wir betrieben haben«.[84] Seit ihrem Amtsantritt, so Shapiro, habe die Verfolgung von Fällen durch die Behörde »signifikant zugenommen« – was weniger am Jagdgeschick der SEC als an der Häufung der Fälle lag, so müsste man hinzufügen.

Also leben sie doch in derselben Welt, die Aufsichtsbeamten und die Herren vom anderen Stern, die sie zurechtweisen wollen: Alles wird in Geld umgerechnet, alles ist käuflich. Auch die Ehre großer Fahndungserfolge lässt sich am besten in Geld darstellen. Und weil sie in derselben Welt leben, die Kinder, die eben noch Krieg gespielt haben, sitzen sie schon wieder beieinander und arbeiten an einem Vergleich, wie die *New York Post* am 29. April 2010 berichtet. »Es gilt als fast sicher, dass es einen Vergleich geben wird«, zitiert die Zeitung einen Informanten. Shapiro hat den Eilbedarf für ihre Boni-Forderung also richtig eingeschätzt: Jetzt wird über Summen gesprochen, jetzt fällt für die SEC sicher etwas ab. Der Schaden für die Anleger wird auf eine Milliarde Dollar geschätzt; die Zahlung von Goldman wird diesen Betrag in den Schatten stellen müssen; sie wird symbolische Milliarden bringen, die man dann mit

84 *Frankfurter Allgemeine Zeitung*, 30.4.2010, S. 25.

ethischer Bravour moralisch hochwertigen Zielen zuführen wird. Die Besetzungspolitik des Präsidenten für hohe Posten in der Finanzwirtschaft ist eine klare Botschaft an die männlich dominierte *banking community*: Neben Mary Shapiro, Chefin der Börsenaufsicht, rückt Sheila Bair als Vorsitzende der staatlichen Einlagensicherung FDIC an die Spitze der Notenbank.

Zwei Rache-Engel, denen Obama zutraut, die Distanz zu halten, die bei Männern schnell vom Gewinn-Interesse weggeschluckt wird. Wäre das die Erwartung, dann hätte Mary Shapiro schon eine Lektion zuviel bei den Männern gelernt.

Globaler Finanzkrieg als Schaukampf: Die Welt als Riesenspielzeug

Es ist ein konspiratives Spiel, dem nur die Machtlosen wenig abgewinnen können. Unter den Masken, die zum Kriegspielen aufgesetzt werden, verbergen sich Köpfe mit mehr gleichgelagerten als verschiedenen Interessen. Alle wissen: Die Zuschauer dürfen das auf keinen Fall erfahren.

Krieg spielen, weil im Frieden zu wenig kreative Zerstörung erlaubt ist, Krieg spielen in der globalisierten Welt, das kann nur Weltkrieg sein. Die Welt als Riesenspielzeug, die Finanzkrise als Ergebnis imperialistischer Expansionsideen von Business-Chaoten. Für weltweite Expansion brauchen sie ein Produkt, das alle Sprachen spricht und das alle Adressaten der Welt konkurrenzlos attraktiv finden: das Geld. Geldprodukte bieten obendrein den Vorteil, dass sie sich einer Qualitätsprüfung im akuten Deal entziehen. Sehen und Anfassen: Fehlanzeige. Das begleitende Versprechen reicht; es ist wieder aus dem Suchtfaktor Geld gemacht, also killt es alle Fragen nach der Qualität. Die ethischen Rückfragen sind schon vor dem Start des Eroberungsfeldzugs erledigt worden: Die Wildnis kompromissloser Investmentkarrieren ist ein Ethos-Killer. Es sind die Kriege der Zukunft, in deren Roadmap wir bei den Weltkrisen schauen, noch ohne es zu begreifen. Nicht mehr Land gegen Land, nicht mehr Staat gegen Staat, sondern weltweite Eroberungsfeldzüge von Heeren aus eingeweihten Gleichgesinnten: ein konspiratives Geschehen ohne Geschützdonner und dröhnende Tiefflieger, eine geräuschlose Attacke, die alle Stützpunkte der *financial community* infiltriert. Ein Geheimbund von Überfliegern infiziert die Durchschnittsbesatzungen mit dem ansteckendsten aller Viren: Geld.

Wer angesteckt wurde, schlägt sich später auf die Opferseite; wer blind zugegriffen hat trotz besseren Wissens, kann zwischen Kläger- und Opferrolle wählen, je nach Temperament. Wer Aufsichtspflichten versäumt hat oder nichts verstand, hat keine Wahl: Er eilt ins Lager der Ankläger; bei peinlichem Verschulden setzt er sich gleich an dessen Spitze.

Nachdem die weltweite, leise Schlacht verloren ist, die *winner* unauffindbar, tritt das Kriegsspiel in die Schauphase. Große Player werden der Öffentlichkeit vorgeführt, weil sie erfolgreicher waren als andere: Das könnte Schuld bedeuten. Goldman ist so einer.

Behörden wie die SEC glänzen in diesem geräuschvollen Teil des Weltkriegsspiels mit neuen Köpfen – deren Auswahl die Regierung schuldfrei stellen soll. Mary Shapiro ist so ein Kopf. Die Kriegsverbrecherprozesse des virtuellen Weltkriegs sollen vorbereitet werden; das geht nur mit unbelasteten Anklägern und Richtern. Die Schauphase dient der Rache und Rechtfertigung. Sie soll vergessen machen, dass der eigentliche Krieg längst verloren wurde und dass die Verluste höher sind, als die Zahlen verbrannter Banknoten vermuten lassen. Schon vor dem Aufbruch des unsichtbaren Trupps der Bankräuber in alle Banken der Welt war das Ethos verdampft, das die Komplizen weltweit hätte immunisieren können. Die Ausbrecher aus einem längst verdunsteten Berufsethos konnten ohne Waffen starten: Ihre Waffe war das Geld.

Und was machen wir jetzt, fragen sich die vielen neuen Anleger, während die »Nachkriegsphase« begonnen hat, leise wie der imperialistische Beutezug der unsichtbaren Heere. Teil drei ist die Zeit der Verhandlungen, die endlich wieder alte Verbündete an den Tisch bringt: Auch die SEC hatte einmal einen Chefaufseher, der von Goldman kam. Minister und Spitzenbanker haben schon öfter die Plätze getauscht in den USA. Auf der Nachbarbühne in Washington haben sich zur gleichen Zeit die Parteien geeinigt, ihren politisch ergiebigen Schlagabtausch nach drei gescheiterten Abstimmungen über Obamas Regulierungsgesetz für die Banken aufzugeben. Das Gesetz steht verändert zur Abstimmung, und das Timing stimmt wieder: Friedensangebote auf allen Kampfplätzen, bald kann es weitergehen wie früher – mit kleinen Zugeständnissen von allen Seiten.

Die Krise hat viele neue Mitspieler aufs Parkett gelockt. Sie suchen genau das, was in der kritischen Berichterstattung zum Teufel geschickt wurde: Risiko. Sie haben viel gelernt auf den Zuschauerrängen, als Phase zwei, das offene Gefecht mit dem Imponiergehabe und den Balztänzen der Politiker, der Aufseher und der Banker, lief. Sie haben Blut geleckt: Das Geldgeschäft, so ihr Fazit, ist dreimal so spannend wie alle andern Branchen zusammen, und es ist hundertmal so lukrativ. Es ist so etwas wie legalisiertes Glücksspiel, was da läuft, und Regie führen Leute wie Lloyd Blankfein, der seinen Aufsehern haushoch überlegen war. Unter so einem Chef möchte man spielen; kein Wunder, dass die Dümmeren ihn nicht mögen. Mit solchen Leuten muss man arbeiten, sie stehen für Überlegenheit und Siegeswillen.

Der Goldman-Chef wird es schnell bemerkt haben, dass der Auftritt in der SEC-Anhörung, wo er mit sieben Topmanagern erschien, für sein Haus die reine Promotion war. Auch die Wettbewerber haben die neuen Mitspieler bereits auf der Rechnung. Sie kreieren Produkte, die Risiko für die unersättlichen Newcomer bringen, 25 Prozent Gewinn bei steigendem, 25 Prozent Verlust bei fallendem Dax. Das ist Spekulation pur, eben Casino, meinen die Skeptiker.

Nein, sagt der Fachmann, Casino ist viel einfacher als das, was an den Börsen läuft. »Im Casino können Sie Ihre Chancen und Risiken präzise berechnen, an den Kapitalmärkten nicht«, sagt Rolf Banz, Chef-Anlagearchitekt der Schweizer Privatbank Pictet. Seine Aufgabe sei es, »die Leute der Illusion (zu) berauben, das Geschehen an den Finanzmärkten lasse sich auch nur ansatzweise vorausberechnen«, sagt Banz.[85] »Eine risikolose Form der Geldanlage gibt es nicht«, fügt er hinzu. »Wenn Sie Ihr Geld unter das Kopfkissen legen, ist Ihnen allein durch die Inflation eine Erosion Ihres Vermögens garantiert.«

Wenn der Nobelpreisträger Joseph Stiglitz also dem »Casinokapitalismus« den Kampf ansagt, dann muss er den Glücksspielcharakter von Geldanlagen in den unkalkulierbaren Finanzmärkten meinen, die Banz als den Normalfall beschreibt.

Genau diese Dosis Irrationalität ist es, die den »neuen Zockern« gefällt. Schon im Frühjahr 2009 berichtet die HSBC Trinkaus, dass sie wegen der kurzen Lebensdauer vieler Pro-

---

85 *Frankfurter Allgemeine Zeitung*, 30.4.2010, S. 23.

dukte, die in Stunden verdampfen, jetzt *intraday* für Nachschub sorgt. Ein E-Mail-Newsletter meldet die »heißen Eisen« den heiß interessierten Anlegern. »Wir schaffen uns immer am Vortag Hülsen für etwa zehn neue Produkte«, so die Experten. Der nächste Tag bestimmt, welche Produkte die tollkühnen Spieler ordern – und ob das Verfallsdatum der Kreationen schon nach Minuten oder erst nach Tagen, Wochen, Monaten für neue Einsätze der Suchtgemeinschaft sorgt.

Joseph Stiglitz braucht solche Rauschdrogen nicht; sein Risiko als Warner ist überschaubar, und seine Position als mentaler Aufbauhelfer für besserungswillige Ökonomen und Manager ist unanfechtbar; er braucht keine Fluchtorte.

Die Krisentribunale, bei denen Finanzmanager der ersten Reihe mit führenden Politikern und Aufsichtsbehördenchefs zusammentrafen, haben jedenfalls weder Bewerber aus dem Finanzwesen vertrieben noch Studenten aus den finanzwissenschaftlichen Vorlesungen, noch Privatleute mit etwas Spielgeld davon abgehalten, dieses nun gerade dort zu investieren, wo die angeklagten Manager am Ruder sind.

Die Faszination des Finanzsektors funktioniert, unabhängig davon, ob die Führungsfiguren, die ihn repräsentieren, im Feuer stehen. Die Topmanager scheinen gerade im Feuer stehend unentflammbar. Ihre Immunität gegen die Anschuldigungen, mit denen sie konfrontiert werden, wirkt auf junge Menschen inspirierend: Es ist ein mythisches Motiv, das den unentflammbaren Helden zeigt, der vom Schicksal vor den Rachegelüsten seiner Verfolger gerettet wird.

Auf den ersten Blick ist es auch das Prinzip »Viel Feinde, viel Ehr«, das große Player auf den Weltmärkten begleitet. Wer keinen Ruf zu verlieren hat, ist ein unergiebiger Angeklagter.

Alle, die sich als Bändiger der Finanz-Akteure sehen, müssen über diese Effekte nachdenken und ihre Strategien im Umgang mit beiden Gruppen, den Bankern und ihren Bewunderern, revidieren.

Es gibt auch andere Reaktionen auf den Weltkrieg der Finanzindustrie, der allein in Londons City mehr als 60 000 Banker ihre Jobs gekostet hat. Die Risse in der Finanzarchitektur bringen jene Antihelden zum Reden – und Handeln –, die ohne das Krisenerlebnis weiter lustlos ihren einträglichen Job gemacht hätten, um nicht als Außenseiter dazustehen. Wenn Antihelden plötzlich zu Helden werden, weil der *mainstream* gedreht hat, werden Stimmen hörbar, die vorher auf lautlos geschaltet waren wie die Handys in den Dauerkonferenzen der immer etwas überdrehten Geldjäger. »Jeden Tag 15 Stunden mit etwas zu verbringen, was einem nicht wirklich am Herzen liegt, frustriert«, stellt Rob Symington lakonisch fest. Schon das Vokabular zeigt, dass da einer die Welten gewechselt, den »andern Stern« verlassen hat. Dass ihnen ihr tägliches Pensum »am Herzen liege«, hatten wir bisher von niemandem aus der Finanzindustrie gehört. Rob hat also einen Anspruch entwickelt, der zu seinem Job nicht passt. Sein Freund Dom Jackman, wie Rob schon mit zwanzig Großverdiener, spürt denselben Überdruss; beide erleben den Riesen Ernst & Young, für den sie arbeiten, als ein System, das jede Kreativität tötet.[86]

Noch sind sie kreativ genug, die Initiative zu ergreifen. Im Frühjahr 2010 laden sie zur Gründungsparty ihres Projekts »Escape the City« ein. 650 junge Leute zahlen je 12,50 Pfund, um in der Guanara-Bar dabeizusein, wenn die neue Website der Freunde ins Netz geht.

Während die weniger sensiblen Kollegen in Londons Pubs Abend für Abend Karrierepflege betreiben und den Finanzplatz nach kurzem Taumeln wieder an der Weltspitze sehen,

---

86 *Handelsblatt,* 9.2.2010, S. 42.

sortieren sich die weniger Geeigneten selbst aus. Wer in Finanzunternehmen erfolgreich war, verweigert die in London angebotene Umschulung zum Lehrer und wählt ein neues Abenteuer: Einer der beiden »Escape-the-City«-Gründer, Dom Jackman, hat im Juni bei einem der härtesten Kanurennen der Welt mitgemacht, dem Yukon River Quest: 750 Kilometer in drei Tagen mit dem Flusslauf an ein Ziel, das sein Aussteigermotiv auf eine höhere Ebene hebt. Die Zielaktion heißt Geld sammeln für herzkranke Kinder. Als ein im übertragenen Sinne ›Herzkranker‹ hat er die City hinter sich gelassen. Ob er zurückkehrt, würden wir gern erfahren. Sein Fluchtgefährte, Rob Symington, hat ein beschaulicheres Projekt. Statt Mathematiklehrer in London, wie es die Umschulungskampagne anbietet, möchte er Winzer in Australien werden: »Als Aussteiger muss man immer einen Plan B haben«.

Plan B nach der Krise: Alles sieht danach aus, dass wir keinen Plan B haben, obwohl wir angeblich dringend einen suchen. Wir wissen nicht, ob Dom und Rob, die beiden Aussteiger, nicht in wenigen Jahren – oder vielleicht schon in wenigen Monaten – wieder in London oder anderswo bei den *market makers* oder den Investmentbankern Geld schaufeln werden. Wir möchten nicht wissen, ob auch der Plan B, den wir nicht haben, an den andern scheitern wird, die zu abhängig sind – den Politikern –, oder an den noch anders gepolten anderen, die gar keinen Plan B brauchen, weil ihr Weltreich mit seinen Geldmaschinen so phantastisch performt wie in den besten Vorkrisenzeiten. Ihr Triple A überwachen sie jetzt selbst, die Bankchefs, und niemand wird ihnen mehr mit dem plumpen Verdacht kommen, der ins Schwarze trifft: dass sie nur für ihren eigenen Vorteil arbeiten. Die unsichtbare Hand lässt auch andere an ihren Erfolgen teilhaben wie eh und je. Der *new deal*, der alle alten Freunde wieder im bewährten Misstrauen zusammenführt, bietet auch dieses Versprechen – als Gegenleistung für den vermiedenen Prozess, der auch für die New Yorker Börsenaufsicht gefährlich geworden wäre. Scheiternde Gerichtsverfahren *en masse* leisten sich nur die Deutschen. Und verheizen dabei ihr Führungspersonal für morgen – als hätten sie nicht zu wenige, sondern zu viele gute Leute.

Die Meuterei der Machtlosen geht zu Ende: Die Rachegötter der Geldkultur residieren in den Banken

Die Krise hat so manchen *old deal* geknackt; sie hat Allianzen ungleicher Partner als opportunistische Luftschlösser entlarvt: Kleine Blasen in der großen Blase, wie sie Kinder beim Spiel mit Seifenblasen bestaunen. Der aufkommende Sturm blies das Luftschloss in die Wolken, von dem die Banken und die Politik über Jahrzehnte profitierten. Die Banken erfuhren Schonung bei ihren Crashtests am Rande der Legalität, und die Politiker genossen Sonderkonditionen und Statusgewinne. Wie Komplizen, die plötzlich an gegnerische Fronten verschlagen werden, treten sich nun beide als Befangene gegenüber. Die Politiker in ihrer Rolle als Kläger, Regulatoren und Bankerbändiger agieren unsicher, weil sie auch in Zukunft auf die Geldriesen angewiesen sind, die sie in die Knie zwingen sollen, um das Image der politischen Klasse zu retten.

Die Banker hätten, so meinen Beobachter, nun einen besonderen Vertrauensbedarf. Das stimmt nur für die weniger potenten Kunden. Die Großkunden und mächtigen Anleger arbeiten mit den Erfolgreichen, weil sie deren Kompetenz schätzen und das Riesen-Ego einer führenden Bank nicht zu Vertrauenslieferungen nötigen wollen: Darin sind die Global Players schwach, das weiß der erfahrene Anleger. Besser, man bringt selbst die nötige Kompetenz und Urteilskraft mit, um die Banker auf der anderen Seite unter Kontrolle zu behalten. Wenn Lloyd Blankfein von Vertrauen redet, das man zurückgewinnen müsse, so ist das immer adressiert an das Medien- und Straßenpublikum, nicht an die Geschäftspartner.

Am Leistungsverlust des Vertrauensmythos haben maßgeblich jene Krisenversager mitgewirkt, die ihr Hauptmotiv, die Geldgier, verbergen wollten. Da klang doch die Berufung auf ihr Urvertrauen zur *banking community* ehrenhafter. Mehr Missbrauch hat das Thema Vertrauen selten erfahren als im allgemeinen Gerangel um die begehrten Opferplätze in der Finanzkrise 2008 bis 2010. »Ich habe vertraut« ist zur erlösenden Formel für Tausende von begehrlichen Geldjägern geworden. »Die Banken brauchen neues Vertrauen« wurde zum Ablenkungsmanöver der Politik, die sich sogar eine Dreifachstrategie zutraute – Banker beschädigen und als Vertrauensgenerator Leadership zeigen, während die eigenen Leute in den Glashäusern der Landesbanken nicht wagen konnten, den ersten Stein zu werfen.

Das Vertrauen, kostbarste Ressource in guten wie in schlechten Zeiten, ist havariert aus der Krise hervorgegangen. Damit hat jede Wiederbelebung des Wirtschaftsethos eine offene Flanke.

Im Freund-Feind-Spiel ist die Frage vernachlässigt worden, ob wir uns zutrauen, ein neues *business behaviour* zu entwickeln, das die bisher geplante Kapitulation, die verschärfte Regulierung aller Finanztransaktionen, übertreffen würde. Schon heute sind die Finanzakteure mit Kreationen beschäftigt, die das geplante Regelwerk außer Kraft setzen. Wer die *mindsets* der *investment community* ändern will, der müsste sich zunächst dafür interessieren, welche Rolle die Geldversprechen spielen, wenn junge Menschen sich für das Finanzwesen entscheiden. Wie verändert sich das Selbst- und Weltbild, wenn man Budgets bewegen kann, die das Volumen von Staatshaushalten haben? Welche Qualifikation stärkt das ethische Immunsystem gegen den Verlust von Bodenhaftung? Oder ist es eine Erfolgsbedingung in Händlerkarrieren, dass wir »den Boden unter den Füßen verlieren«? Was Zuschauer die »Arroganz« der Megaverdiener nennen, hat ja einen handfesten Grund: Sie bewegen mehr als die meisten Menschen, die sie kennen. Die ›Arroganz‹ ist also purer Realismus. Was einer ›bewegt‹, kann aber von sehr verschiedener Qualität sein. Er kann Herzen oder Schicksale oder Gedanken bewegen, er kann die Welt bewegen, wenn er den richtigen Gedanken zur richtigen Zeit bekanntmacht.

Was die Händler bewegen, jene bestbezahlten Investoren in den Banken, ist nur Geld.

Wer ein Psychogramm der Leute zeichnen will, die tonnenweise Geld bewegen, jeden Tag, der entdeckt schnell, dass sie nur scheinbar in einer Sonderzone leben, mit Sonderkonditionen, mit olympischer Aura, die selbst die Aufseher nur in Panikmomenten antasten. In Wahrheit ›halten wir uns‹ diese Götterwelt, die ihre Gunst verteilt. Götter verklagt man nicht, weil das hieße, sich selbst auf die Anklagebank zu setzen. Wenn im Ausnahmezustand, sozusagen unter der Tsunamiwoge, die Klage angedroht wird, steigt den Klägern schon die Reue in die Kehle. Sie wissen: Die Banken sind auch Sitz der Rachegötter, sie können gewähren oder verweigern, was die Bittsteller brauchen. Wie das aussieht, haben sie die Unternehmen und die Politik in Phase zwei der Krise spüren lassen. Ins

Verhör geladen, lassen die Geldgötter ihre Ankläger spüren, dass sie wissen: Die Macht der Banken ist erkämpft, die Macht der Politik ist entliehen. Wer Mächtige stürzt, muss um die Machtfülle ihrer Nachfolger besorgt sein; nur mächtige Banken sind profitabel.

Die Großbanken haben den Status von Stätten der Geldanbetung. Hierhin delegiert die Gesellschaft die Rituale der Vergötterung, für die sie sich schämen müsste. Wer wird schon die eigene Götterwelt in Fesseln legen? Wer wird den Tempel stürmen, wo die Priester das Geld waschen wie weiland Jesus die Füße der Sünder? Wer wird, wie der Einfältige aus Galiläa, die Geldwechsler aus dem Tempel vertreiben? Aber den Status von Unwissenden dürfen wir uns eben deshalb nicht nehmen lassen, weil sonst ein weiterer havarierter Wert ins Gespräch käme: Verantwortung. Nur wer wenig weiß, hat wenig Verantwortung. Auch sie, die Verantwortung, ist in der Krise ad absurdum geführt worden. Auch sie wird eine längere Auszeit in den Händen der Ohnmächtigen erfahren.

Das Krisentribunal der amerikanischen Börsenaufsicht, die Krisenmeetings der Regierungsdelegationen – die Krisengipfel bringen die Wahrheit an den Tag: Es ist ein Aufstand der Abhängigen, die Erfolge fürchten müssen, die sie dauerhaft zu Gegnern der Partner im Götterhimmel des Geldes machen würden. Das Krisenmanagement der Regierungen und Aufsichtsbehörden gleicht einer Gefangenenmeuterei, bei der alle auf einen Schlichter warten, der sie von weiteren Kriegsspielen freistellt. Es gibt keine Institution, die die Wahrheit auf den Tisch bringt und die Einheitsreligion, die alle Kontrahenten aneinanderkettet, zum Widerruf freigibt.

Ein Zwischenrufer könnte fragen: Warum halten sich die finanzstarken Länder der Welt diese amoralische Truppe von Legalitätsrowdies, deren Aktionen im Fall der Krise auch Kryptoterrorismus genannt werden können? Warum simulieren wir Erstaunen, wenn der laue Wind katastrophaler Geringschätzung guter Geschäftsmanieren zum globalen Tornado auffrischt? Ist das geschehen, greifen wir uns augenzwinkernd einen von den mächtigsten Stellvertretern der Bankenszene und liefern ihm unter dem Vorwand der Anklage ein Forum, auf dem er Jungbanker begeistern und Studenten motivieren kann – wie Lloyd Blankfein?

Wer den Stärksten zum Genickschuß bestellt, führt ungewollt auch das Gefälle vor, das den durchtrieben lächelnden Hohenpriester des Geldes in seiner intellektuellen Überlegenheit glänzen lässt. Was ist das für eine vertrackte Verabredung, die da läuft, fragt der Zwischenrufer, von Raufereien auf Schau unterbrochen?

Seit die Politiker als Scharfrichter der *banking community* auftreten, klagen sie das ›Kundeninteresse‹ ein. Ihre Verfehlung ist dem Versäumnis, das sie den Banken vorwerfen, zum Verwechseln ähnlich: Auch sie verbrennen tonnenweise das Geld ihrer Kunden, der Wähler.

Fazit: In einer Gesellschaft, die das Geld auf Rang eins der Werte führt, ist die *banking community* die Chefetage.

Die ›Realos‹ aus der Güterwirtschaft können nichts ohne die Chefs aus der Geld-Etage. In diesem Licht ist der Aufstand lächerlich und selbstzerstörerisch: Krawall gegen die Leitfiguren der Geldwirtschaft ist zwar ein Publikumsrenner, aber nur so lange, bis der Racheakt der Finanzinstitute auch das Publikum erreicht. Plötzlich hat das schicke Bankersakko keine Taschen, und verordnet hat diesen neuen Dresscode ausgerechnet der Freundeskreis der sogenannten kleinen Leute, die Regulatoren und die Politik.

Die geldversessenen Gesellschaften haben gute Gründe, das Geldbusiness nicht zu begreifen. Denn: Wenn sie es begreifen, werden sie zu Mittätern, die nicht mehr auf den Regulatoren- und Richterstühlen Platz nehmen könnten. Dann fehlt der nächsten Krise Personal.

X
WETTERLEUCHTEN –
NEUE VERSUCHUNGEN:
GELDORDNUNG WIRD
WELTORDNUNG

Professionelle Ethik als Wettbewerbsvorteil

»Wir brauchen eine neue Managementphilosophie, die über das maximale Gewinnstreben hinausgeht«, sagt der Gründer des World Economic Forums, Klaus Schwab.[87] Das war im Oktober 2008, die Tsunamiwoge hatte soeben Lehman Brothers verschluckt, und die erfolglosen Warner der früheren Jahre wurden zu Helden-Interviews gebeten. Erste »Finanzgipfel« werden anberaumt, alle Welt redet von Regeln, Schwab greift schon damals eine Ebene höher: »Regelungen sind für die Zukunft der Weltwirtschaft lebenswichtig, aber nicht hinreichend.« Er warnt vor Krisenaktionismus: »Wir müssen jetzt jedoch darauf achten, dass die Maßnahmen, die zur Eindämmung der Krise ergriffen werden, nicht der Innovationskraft der realen Wirtschaft Schaden zufügen.« Das Management, so Schwab weiter, ist nicht nur Auftragnehmer der Aktionäre, sondern Treuhänder aller Beteiligten. Hohe Belohnungen für kurzfristige Ziele lassen keinen Raum für treuhänderische Verantwortung. Festgezurrte Regelwerke ersticken aber auch die Managementphilosophie. Die Panik der Therapeuten gefährdet das todkranke System kaum weniger als das maximale Gewinnstreben der Krisentreiber.

Weder von Managementphilosophie noch von Treuhänderaufgaben der Manager ist in den Jahren seit 2008 die Rede

---

87 *Financial Times Deutschland,* 31.10.2008, S. 26.

gewesen. Schwabs Appell ist verhallt. Auch den coolen Begriff, der seine Argumentation krönt, hat niemand aufgenommen: Er fordert eine »professionelle Ethik«. Und er definiert sie: »Wir brauchen also in Zukunft wieder eine Philosophie des Managements, die sich auf professionelle Ethik und nicht auf maximales Gewinnstreben abstützt ... gerade Führungskräfte mit der entsprechenden moralischen Qualifikation sollen in jeder Situation ihr Bestes geben ... Ohne dass es dazu noch einen zusätzlichen substanziellen Gewinnanreiz, sprich Bonus, braucht.« So konnte man 2008 noch reden.

Ein neues *business behaviour* wagt im Jahr 2010 niemand mehr zu fordern. Die Politik setzt, zumindest rhetorisch, auf Zwang und Kontrolle, Aufsichtsbehörden wie die SEC setzen auf maximales Gewinnstreben nach dem Vorbild ihrer Delinquenten, und entrückte Vorbilder wie der Moralphilosoph Adam Smith[88] haben immer weniger Chancen, bei der Selbstrettung der Geldgemeinde mitzuwirken. Smiths Plädoyer für Wettbewerb ist der Politik bereits suspekt. Seine Idee, dass ›Selbstkontrolle‹ die gesellschaftliche Ordnung sichere, gilt als Illusion. Staatskontrolle, so der politische Entwurf 2010, macht Selbstkontrolle überflüssig. Smith's *system of sympathy*, das von Eliten getragen sein soll, »die von allen anderen nachgeahmt werden«, lässt die knapp 300 Jahre, die wir ihm voraus sind (oder ist er, immer noch, uns voraus?) wie Lichtjahre erscheinen. Das *system of sympathy* räumt der Empathie einen hohen Rang ein: der Fähigkeit, sich auf den Platz des andern zu setzen, um seine Positionen besser zu verstehen. Das wäre dann so, als wenn die New Yorker Chefin der Börsenaufsicht, Mary Shapiro, mit dem Goldman-Chef Lloyd Blankfein die Plätze tauschen würde. Tatsächlich: Die Welt von Adam Smith

---

88 Vgl. dazu Adam Smith: *Theorie der ethischen Gefühle*. Hamburg 2004 und *Der Wohlstand der Nationen*. München 1993.

und vielen anderen, deren Autorität wir bisher gern in Anspruch genommen haben, ist untergegangen. Wir sind also ziemlich allein an dem entlegenen Ort der maximalen Gewinnorientierung, wo wir einander nun vorrechnen, wie die Werte der Alten – Vertrauen, Verantwortung, Würde und Ehre – in Dollar oder Euro aufzuwiegen sind. Schmerzensgelder für ›Wertverluste‹ ideeller Art sind noch nicht durchsetzbar.

Und doch reagieren auch die Herren des Geldes auf die Orientierungskrise, die alle andern erfasst hat. Josef Ackermann, Chef der Deutschen Bank, wiederholt die Glaubensbekenntnisse der Geldwirtschaft, wo immer er dazu aufgefordert wird. Sein Image verzeichnet Pluspunkte allein wegen der Wiedererkennbarkeit seiner Position. Selbst Gegner belohnen die klare Linie, das wäre die gute Botschaft für alle Opportunisten, wenn ihnen nicht der Glaube fehlte. Im Banker-Vokabular von Josef Ackermann gibt es das »funktionierende Gemeinwesen« mit »solider materieller Basis«, das auf »Wertschöpfung« angewiesen ist, »Wertschöpfung setzt Gewinnstreben voraus«, so Ackermann.

»Ein guter Unternehmensbürger« könne die Bank nur sein, wenn sie Gewinne macht: für Arbeitsplätze, Eigenkapital und Steuern. Das soziale Engagement der Bank umfasse mehr als 80 Millionen Euro im Jahr. »Wir haben in der Vergangenheit nicht genug dafür getan, der Bevölkerung verständlich zu machen, was eigentlich unser Geschäft ist«, fügt Ackermann selbstkritisch hinzu, »und warum gerade auch Investmentbanken einen wesentlichen Beitrag zu Wachstum und Wohlstand leisten. Und: Wir haben unser Tun nicht ausreichend ethisch-moralisch begründet. Hier haben wir einiges nachzuholen.«[89] Einen Zeitplan für dieses Vorhaben nannte der Bankchef nicht.

89 So Ackermann in seiner Rede zum 20. Todestag von Alfred Herrhausen. *Frankfurter Allgemeine Zeitung*, 1.12.2009, S. 13.

Die »Verantwortungseliten« sieht er anderswo, zum Beispiel in der Politik. Man müsse mehr miteinander als übereinander reden, fügt er hinzu.

Wer aber bietet die Vision einer *business community*, in der nicht nur das Gewinnstreben zählt, sondern auch die Übereinkünfte, die nicht in Dollar oder Euro abgerechnet werden, sondern den Boden unter den Füßen der Verhandlungspartner sozusagen ›erdbebensicher‹ machen? Vor der Krise war das nicht der Fall. An ›Verantwortungseliten‹ lässt sich diese Sicherung der Basis unseres Denkens und Handelns nicht delegieren. Ackermann bescheinigt sich und seinem Haus eine Teilkompetenz. Sie umfasst Wertschöpfung, Gewinnstreben, Arbeitsplätze, Eigenkapital, Steuern. Mit diesen Begriffen führt er seine Zuhörer zu dem Fazit, die Deutsche Bank sei »ein guter Unternehmensbürger«. Er kann zwar sagen, was da fehlt, aber liefern kann er es nicht. Noch nicht?

Das Image des Bankchefs profitiert von dieser Art der Ehrlichkeit. Ackermann sagt, was die Company kann. Er sagt auch, was sie zusätzlich können müsste. Wann sie es können wird, sagt er nicht.

Die Krise hat aus dem Heldenpool der Wirtschaftsführer einen Pool für Bösewichter gemacht. Ackermanns Auftritte sind so *clean*, dass niemand ihn den Galgenvögeln im Krisenpool gleichstellen würde. Die Victory-Geschichte liegt weit zurück. Der Kronzeuge für den missverstandenen Joke, Michael Jackson, lebt nicht mehr auf demselben Planeten wie Ackermann. Ackermanns Glaubwürdigkeit beruht auf der Monotonie seiner Statements: Immer dieselben Positionen, kein populistischer Schwenk, das schafft Glaubwürdigkeit bei Freund und Feind. So einfach ist das, könnte Ackermann den Politikern sagen.

Der Deutschland-Chef von Goldman Sachs, Alexander Dibelius, redet Klartext. Natürlich habe es in der Branche Bonus-

Exzesse gegeben. Die Bezahlung von Bankern sei aber grundsätzlich keine Aufgabe für Regulierer: Wer Löhne staatlich festsetze, gehe tendenziell in Richtung Planwirtschaft. Wie viele seiner Kollegen warnt auch Dibelius vor einer Überregulierung der Branche. Regeln seien immer nur Mittel zum Zweck und könnten niemals menschliches Versagen ganz verhindern. Es müsse künftig vielmehr darum gehen, bessere Spielregeln für alle Marktteilnehmer aufzustellen.[90]

Wer aber schreibt die neue Story? Jene Anschlussgeschichte, die Glaubwürdigkeit für alle liefert, die sich rausgeschossen haben aus dem Konsens wie die Topbanker; oder die sich ausmanövriert haben durch Opportunismus wie die kleineren Banker; oder jene, die sich als Zensurbehörden nur Freunde im *loser*-Lager gemacht haben; und die andern schließlich, die Banker- und Managerfresser aus der Politik: Sie alle müssen die neue Story schreiben, in der nicht die Ketten klirren, sondern die neue Agenda gilt, die sie alle zu berechenbaren Partnern macht. Die Beiträge werden so verschieden sein wie die Talente und ihr Antriebsniveau, aber die Rechte aller, ihren Beitrag zu leisten, werden gleich sein. Die Wolfsrudel in den hybriden Banken werden nicht mehr unter den Lämmern ihre Opfer suchen, sondern unter ihresgleichen. Sie werden für Waffengleichheit mit ihren Partnern und Kunden sorgen. Wer Opferrollen sucht, wird sie auch künftig finden. Er wird aber nicht mehr, wie in der Krisenstory, die Täter willkürlich wählen können, die seine Fehler bezahlen müssen. Erste Stichworte zu einer realen Utopie.

Die Finanzkrise ist eine Systemkrise, das macht jede *escape*-Idee zur Illusion. Das System, dem die reichen Länder ihren Erfolg verdanken, die Geldvermehrung ohne Güterdeckung,

90 Vgl. *Focus Money*,15.1.2010.

ist uns ja nicht von Aliens verkauft worden, sondern es ist unsere Kreatur. Aus hybriden Träumen und tollkühnen Spieler-Ideen wurden virtuelle Produkte, die niemand auspackte, um ihre Qualität zu prüfen, weil alle in der Illusion verharren wollten, die mit der Droge kommt: dem Rausch werde kein Erwachen folgen. Eine weltweite Suchtgemeinschaft hatte sich schon seit Jahrzehnten auf diese Rauschdroge geeinigt, die jeden Crash als Suchtmittel übersteht. Jeder wusste: Wenn wir viel Geld verlieren, werden wir, während die andern nach uns Geld verlieren, genau dieses Geld gewinnen. Das war das Rezept der Megabanken. Die Entschlossenheit, sich nicht aus der Knechtschaft des Geldes zu befreien, ist global von allen Gruppen bestätigt. Die Gründe, die man vorträgt, werden immer zwingender: Verbranntes Geld kann nur durch Geld ersetzt werden. Muss es überhaupt ersetzt werden? fragen nur Neugeborene. Rettungsaktionen für Geldverlierer kosten Geld, sagt die Politik. Kredite für unsere Kunden, die in die falsche Richtung gelaufen sind, kosten Geld, sagen die Banken.

Vertrauen? Glück? Verlässlichkeit? Kosten Geld, sagen die Banker, die Aufseher, die Politiker. Und die Ehre? Die kostet extra, antwortet der Chor. Und die Liebe, die mir keiner mehr geben will, weil mich niemand mehr richtig kennt? fragt der entlassene Börsenhändler. Die musst du verloren geben, aber das wusstest du doch, sagt der amüsierte Kollege.

Wenn das System uns nicht loslässt – was dann? Gab es nicht immer wieder eine neue, bessere Story, wenn die alte verbraucht war?

»Wir brauchen eine neue Klasse von Banken«, sagt der Nobelpreisträger Edmund Phelps; »so wie die Handelsbanken, die im 19. Jahrhundert gegründet wurden, die zum Beispiel den Aufbau der Kohle- und Stahlindustrie unterstützten. Wir müssen zurückkehren zu altmodischen Banken, die Investitionen in reale Dinge finanzieren.«[91]

Das ist ein klares Votum gegen die reine Geldwirtschaft, wo Geld nur mit Geld kommuniziert statt mit realen Gütern.

Phelps plädiert also nicht nur für altmodische Banken, sondern auch für ›altmodische‹ Funktionen des Geldes als Medium, das sich nicht auf den Platz des Ziels drängt.

Der Ökonom Phelps lehnt aber auch die politische Idee ab, flächendeckend kleine Banken zu gründen, die dann unauffällig kollabieren können – aber bitte nicht alle gleichzeitig. Der erträumte Rundumschlag zur Befreiung von allen Irrtümern und Lastern führt meist in die nächste Katastrophe. Warum brauchen wir große Banken? Phelps erinnert an die langfristigen Investitionen in Klimaschutz und Energie: »Dafür brauchen wir Banken, die eine beachtliche Größe haben. Kleine Hedge-Fonds werden nicht ausreichen«, sagt er nicht ohne leise Ironie. Auf die Frage, wie besorgt ihn die hohen Managerboni machen, gibt der Nobelpreisträger eine schneidende Antwort: »Ich sorge mich eher darüber, wie leicht es sich die Regierung macht, wenn sie die Gehälter von Managern kürzt.«

Und noch etwas ist ihm wichtig: »Die Aktienbesitzer werden nicht gut behandelt. Sie sollten die Aufsichtsratsmitglieder nominieren. Außerdem muss man die Vorstände dazu bringen, ein oder zwei Jahre weit zu denken statt nur in Quartalen …«

Alles schon gehört? Mag sein. Aber auch gesehen? In der neuen Wirklichkeit des Managements irgendwo angetroffen? Oder überall nur beredet, ins Palaver geschickt.

Nichts bleibt, wenn sich nichts ändert, könnte über jeder Tür zu den Konferenzräumen stehen, in denen sich die Manager

91 *Frankfurter Allgemeine Zeitung*, 2.11.2010, S. 16.

und ihre Berater treffen, um die Immunlage ihrer Unternehmen zu verbessern.

Gehören dazu staatlich gekürzte Managersaläre?

»Aus ökonomischer Sicht ist gegen ein hohes Salär nichts einzuwenden«, sagt Robert F. Göx, Professor für Controlling an der Universität Freiburg.[92] Kein Unternehmen wird normalerweise Vergütungen verteilen, so Göx, die den erwarteten Beitrag zum Unternehmenswert übersteigen, und kein Manager würde einen Vertrag akzeptieren, der ihm nicht mindestens vergleichbare Einkünfte sichert, wie er sie bei Wettbewerbern erreichen könnte.

Der unaufhaltsame Anstieg der Managergehälter lässt sich so aber nicht erklären. Der Harvard-Jurist Lucian Bebchuk macht darauf aufmerksam, dass es immer noch große Konzerne gibt, die es den Managern überlassen, ihre Bezüge weitgehend selbst zu bestimmen und sich auf Kosten der Aktionäre zu bereichern. Was die öffentliche Diskussion völlig ausblendet: Der finanzielle Erfolg eines Unternehmens hängt von zahlreichen Faktoren ab, die der Kontrolle des Managements entzogen sind. Weder diese Erfolgs- oder Misserfolgsquellen noch die Leistung der Manager lassen sich zuverlässig ermitteln. Also gibt es kein sicheres Kriterium für die Messung der Managementleistung. Wer regulieren will, braucht aber einen objektiven Maßstab für einen Vergütungsstop. Die Offenlegung aller Saläre von Vorständen und Aufsichtsgremien ist ein öffentlichkeitswirksames Mittel, die Debatte zu füttern, um sie zu entschärfen. Die reale Folge der Nachweispflicht ist international überraschend: ein bescheunigtes Wachstum der Managerbezüge im Schutz von Referenzgruppen, die ähnlich besolden, und eine neue Chiffrierung dessen, was ehemals unter der Rubrik ›Boni‹ erschien.

92 *Neue Zürcher Zeitung*, 25./26.10.2008, S. 29.

Das *competitive benchmarking* der Unternehmen führt zu steigenden Bezügen, soviel ist erwiesen. Dasselbe gilt für den staatlichen Zugriff über höhere Besteuerung bestimmter Saläranteile: Die Firmen weichen aus, tranchieren neu und erhöhen die Bezüge, um die Verluste auszugleichen.

Einfach wäre aber der Vergleich des Unternehmenserfolgs mit dem Volumen der Vergütungen für das Management, kontrolliert durch die Aktionäre. Niemand könnte es riskieren, bei rückläufigem Unternehmenserfolg auf einem Einkommen zu beharren, das in besseren Zeiten errechnet wurde.

Auch die Welt der Vergütungen ist nur so gut wie die Menschen, die im Management arbeiten. Mehr Kontrolle provoziert so lange mehr Regelbrüche, wie die *mindsets* der Menschen auf rücksichtsloses Gewinnstreben gepolt sind. Es ist eine Illusion zu glauben, wir könnten unser Handeln besser machen als die Gedanken, die es steuern.

Wir müssen einen Weg finden, das Bessere, das gegen unsere Spontanimpulse aus dem Programm »Wohlstand gegen alle« steht, als das attraktivere Konzept zu begreifen. Noch liegt die Ethik in den Fesseln der Gier. Die Krise ist das Lehrstück über die Folgen.

Willkommen im Club!
Der Staat qualifiziert sich als Meisterzocker

2008 war die Dramatik spürbar. »Was wir erleben, ist nicht eine Krise im System, sondern eine Krise des Systems«, sagte der Grandseigneur der internationalen Finanzszene, Tommaso

Padoa-Schioppa, als er um ein Urteil gebeten wurde. »Das sind keine harmlosen Zwischenfälle. Das ist der Erdrutsch des globalen Finanzsystems.«[93]

2010 verengt sich der Blick auf Griechenland, und die Versuchung ist groß, den Erdrutsch zu regionalisieren. Der Italiener beharrte schon 2008 auf dramatischen Bildern: »Was sich im Finanzsystem ... abspielt, ist einem Strudel im Meer vergleichbar. Man kann einen Strudel nicht in Teile zerlegen. Der Kollaps der Märkte ist zentral ... Die Politiker müssen einsehen, dass die Vertrauenskrise sie mit einschließt und nicht nur zwischen den Banken und deren Kunden besteht ... Die Politiker unterliegen einem großen Irrtum, wenn sie glauben, sie seien von dem allgemeinen Misstrauen nicht betroffen.«

2010 haben die Politiker das Thema Vertrauen aufgegeben. Auch an die Gegenwelt, wo Kontrollen die Gegner stärker und schlauer machen, glauben sie nicht mehr. Die Politik beschränkt sich auf den Aufbau von Drohkulissen, um das Publikum zu befrieden und die Wartezeit auf bessere Ideen zu überbrücken. 2010 ist das Jahr der Krisenroutine, was die Welt angeht, und das Jahr des Versagens beim Krisenlesen, was Griechenland angeht. Griechenland ist das Menetekel, Hieroglyphe an allen Wänden, die nicht einmal die schwer betroffenen Europäer einander vorlesen wollen; und es hat Symbolwert, dass die meisten Deutschen diese Zeichen einer großen Geschichte, griechische Lettern, auch gar nicht lesen könnten.

Was die globale Krise angeht, ist der Schwung beim Lesen der Zeichen dahin. Die Stimmen der Starinterpreten hallen verweht von 2008 herüber, als wären es nicht zwei, sondern zwanzig Jahre, die uns von ihren Diagnosen trennen. Merk-

---

93 *Handelsblatt*, 13.10.2008, S. 2.

würdig genug: Die Deuter des globalen Großfeuers im Weltgeldbetrieb melden sich nicht erneut zu Wort; sie schweigen.

Der indische Ökonom Jagdish Bhagwati hat im Oktober 2008 beschrieben, wie gefährlich »Innovationen« in der Finanzwirtschaft werden können. »In der Finanzbranche … sind Innovationen nicht per se gut, sie können auch destruktiv sein – auch deshalb, weil neue Finanzprodukte so kompliziert sind, dass sie kaum noch jemand versteht. Wohin das führt, erleben wir gerade: Finanzinnovationen, in denen faule Kredite versteckt sind, sind der Kern der Krise.«[94]

Der Januskopf der Innovation, auch er interessiert 2010 niemanden mehr. Finanzaufseher und Politiker wollen im Eifer des Gefechts keinen Gedanken auf die Gefahren verschwenden, die von »Innovationen« bei der Banker-Bändigung ausgehen könnten.

Der Nobelpreisträger Bhagwati hörte schon 2008 »zuviel politischen Lärm«. 2010 ist der Lärm in panische Geschäftigkeit übergegangen; ein neuer Kampfplatz in Europa und die Entschlossenheit, realistische Diagnosen im Konferenz-Marathon zu ersticken, bestimmen die Szene. Die Geldverbrennung geht weiter, weil längst bekannte Geldverbrenner auf die Weltbühne drängen, um Nachschub für die griechischen Hochöfen zu ordern.

Die Chancen der Krise? Verweht.

Umkehr? Auf unbestimmte Zeit verschoben.

Ausnahmezustand. Die Gurus schweigen. Propheten konspirieren nur noch im Flüsterton.

Auf dem Schwarzmarkt der Gedanken rührt sich das Neue. Die gefesselte Ethik klirrt mit ihren Ketten.

---

94 *Handelsblatt*, 10.10.2008, S. 4.

Das Gefälle von 2008 bis 2010 ist spürbar: Kaum noch grundsätzliche Entwürfe; das Pathos für radikale Ideen ist verflogen. Die Philosophen sind unterbeschäftigt, ein rüder Pragmatismus regiert.

Katastrophen sind so. Im ersten Schrecken melden sich große Gefühle. Die Reue legt heimliche Schwüre ab. Verlustangst mischt sich mit einer Ahnung: Dies könnte die Chance zur großen Befreiung sein. Die Rufer werden aus der Wüste auf die Marktplätze gerufen. Sie sollen das Wunder vollbringen, die starken Gefühle in durchschlagende Handlungen zu verwandeln. Genau das können sie nicht. Sie können denken, nicht handeln. Und die aufgeschreckte Menge zerstreut sich bald. Die Zeit der Sündenböcke bricht an. Die Wölfe sammeln sich, um ihre Strategie zu klären: Nie haben sie Lämmer gerissen. Ihre Opfer waren ihresgleichen, Wölfe aus dem anderen Rudel. Ein legitimes Geschäft.

Da wir leben, fragt niemand mehr: Wie wollen wir leben, wenn wir die Krise überstehen? Da wir Verluste aller Art machen: Welche Güter geben wir nicht preis? Die Geldkrise verrät unsere Werteordnung. Wollen wir wirklich auf ihr Überleben setzen, nur weil wir überlebt haben?

Die Geldordnung ersetzt nicht die Werteordnung, weil sie jagt und fordert und Verlierer macht.

Der Megadeal im Fall Griechenland hat die letzten Hemmungen der Politik abgeräumt. Jetzt wird nur noch im ganz großen Format gehandelt. Was die Krise lehrt: Geldordnung wird Weltordnung, das setzen die Politiker Europas nun in die Tat um. Als Krisenheiler maskiert, agieren sie als Verschärfer der Krise. Geld wird als magisches Medikament allmächtig: Es geht um Europa, es geht um Deutschland, es geht um die Welt. Nicht das Geld, das wir erwirtschaften, soll uns retten, nein, reales Geld ist für solche surrealen Deals ungeeignet. In den

Dimensionen, die nun das Handeln bestimmen, trägt das Krisenlernpensum Früchte: Geldpakete brauchen nur eine attraktive Schauseite. Einschüchternd muss sie wirken, um Kritiker abzuweisen. Im Paket ist Geld, das wir nicht haben, weil es heute nur auf die symbolische Wirkung der Lieferung ankommt. Eben noch haben die Politiker den Bankern untersagt, solche surrealen Pakete zu packen, deren Geldversprechen der Absender nicht einlösen kann.

Willkommen im Club, könnten die sogenannten Zocker dem Meisterzocker zurufen, zu dem sich der Staat entwickelt hat. Wie soll jetzt das nächste Kapitel im Bändigungsplan der Politik für die Dealer in den Banken ablaufen? Und wer bändigt nun wen? Beide Seiten verspielen Geld, das ihnen nicht gehört. Beide glauben an eine Geldweltordnung.

Können wir uns überhaupt noch auf eine andere Werteordnung einigen, in der das Geld als Mediator auftritt? Es war kein Zufall, dass der Goldman-Chef Lloyd Blankfein genau diese Vokabel wählte, um der Börsenaufseherin Mary Shapiro und dem Medienpublikum zu erklären, was die Rolle seiner Bank eigentlich sei. Sie sei ein »Mediator«, sagte er mit feinem Lächeln, ein Vermittler zwischen zweien, die ein Geschäft miteinander, nicht gegeneinander machen wollen.

Wenn einer das Ideal guter Geschäfte kennt, dann ist es Blankfein. Wer ihn 2010 als Beschuldigten agieren sah, dem fiel unweigerlich das Paradox aus Goethes *Faust* ein, das von dem Verführer handelt, dem Faust seine Seele verkauft. Der schillernde Seelenkäufer, so Goethe, sei einer, »der stets das Böse will und stets das Gute schafft«.

XI
DIE FINANZKRISE IST
DIE KRISE UNSERES ETHOS

Ethik in Fesseln

Ethik ist eine Gefangene. Es sind nicht nur die Fesseln der Gier, die sie zum Schweigen bringen, wo die selbsternannten Eliten ihr Spiel machen. Ethik spielt nicht. Ethik stört. Sie ist die Spielverderberin, und sie hat die falschen Freunde. Ethik entwickelt keinen Glanz. Trotzdem will sie die Königin der Disziplinen sein. Es gibt keine ›ethische Elite‹, die bei den glanzvollen Meetings der *winner* das Wort ergreifen dürfte. Ethik-Statements sind immer geliehene Statements. Ethik-Vorträge halten nur geladene Gäste, deren Status als Außenseiter wenn nicht durch die Mönchskutte, dann durch den Moderator bekanntgemacht wird. Durchreisende liefern den Augenblick zum Durchatmen: Ethik wäscht unser Gewissen in Unschuld. Der Applaus nach Ethik-Vorlesungen klingt weich und dankbar. *Standing ovations* für die Boten aus der Welt des Guten sind selten: Ethik mit Glanz würde uns in Konflikte stürzen.

Die Ethik ist ja in den falschen Händen, und da soll sie bleiben. Es ist eine Mehrheitsentscheidung, über die niemand reden will. Viele wissen: Die Entscheidung ist falsch, aber was wäre, wenn die Ethik an die Macht käme?

Wer sie mächtig machen will, der müsste ihre Fesseln sprengen. Das Fatale: Die heimliche Allianz der Finanzanarchisten und ihrer Freunde und Opfer im Finanzwesen und in der Politik ist entschlossen, die Außenseiterrolle der Ethik aufrechtzuerhalten. Entfesselte Ethik würde nicht nur die Ausbeuter im Namen des Geldes stoppen; sie wird den Radikalismus der Regulierer und die Überheblichkeit der Bankerbändiger ins Scheinwerferlicht jener Kardinaltugenden stellen, die sie alle mit allzu guten Gründen nur mit Gästekarte zulassen.

Ethik ist gefährlich, wenn sie freien Zutritt hat. Wo sie zugelassen wird, da ändert sie die Spielregeln. Die Bedrohten aller Lager haben eine gemeinsame Strategie entwickelt, um Ethik kaltzustellen. Erster Schritt: keine Definition. Die Botschaft: Ethik ist überall. Sie gehört niemandem und weht, wo sie will. Wer eine Philosophie für sein Handeln entwickelt hat, der kann ein paar Gramm Business- oder Ganoven-Ethik für sich in Anspruch nehmen. Ethik als Passepartout. Schon sind die großen Player Ethik-Fans: Die Ethik der Geldvermehrung stiftet öffentlichen Nutzen. Die Ethik der Dealer schafft Werte aus dem Nichts. Die Ethik der Hehler nimmt sogar der deutsche Finanzminister für sich in Anspruch.

Auch wenn die Verteidigungsstrategie der Krisendriver noch nicht so ausgereift ist, dass sie ihr Businesskonzept als Spezialfall von Wirtschaftsethik erläutern: Was sie vorbringen, ist genau dies. Im Klartext heißt es: »Ich bin nützlich, weil ich ein wenig korrupt bin, ruft uns der berauschte Börsenhändler zu; ich agiere als euer Stellvertreter, weil euch der Mut zu den lukrativen Geschäften fehlt; ich mache die Firma um Milliarden reicher, das nützt euch als ihren Kunden! Mein Ethos gilt den Geldzielen meines Arbeitstages. Wollt ihr mir sagen, ich sei falschen Geschäftsfeld, um von Ethik reden zu dürfen?« Die Replik kommt nicht gerade flüssig. Meist kommt gar keine. Ähnlichen Zuschnitt haben die Auftritte der Topbanker vom Schlag Blankfein: Die Zuhörer bleiben befangen zurück und fühlen einen Anflug von Ohnmacht.Blankfein weckt den Verbündeten in ihnen, tief im Stammhirn, wo die Kernemotionen rumoren und der Dauerkonflikt wie ein schlafender Wolf geweckt wird: *Change it, love it, or leave it.*

Vor allem das nehmen seine Verhörer ihm übel: dass er ihre geheime Solidarität aufweckt, die Solidarität der Geldsüchtigen, die sich ins gegnerische Lager verschlagen sehen. Auch ihr Ethos nimmt Schaden in dieser Gegenüberstellung, obwohl sie pro forma ›auf der richtigen Seite‹ stehen; es wird beschädigt von ihrer Unaufrichtigkeit.

Die Ethik ist nicht die geborene Siegerin, und wir hören niemanden darüber klagen, dass sie auch bei ihren Auftritten unter dem Schutz von Experten, den Theologen oder Philosophen, keinen Glanz entwickelt. Auch ihre gelehrten oder gläubigen Verteidiger präsentieren die Ethik nicht als powervolle Gottheit, im gleichen Rang wie das Geld, der Ruhm, die Macht. Fragt man nach, so sagen diese Zeugen: »Geld, Macht, Ruhm – die legen wir im Namen der Ethik alle an die Kette.« – »Aber die Ethik selbst«, sagt ein erschrockener Zuhörer, »die liegt doch selbst an der Kette! Sie ist doch eher eine Magd als eine Göttin, wenn ich ihre flüchtigen Auftritte bei Firmenjubiläen, Totenfeiern und machtlosen Seminaristen sehe.«

Merkwürdig genug: Die Ethik ist eine eher biedere, uneitle und zu allem Unglück geschlechtslose Gestalt. Sie ist eben nicht Athene mit Helm und Schwert, sie ist nicht Diana, die Göttin der Jagd, mit Pfeil und Bogen. Und sie ist schon gar nicht Aphrodite, die Liebesgöttin, betörend und verlockend. Es gibt keine Allegorie der Ethik, und genau das macht sie zum Objekt der Willkür.

Und hier beginnt das Wunder. Da sie kein Glamourgirl ist, möchte keiner von den eleganten Managementstars mit ihr gesehen werden. Aber dieselben eitlen Vögel und Autisten in Spitzenjobs legen großen Wert darauf, von ihr gehört zu haben – ja, sie zu kennen. Goldman Sachs hat ja die Liaison mit der

Außenseiterin im Frühjahr 2010 publik gemacht unter dem Motto: »Ethik-Abstinenz schadet dem Geschäft.« Schon ist sie geboren, eine fundierte Ethik des Geldes, der viele Firmen nacheifern werden.

Die Ethik kommt so unspektakulär aus dem Griechischen – Ethos heißt Herkommen, Gewohnheit –, dass ihr Schattendasein kaum verwundert. Wer braucht schon eine »Wissenschaft vom Sittlichen«, wie die Philosophen etwas entrückt formulieren, um den Alltag zu bestehen? Umso mehr verwundert die irritierende Aura, die die Ethik entwickelt hat. Zumindest in unseren Köpfen hat sie sich eine Sonderzone erobert, die Abstand sichert: Ethik ist kein Thema für die Zigarettenpause oder den Espresso zwischendurch. Obwohl wir wissen, dass sie eines fernen, vielleicht utopischen Tages unsere Schutzmacht im Alltag sein sollte, behandeln wir sie mit Scheu und Ehrfurcht. Ethik-Experten sind etwas für besondere Anlässe. So vergessen wir fast, dass Ethik die Anwältin der Alltagstugenden sein sollte; dass sie unsere Rechte und Pflichten garantiert.

Das ethische Alltagsgepäck ist schmal und leicht: Die »Mutter aller Tugenden«, wie Thomas von Aquin die Klugheit nennt, lehrt den täglichen Dreischritt: abwägen, urteilen, entscheiden. Gerechtigkeit, Mut und Maß begleiten sie. Das ethische Quartett bestätigt seine Tauglichkeit seit Tausenden von Jahren; es sagt also tatsächlich etwas über unser ›Herkommen‹ aus der antiken Welt. Der Kulturschock Christentum konnte den vier Kernbotschaften des Aristoteles nichts Besseres hinzufügen; sie blieben der Cantus firmus, mal lauter, mal leiser, für den ethischen Kanon des Abendlandes. Nur um die Herolde dieser leichten Botschaft stand es immer schlecht. Woran liegt das?

Wir mögen sie ja, die Ethik der anderen. Als Abnehmer von Ethik haben wir kein Problem. Wir schätzen kluge Entscheidungen, wenn sie uns nützen; wir mögen Urteile zu unseren

Gunsten, und wir preisen die Vernunft der Entscheider, wenn sie unseren Zielen dient. Wir sind mit Freuden Objekte von Gerechtigkeit, wenn sie unsere Besitzstände mehrt statt schmälert. ›Täter‹ im Feld der Gerechtigkeit sind wir weniger gern. Wir mögen Leute, die uns mutig verteidigen. Den schmalen Grat zwischen Tollkühnheit und Feigheit, auf dem die Mutigen wandeln, meiden wir gern und nennen das: Klugheit. Das rechte Maß zu finden beim Konsum, beim Spekulieren, das sei wohl eher Ermessenssache, meinen wir.

Als Verbraucher von Nächsten-Ethik sind wir gute Mitspieler. Auf der Geberseite könnten wir noch etwas besser werden – wenn wir das Talent der andern hätten, denen Ethik einfach leichter fällt als uns, sonst würden sie doch auch die Finger davon lassen. Da beschleicht uns ein Verdacht: Vielleicht verhalten die ›ethisch Überlegenen‹ sich nur aus Eigenliebe vorbildlich, um unser Lob zu kassieren? Schon haben wir den leisen Anflug von Eifersucht abgewehrt, der uns befiel, als unser Bürokollege wieder einmal gerechter urteilte und mutiger handelte als wir. Er ist ein Streber, so unser Fazit. So einer wollen wir nicht sein.

Es gibt Strategien, diesen negativen Gefühlen bei uns und anderen zu entkommen.

Die Ethik-Falle

Ethik ist nicht der Normalfall, Ethik ist die Ausnahme. Auch wenn die Formulierung ungewohnt ist: Keiner widerspricht. Dass sie in Ketten liegt, ist nicht das Werk entgleister Spekulanten, die nun erfolgreich auf ihre Entmachtung spekulieren.

Im Gegenteil: Die Verdächtigen lösen für einen Firmenauftritt ihre Ketten und machen sie zur Hauptdarstellerin eines ganz neuen Stücks – das noch keiner wirklich verstanden hat.

Ethik als Ausnahme lässt sich vorzüglich orchestrieren – auch wenn der beliebteste Effekt, das Bischofslila, aktuell eine sorgfältige Recherche zum Träger verlangt. Basilius Streithofen, streitbarer Dominikaner, wählte zu solchen Terminen beim Management der Großkonzerne den ›großen Kampfanzug‹, um die Erwartungen der Weltkinder zu erfüllen. Was er sagte, warf dann Gefühle und Gedanken seiner Gastgeber so durcheinander, dass sie den Dogmatiker und Ökonomen gern in ihre Führungsgremien berufen hätten. Ethik als Ausnahme, das wurde bei diesen Begegnungen klar, ist ein Irrtum. Dass jede ökonomische Entscheidung eine ethische Dimension hat, war noch im eben abgelaufenen Jahrhundert ein geflügeltes Wort.

Erinnern wir uns: Im Zentrum der Marktwirtschaft steht die einzige Größe, die absolut unverkäuflich ist und nie in Zahlen taxiert werden darf: die Würde des Menschen.

Marktwirtschaft rechtfertigt sich ursprünglich nur aus dieser Kernbotschaft: Die unantastbare Größe in der Mitte gibt dem Wettbewerb erst seinen Sinn. »Wirtschaften mit Menschen für Menschen«, das ist die einfachste Formel, die die Herren der Systeme vom Ausweichen in Systemdebatten zurückhält. Wenn Ethik die Ausnahme bleiben soll, dann steht sie überall da nicht zur Verfügung, wo Absender ihre Adressaten im Markt mit schlechten Produkten abspeisen, weil sie die eigene Würde höher einschätzen als die ihrer Geschäftspartner. Das geht heute, vielleicht auch noch morgen, aber der Partner plant schon seine Flucht aus der Geringschätzung seines Lieferanten – nicht aus ethischer Empörung, sondern wegen der Qualitätsverluste, die der egozentrische Anbieter ihm zumutet.

Die meisten Akteure im Markt beginnen dieses Lernpensum eben erst: Auch wenn sie selbst ihr Handeln kalt und berechnend ethikfrei planen, nur am eigenen Vorteil interessiert, laufen sie in die ethische Falle. Noch ehe die Mitarbeiter nachlassen, verabschiedet sich ein Geschäftspartner nach dem andern. Auch sie werden dem arroganten Anbieter nicht zuverlässig sagen können, was sie entbehren. Vertrauen vielleicht, Berechenbarkeit, Qualitätssicherheit – ganz unprofessionell sagt einer: »Die Temperatur der Geschäftsbeziehung ist einfach etwas zu niedrig. Meine Leute frieren.«

Wer sagt es dem Geschäftspartner? Keiner. Bald fängt er selbst an zu frieren: Das ist die ethische Falle.

Die Ethik in Fesseln: So hat es jeder leicht, sie als Exotin weiträumig zu umfahren. Nicht alle ihre Verteidiger erscheinen im ›großen Kampfanzug‹ und erobern die ethikfernen Topetagen im Sturm. Nur die seltenen Gäste aus Kirche und Philosophie haben ein vertrauteres Verhältnis zu ihr und scheinen sie nicht zu fürchten. Wer sie nur selten und nur durch die Augen seltener Gäste sieht, teilt alle Vorurteile, die im Umlauf sind. Die Liste dieser voreiligen Urteile ist lang.

Ethik fordert, heißt es da. Ethik kommt meist mit phantasielosen, regelkonformen Leuten zu uns. Sie leben in einem anderen Wertekanon als wir. Was uns begeistert, scheint im Namen der Ethik nicht mehr erlaubt. Ethik ist ein Ideenkiller, weil sie Vorschriften liefert. Ethik ist humorlos – oder ihre Verteidiger sind es. Ethik bringt eine Welt der Gebote. Ethik kostet Freiheit.

Ethiker sind Besserwisser. Davon haben wir auch ohne Ethik schon genug. Sie wird oft von Langweilern vertreten. Ja, sie ist in den falschen Händen. »Ethik wird oft von Menschen vertreten, die nichts von dem können, was unsere Firma kann, und die nichts schätzen, was wir können. Nur ethisch ›richtig‹ sollen wir sein. Nicht leidenschaftlich, nicht klug, nicht schnell, nicht kreativ, nicht innovativ.« – »Ethik tötet Spontaneität. Mit der Ethik drängt sich eine Welt in unser Leben, die wir als Kinder verlassen haben: die Welt von Erlaubt und Verboten, von Gut und Böse. Vergnügen erscheint plötzlich als Fremdwort, Spaß bleibt uns in der Kehle stecken. Lebensfreude durch Ethik? Ein heilloser Widerspruch.«

»Ethik? Da spürt man: Gutsein tut weh«, sagt eine junge Chemikerin. »Ethik? Ist das eine Welt ohne Risiko? Dann ist es nicht meine Welt«, sagt der Investmentbanker. »Ich möchte ab und zu so richtig berauscht sein von meinen Erfolgen. Ist das nun ethisch erlaubt oder verboten?« fragt ein junger Ingenieur. »Ethik ist ein Spießerkonzept. Sie glänzt nicht, sie sprüht keine Funken. Nichts für mich.« – »Und: Es sind die falschen Leute, die mit ihr daherkommen!« wirft sein Freund erregt ein. »Zeig mir einen, der Ethik vertritt und gleichzeitig Alphamanieren hat! Wenn Ethik die Königstugend wäre oder das Erfolgsgeheimnis für die besten Geschäfte, dann würden wir ganz schnell die Seite wechseln«, fügt er lebhaft hinzu.

Ethik als Prinzip der Lustlosigkeit; so empfinden es die meisten Leute, die sie nur aus flüchtigen Begegnungen kennen. Ethik ist immer nur als Durchreisende zu besichtigen. Mit Gästen, die morgen schon wieder woanders von ihr reden werden oder in ihr Kloster, in ihr wissenschaftliches Institut zurückkehren.

Appetit auf Ethik wecken sie schon deshalb nicht, weil sie so anders leben als ihre Zuhörer im Business.

Fast alle Manager haben einen professionell gesicherten Abstand zur Ethik. Dass sie das Handeln im Management und auf den Märkten verlässlicher machen könnte, halten manche für möglich. Dass sie es auch erfolgreicher machen würde, glauben die wenigsten. Und genau das ist der Fall.

Lösen wir also die Ketten. In den Finanzmärkten herrscht Gegenwind für Ethik. Man ruft nach Regeln, mit denen die Lust am Risiko stranguliert werden soll. Man fordert Strafen, die den Übermut der Abenteurer dämpfen sollen.

Wenn wir aus der Krise in eine Welt voller Verbote und Regeln gehen, wird die Kreativität der Regelbrecher zunehmen. Wir werden nur noch als Jäger und Gejagte existieren. Innovation wird sich lediglich in den aufsteigenden Ländern und Kontinenten abspielen, nicht bei uns.

Die Ethik wechselt den Kerkermeister. Nicht mehr die Gier, sondern die Bändiger der Gier legen sie in Ketten

Eine entschlossene Umkehr beginnt damit, dass wir die Finanzkrise als eine Krise unseres Ethos erkennen. Wenn »Wirtschaften mit Menschen für Menschen« das ethische Credo beschreibt, dem die Märkte folgen sollen, dann ist das Motto der Versandorgie, die unsere ethikferne Gesamtveranstaltung entlarvt hat, »Wirtschaften mit viel Geld für noch mehr Geld«, ein Katastrophenprogramm, weil Menschen in diesem Projekt allen Ernstes nicht vorkommen, außer an der Startrampe der Geldpakete, wo ein Ethik-Vakuum jedes Gegenüber im Markt ausblendete. Die ›Partner‹, denen man die explosive Fracht zuschickte, waren von Anfang an als Opfer gedacht, ein auf Kollaps geplanter Coup ohne Anschlussgeschäfte.

Jeder Versuch, die Krise und ihre Vorgeschichte in ihrem Kern zu beschreiben, landet bei ethischen Kategorien. Man kann sie als einen Blackout der Verantwortung beschreiben und erschrocken feststellen: Ethik ohne Verantwortung ›geht nicht‹.

Verantwortung ist ja nicht nur ein Frage- und Antwortspiel, sondern ›sich verantworten‹ bedeutet Rechenschaft ablegen, Reden und Tun begründen, die Wahrheit sagen.

Die Krise als Massenflucht aus der Verantwortung zeigt all jene gemeinsam auf der Flucht, die heute nicht mehr zusammen gesehen werden wollen: Banker, Ökonomen und Politiker.

Überall verändertes Bühnenlicht: Es sind nicht die Gesichter von Schwerkriminellen, in die wir schauen, wenn wir den globalen Exitus aus der Alltagsverantwortung verstehen wollen. Was sie taten, »hat wenig damit zu tun, dass sie finstere Motive hatten«, sagt der St. Galler Philosoph Dieter Thomä.[95] »Vielmehr waren sie in einem weiteren Sinne unverantwortlich: Sie wussten gar nicht mehr, wie Verantwortung geht.« Der Philosoph sieht hier »eine grundlegende Störung oder Zerstörung der Praxis … der Verantwortung.«

Wenn Engländer *responsibility* sagen, dann meinen sie eben nicht jene Antworten, die wir geben, um der Verantwortung auszuweichen. Die deutsche Vorsilbe »Ver« leitet immer ein Intensivum ein: Ver-sprechen, ver-geben, ver-lassen zeigen es.

Verantwortung spielt immer in der Zeit. Wer sich nicht an gestern erinnert, flieht vor der Verantwortung. Die Zerstörung von Verantwortung beginnt schon auf den ersten Metern zu einem Erfolgslauf neuer Art, der den Läufern jene Alltagsvernunft raubt, die Thomas von Aquin die »Mutter aller Tugenden« nennt. Schon »im Aufgalopp zur Krise«, sagt Dieter Thomä, demontieren die berauschten Spieler ihren Status als Handelnde. Verantwortung passt nicht in die wilde Welt, die sie soeben betreten. »Man ist getrieben. Man ist gierig, man spielt mit. Man versteckt sich hinter Produkten«, und man liefert Versprechen, die man nicht selbst einlösen will: Anonyme

---

95 *Neue Zürcher Zeitung*, 24.6. 2009, S. 41.

Marktprozesse sollen das erledigen. Der Anbieter verpflichtet sich zu fast nichts. Er tritt seine Verantwortung gar nicht erst an, und er findet genug geldhungrige Mitspieler, die das gar nicht interessiert, solange das Geldversprechen sie in Atem hält. Sie alle, Anbieter und Investoren, sind Getriebene. Sie alle, die heute auf verschiedenen Seiten stehen, hatten, als das große Geschäft winkte, Verantwortung bereits verlernt. Damit waren sie präpariert für den großen Deal.

Und sie alle wussten: Marktprozesse kann man nicht zur Rechenschaft ziehen; deshalb sind sie der ideale Ort zur Endlagerung von versäumter Verantwortung. Darum begleiten den Krisen-Aufgalopp überschwengliche Versprechungen: Niemand hat versprochen: Ich löse sie ein. ›Der Markt‹, die Gemeinschaft der Begehrlichen, soll sie einlösen.

Strategischer Flankenschutz für die Flüchtlinge ist die Demontage ihres Zeitbewußtseins. »Gestern? – Moment mal, was war gestern? Und wo war ich? Mit wem? Das ist schwer zu rekonstruieren …« Der Abschied von der Verantwortung braucht dieses Zeitverständnis.

Wer nur im Jetzt lebt und schnell sein will, muss den dünnen Faden zum Gestern jeden Morgen zerreißen. Wer ungeduldig bleiben will, muss Erinnerung vertreiben.

Ein Minimum an Geduld und das Maximum an kurzfristigem Ertrag gehören zusammen. ›Verantwortung‹ hat da keine Chance. ›Nachhaltigkeit‹ wird zur Torheit.

Das Leben unter Getriebenen ohne Verantwortung ist auch ein Askesemodell, das die Lebensphilosophie verändert: Am erfolgreichsten wird man in dieser *community* ohne Beziehungen, die auf Liebe, Treue und Verlässlichkeit gründen.

Wer sich besonders nachhaltig aus dem Machtbereich der Ethik verabschieden will, muss sich aus der Bereitschaft zu antworten herausschießen.

Die Fähigkeit und die Chance, sich zu ver-antworten, hat ihren Platz in der Mitte der Ethik.

Die eben absolvierte *bad story* der Geldverbrenner erlebt auch deshalb ein Revival, weil die Flucht aus der Verantwortung nun auch für ganze Staaten straffrei gestellt wird. Die kollektive Geringschätzung von Verantwortung, die aus den Rettungsorgien für verantwortungslose Wirtschaftspartner spricht, wird die ›Retter‹ bald außer Stand setzen, ihre vermeintliche Verantwortung weiter wahrzunehmen.

Nicht die Regeln, mit denen wir einander bedrohen, nicht die Selbstermächtigung der Politik über ein Business, das sie kaum versteht, werden irgendeinen von den Flüchtlingen in die gemeinsame Verantwortung zurückholen.

XII
DIE IMMUNSTÖRUNG HEILEN?
DIE HOHENPRIESTER DER
GELDRELIGION LIEFERN EIN
THERAPIEVERSPRECHEN

Eine kühne neue Rangordnung der Werte: Ethik als strategischer Erfolgsfaktor

Ethik als fernes Elysium? Als verlorenes Paradies? Nicht für Goldman Sachs. Die Firma kennt sich überall aus. Nicht nur im Schattenreich, hart an den Grenzen der Legalität, sondern auch im Reich des Guten, in den Gärten Arkadiens. Wo die Götterlieblinge mit den Philosophen lustwandeln, ist Goldman Sachs mitten unter ihnen.

Lange vor der Attacke der New Yorker Börsenaufsicht, am 26. Februar 2010, hat das Bankhaus, vorausschauend wie kein zweites, seinen Rechenschaftsbericht als ethisches Schwergewicht geliefert, das allen Feinden des Hauses beweist: Bei Goldman sind Leute unterwegs, die wissen, was sie tun. Die ethisch reflektieren, was sie dürfen und was nicht. Die immaterielle Faktoren für Erfolg und Misserfolg ernster nehmen als materielle.

Die oberste Börsenaufseherin, Mary Shapiro, hat es nicht zufällig vermieden, aus den Ethik-Passagen dieses Berichts zu zitieren, als sie das Tribunal gegen Goldman und andere leitete: Wen immer das Bankhaus für die Ethik-Vorlesung gewonnen haben mag, die es der Finanzgemeinde und der Politik geliefert hat: Es gelingt Goldman immer wieder, die Besten für sich zu beschäftigen.

Schon auf den zweiten Blick ist es eine gute Nachricht, dass Goldman Sachs, der verdächtigste Kandidat von allen, sein *business behaviour* ins Licht ethischer Normen stellt, die er nur teilweise erfüllt. Die Botschaft heißt: Wir wissen, wie wir handeln sollten. Wir handeln aber nicht immer so. Wir wollen uns in Zukunft an den selbstgewählten Normen messen lassen.

Goldman riskiert diese softe Melodie nicht als gläubiger Anhänger der These, Ethik als Reputationslieferant ›rechne sich‹. Die Großkunden rechnen ähnlich virtuos wie die Bank selbst, aber nicht mit Ethik. Die Pfeile der Gegner abzulenken, ist das wichtigere Motiv für das Ethik-Kapitel im Jahresbericht. Trends bedienen, solange es nichts kostet, Attacken entschärfen, der erste sein, der den neuen Sound für das Marketing ab 2010 gefunden hat: Die Company, die vor allen anderen die neue Story schreibt, ohne dafür mehr bezahlen zu müssen als ein Ghostwriterhonorar, das ist ein lohnendes Ziel.

Die andern werden aus der Goldman-Story zitieren. Und sie haben damit schon begonnen: Der Vorsitzende des Schweizer Netzwerks Wirtschaftsethik, Professor Peter Seele von der Universität Basel, erklärt den 26. Februar zum Wendepunkt: »Seit jenem Datum ist nämlich endgültig klar: Ethik betrifft das Geschäft ... und Fehlverhalten sowie schlechte Presse ... drücken die Gewinne. Ethik ist fortan mit der Legitimation der Wall Street als Thema der Unternehmenskommunikation und des Risikomanagements etabliert«, so Seele. Der Bericht sei ein »Meilenstein der Anerkennung und Berechtigung einer Wirtschaftsethik«.[96]

Was unter dem Titel »Risikofaktoren« in diesem Jahresbericht auftaucht, ist nicht weniger als die hellsichtige Generalprobe für die Verteidigungsstrategie vor dem Aufsichtstribunal. In einem Atemzug werden die Klassiker des Risikomanagements

---

96 *Neue Zürcher Zeitung*, 28.4.2010, S. 23.

wie Markt-, Kredit- und Liquiditätsrisiken mit dem *reputational risk* verknüpft, dem Reputationsverlust.

Der Amerikaner Charles Elson, Direktor des Zentrums für Corporate Governance an der Universität Delaware, schreibt dazu im *Wall Street Journal*, Goldman liefere damit erstmalig, was bisher kein Wettbewerber auf den Markt gebracht habe: die Gleichstellung von Profit und Reputation als unternehmerische Herausforderungen.[97]

Dass ausgerechnet Goldman Sachs mit dieser kühnen neuen Rangordnung der Werte vorprescht, spricht für die überlegene Witterung der Risikomanager, die sich schon in der Krise bewährt hatte. Die Skala der kardinalen Risiken im Handstreich um Ziele anzureichern, die aus der Gegenwelt der schillernden Company kommen und eher als Zwischenrufe von Außenseitern bekannt sind, ist ein Schachzug, der die Neider nicht kalt lassen wird. Mit unwiderstehlicher Logik liefert das Kapitel »*Risk Factors*« all jene Details, die Monate später zum Absturz der Aktie und zur internationalen Jagdstimmung gegen das Bankhaus führen sollten. Goldman wusste offenbar ziemlich genau, in welches Sperrfeuer die Bank geraten würde.

Der Jahresbericht strahlt dagegen die Gelassenheit eines Ratgebers aus, der die neuen Kapitel Risikomanagement für die *financial community* abhandelt. Die Früherkennung neuer Risikofaktoren als souveräne Dienstleistung an die Wettbewerber, die noch nicht verstanden haben, wie der neue Gefahrenmix aussieht: eine Dominanzgeste ganz nach Blankfeins Geschmack. Exzellent auch die Sprachkultur der Passagen: Mögliche, aber vermeidbare Verfehlungen werden in geschmeidige Konjunktive gekleidet: Hier steht ein Warner auf der Bühne, der keine eigene Verfehlung zu bekennen hat.

---

97 *The Wall Street Journal*, 1.3.2010.

Feindselige Presse, so liest man da, bedroht den Geschäftserfolg auch dann, wenn sie falsche Anschuldigungen vorträgt. Medienberichte über die Finanzbranche, so das Risiko-Kapitel weiter, die im Zusammenhang mit der Finanzkrise erscheinen, könnten zu Untersuchungen, Regulierungen und Gesetzen führen, die – man höre – das Management zu hohem Verwaltungs- und Zeitaufwand zwingen könnten. Die Ablenkung von Energien, die dem Business gelten sollten, sei der eigentliche Schaden: »They divert the managers from our business.« Und nochmals: Strafmaßnahmen und Bußgelder könnten allein aufgrund negativer Medienberichte verhängt werden.

Das Goldman-Kapitel zur Business-Ethik appelliert nicht an die Gegner; es stellt fest. Die Lehren heißen: Medien sind mächtig, gleichviel ob sie die Wahrheit kennen und sagen, und Aufsichtsgremien sind nicht immun gegen machtvolle Medienauftritte. Soweit, so vertraut – aber die Folgerung lautet eben nicht wie früher: Wenn wir unschuldig sind, wird unsere Ehre im Handumdrehen wiederhergestellt sein, sondern die neue Botschaft aus den Fegefeuern der Business-Ethik lautet: »Achte darauf, ab wann die pure Meinung der andern deinen Gewinn drückt.«

Die Herren steigen also vom hohen Ross. Nicht nur wir sind mächtig, heißt die Nachricht, die andern werden umso mächtiger, je weniger sie uns mögen. Noch wichtiger aber: Nein, wir können sie nicht kaufen. Wir haben verstanden, dass es Zonen gibt, in denen unsere Kaufkraft ohnmächtig bleibt.

Goldman hat, gegen seine eigene Planung und gegen sein rüdes Werteset, unter dem Druck ›der andern‹, die Lust auf Gegnerschaft hatten, auch wenn sie morgen schon wieder an seinen Geldsäcken knabbern werden, eine Sonderzone betreten, wo die Macht des Geldes versagt: die Welt der Ethik.

Es ist schwieriges Gelände für Leute, die hart am Wind zu segeln gewöhnt sind und viele juristische Triumphe eingefahren haben. Was die Stars der Branche kennen und beherrschen, garantierte diese Triumphe: tiefe Schleifspuren an den Grenzen der Legalität hinterlassen, erstklassig juristisch begleitet als Sieger vom Platz gehen – darin sind sie Meister.

Ethik ist unvertrautes Gelände, weil Logik und List hier ohne Sieg bleiben. Weil man sogar ohne Sieg vom Platz geschickt werden kann, obwohl man unschuldig ist.

Wenn ein Haus wie Goldman solche Lektionen lernt, dann weil sie unausweichlich sind. Unausweichlich sind für die *moneymaker* Lehren, die den Gewinn schmälern.

So erreicht die Ethik die Loge der Erwählten auf dem Umweg über deren Leidenschaft: das Geld.

Die ethische Sensibilität der Bankmanager hat sich im neuen Gelände schnell verfeinert: Negative Begleitmusik, so die neue Philosophie, beschädigt auch den Markenwert. Und ethische Einwände von außen, so die nächste Erkenntnis, können juristisch in Unschuld gewaschene Hände schmutzig erscheinen lassen. In diesen bisher unbekannten Klimazonen schwindet auch die Motivation der Mitarbeiter, schreibt der Goldman-Bericht. Wo Leistung nachlässt, geht Qualität verloren; das Geschäftsergebnis leidet.

Falls es Goldman und anderen in der Branche gelingt, die Risikowahrnehmung der gesamten Company auf die bisher unterschätzten Gefahrenzonen jenseits der Legalitätsbeweise auszudehnen, dann ist ein unerwarteter Weg gefunden, zwei Welten miteinander zu verbinden, deren gemeinsames Programm bisher das wechselseitige Misstrauen war: Geldbusiness und Ethik.

Der Impuls, sich mit ethischer Kompetenz auszustatten, kommt bei Goldman Sachs aus der zuverlässigsten Motivationsquelle, dem Gewinninteresse. Dass ethische Zwischenrufe durchschlagen auf das Geschäftsergebnis, war zunächst für Goldman nur empörend. Man hatte sich über Jahrzehnte, wie zahllose Kollegen im Finanzmanagement, an die Geringschätzung der Zaungäste aus der Welt der immateriellen Werte gewöhnt. Man glaubte, sie vernachlässigen zu können. Erst die jüngsten Kapitel unserer Geldgeschichte, die im Zeichen der Finanzkrise abrollten, lehrten die exponiertesten Geldhäuser die Macht der ethischen Einwände kennen: Ethisch getriebene Power packte sich den Aktienkurs und diktierte ihm Tiefstände, gegen die das Management machtlos war. Ganze Heere von Anklägern formierten sich; der schnelle Schwenk der politischen Spendenrichtung half so wenig wie die Topzahlen beim Quartalsbericht gegen die allgemeine Jagdstimmung.

Goldman griff zum allerletzten Mittel, dem Blitzkurs in Business-Ethik – und eröffnete damit nicht nur der Finanz-*community*, sondern der Wirtschaft insgesamt eine Chance, deren Gewicht erst Schritt für Schritt erkannt werden wird.

Wenn die Unsinkbaren unter den Geldtankern plötzlich hellhörig werden für Geräusche, die sie früher mit Ironie übergangen haben; wenn sie urplötzlich weitsichtig werden für Wetterfronten, die nicht aus Geldpaketen bestehen, sondern aus Meinungen, Meldungen und Ideen, die nur kosten, ohne dass man sie kaufen kann, dann sind die ersten Buchstaben einer neuen Story geschrieben, die von der Immunlage der Unternehmen und der Krisengesellschaften handelt.

Wenn wir die Krise als eine schwere Immunstörung der reichen Kulturen begreifen, eine Autoimmunerkrankung, die zur Selbstzerstörung der Lebenssysteme führt, die wir bewohnen, dann erkennen wir die eben erst eröffnete Kommunikation zwischen den Hohenpriestern der Geldreligion und den Vaganten der Ethik als ein Therapieversprechen.

Die meisten Beobachter haben die Wucht unterschätzt, mit der die verachtete Ethik in den operativen Erfolg einschlagen kann wie ein Meteorit. Kaum einer unter den Kommentatoren der Angriffe auf Goldman Sachs hätte gewettet, dass es am Ende das Gewinnstreben der Manager sein würde, das der Ethik einen Ehrenplatz unter den Businesstugenden einräumen würde. Goldman Sachs, den seine Neider zum Bösewicht vom Dienst gemacht hatten, stellt sie wieder einmal alle in den Schatten: Ausgerechnet Goldman macht die Ethik geschäftsfähig.

Ethik als Vertrauensgenerator

Ethik als Business-Projekt hat von Anfang an ein ganz anderes Gesicht als die Ethik der Gastredner. Das Wohlwollen, das sie erfahren, hat mindestens zwei Gründe. Der erste: Sie entlasten das Gewissen der Gastgeber. Der zweite: Sie gehen wieder. Versprochen. Der *worst case* könnte so aussehen: Ein Ethik-Referent teilt mit, dass er in die Firma eintreten möchte. Die Verlegenheit der Gastgeber wäre so groß wie ihr Schrecken bei der Vorstellung, dass der Gesundbeter nun täglich erscheinen will. Dass er seinen Sonderstatus abwerfen und nicht mehr als Beichtvater verfügbar sein will.

Ethik als Business-Projekt entspricht einer ganz neuen Botschaft. Sie lautet: Ethik ist unlösbar mit allem, was wir können und tun, verbunden. Sie weiterhin als eine Insel zu behandeln, die man bei Firmenfesten anrudert, ist nicht nur Unfug, es ist geschäftsschädigend. Ethik hat mit dem Tag, an dem das Projekt startet, einen Statusgewinn im Unternehmen, der einem Sprung vom Praktikanten zum Generaldirektor gleicht.

Mit dem Statusgewinn für die Ethik entert ein ganzer Satz neuer Spielregeln die Firma. Regel Nummer eins: ethisch vorbildliches Verhalten belohnen! Sofort muss das Studium der Konditionen beginnen, die zu diesen ganz neuen Ethik-Boni führen.

Und schon fehlen sie uns: die Nichtverstrickten. Die Gastredner. Bald holen wir sie als Berater, die nicht unseren Zwängen unterliegen. Nun aber wird es ernster als früher: Da streckten die Manager sich entspannt unter dem warmen Regen der Fremdlingspoesie: Die Aliens aus Studierstuben und Klöstern konnten doch nichts Verbindliches sagen. Nun, seit das Ethos in der Company heimisch werden soll, wollen die Manager Leistung sehen. Was leistet das Ethos, wenn es ernstlich Ergebnisverantwortung mit der Führung teilt?

»Ethik bremst«, sagt da ein junger Mitarbeiter. »Entscheidend ist, was sie bremst, kontert sein Chef amüsiert. »Wenn sie den Verpackungskünstlern in den Arm gefallen wäre, das wäre eine Notbremsung mit globalem Nutzen für die Erträge aller Banken gewesen.« Der junge Mann setzt neu an. »Macht Ethik uns langsamer? war meine Frage. Bremst sie gute Innovationen, stoppt sie Risikobereitschaft und Kreativität?« – Gut, dass der Berater dabeisitzt. »Ich verstehe, was Sie meinen«, beginnt er. Man könnte es auch so ausdrücken: »Kostet ethische Qualität Tempo? Gerät unsere Konkurrenzpower in den Sog der Bremswirkung ständiger ethischer Selbstkontrolle?« Der junge Mann nickt: Genau das will er wissen. »Ethik kostet nicht Tempo, Ethik spart Umwege«, sagt der Berater. »Ihr werdet eure Lieferanten und Kunden jetzt öfter einladen, euch bei der Produktinnovation zu helfen. Ethik reduziert Misstrauen, weil sie Nähe schafft. Nähe festigt die Bindung zu allen Partnern. Ethik ist ein Vertrauensgenerator. Sie ist ein Transparenzmotor. Damit hilft sie auch intern, Fehler schneller zu finden und abzustellen.«

Ethik macht die Firma hellhörig, sie schärft ihre Witterung für Chancen und Gefahren. Die Company lernt, mit den Augen ihrer Kunden zu sehen. Schnell begreifen alle: Ethik ist nicht Weihrauch für seltene Stunden, sondern ein Fitnesskonzept für den Alltag. Die Listen der neuen Perspektive der Firma auf sich und ihre Partner werden täglich länger. Ethik macht Mitarbeiter sicherer. Sie stärkt das Management nach innen und außen.

Ethik ist ein Powerplay, begreifen die Projekt-Teams. Viele spüren erst jetzt die ethische Heimatlosigkeit des Business, in dem sie gearbeitet haben.

Mit dem ethischen Projekt kommt eine neue *life attitude* in die Unternehmen: vom Systemdruck zur Berechenbarkeit durch Menschen und für Menschen. Ethik macht ernst mit Zielen, die sich das Business der geldgesteuerten Gier gar nicht setzen konnte: *Achieve the impossible*, der Leitsatz der Besten, wird zum realistischen Ziel.

Legenden fallen – nun wirklich wie Dominosteine. Ethik, so begreifen wir, ist nicht Forderung, sondern Versprechen. Ethik ist nicht Verzicht auf unsere kühnsten Träume, sondern ihre Bestätigung. Sie verspricht nicht Rausch, weil sie nicht die Flucht verspricht. Sie verspricht Ankunft. Bei dem, was wir wirklich können, was uns mit anderen verbindet, statt uns einsam zu machen. Ethik ist die Rückkehr zum menschlichen Maß als Erlebnis der Fülle, nicht des Verlusts.

All das steht in der alten Legende über Ethik nicht geschrieben.

Ethik ist nicht die eiserne Reserve, sondern erneuerbare Energie. Einige Banken haben das bereits begriffen. »Ethisch orientierte Banken erleben seit Ausbruch der Finanzkrise ein wahres

Wachstumswunder«, so berichtet das *Handelsblatt*.[98] Die genossenschaftliche GSL-Bank steigerte ihre Kundenzahl 2009 um 11 000 auf 73 000 , die Umweltbank gewann im gleichen Jahr zu ihren 10 000 Kunden 70 000 neue. Beide Banken haben einen Wachstumsdruck, von dem einige Großbanken nur träumen können.

Wenn es um Geld geht, fällt die Ethik aus: Staatsversagen im Bündnis mit Rechtsbrechern

Wie nahe an einer ethischen Wende sind eigentlich die Politiker und Behörden unterwegs, die am häufigsten das Wort ›Sünder‹ benutzen? Zum Beispiel die deutschen Finanzminister und ihre Behörden: Sie reden von ›Steuersündern‹ und rühren damit gezielt an die Tiefenschichten christlicher Gewissen. Das Sündenurteil wirkt: Auch im Verkehr kann man zum ›Sünder‹ werden: die ›Verkehrssünderkartei‹ in Flensburg führt Sündenregister. Das ist logisch: Wer Unfug mit dem Lieblingsspielzeug der Deutschen treibt, ist ein Sünder. Wer Kinder missbraucht, wer Tiere quält, wird nicht zum Sünder erklärt. Er genießt den vollen Schutz des Staates. Sein Name wird auf einen oder zwei Buchstaben eingeschmolzen, seine Täterschaft bleibt eine ›mutmaßliche‹ bis zum zweifelsfreien Beweis; im Zweifel wendet sich alles zu seinen Gunsten.

98 *Handelsblatt,* 10.2.2010.

Das Wort ›Sünde‹ fällt den staatlichen Verfolgern nur noch im Zusammenhang mit Geld ein. Nicht wer Leben vernichtet, wird von Staats wegen mit Gottes Zorn bedroht, sondern wer Geld versteckt, verschiebt, wäscht, veruntreut. Die Logik ist zwingend: Missbrauch am höchsten Gut fordert das blanke Schwert und das christlich legitimierte Vor-Urteil, das den Geldsünder von allen anderen unterscheidet: zur Radikalisierung einer Achtung taugt der sonst im Verschwinden begriffene Christengott allemal. Die Mörder, Räuber, Vergewaltiger und Erpresser dürfen dagegen mit der Sonne staatlicher Gerechtigkeit rechnen.

Wie nahe sind die staatlichen Datenkäufer an der Wiederkehr der Ethik beteiligt?

Vielleicht wählen sie einen Umweg? Einstweilen senden die Staatsvertreter im Datendealing die Botschaft: Rechtsbrecher können sich auf unseren Rechtsstaat verlassen. Das gilt freilich nur für Gelddelikte. Geld führt in die Königsklasse der Straftaten, da wird sofort der liebe Gott zum Zeugen ernannt, und alle Kategorien des Rechts wechseln im Lichte des höchsten Guts die Vorzeichen: *Money talks*. Es erzählt die Story der geldversessenen Gesellschaft, die ihre höchsten Repräsentanten zum Kriminellentreff schickt, um versteckte Beute anzukaufen, die wiederum aus Geld besteht. Geldsüchtige unter sich. Der Informant hat beim konspirativen Treff schon das Delikt geliefert, das ihn zum Geschäftspartner macht: Er hat Datenklau begangen. Nun folgt der Datenverkauf, und die Ganovenehre greift: freies Geleit, Personenschutz, Anonymität. Der Rechtsstaat schützt den Täter, wie er ein Opfer schützen sollte. Aber dieser Täter ist kostbarer als ein Opfer, weil seine Ware kostbarer ist als der höchste Wert in Paragraph 1 unserer Verfassung.

Die Lehre lautet: Liefere durch Rechtsbruch Rechtsbrecher aus, dann zahlt der Staat. Allerdings muss es um das *summum bonum* der ethisch heimatlosen Gesellschaft gehen: das Geld. Bis zu Thomas von Aquins höchsten Gütern, die im Feuer der antiken Philosophie gehärtet und von dem großen Sünder Augustinus übernommen wurden, hat die Spitzencrew der Geldliebhaber in der deutschen Regierung noch einige Sündenkilometer vor sich.

Verkehrte Welt: Selbst der Goldman-Sachs-Chef Lloyd Blankfein ist schon einen Schritt weiter. Er, der sich rühmte, »Gottes Werk« zu verrichten, hat die erste wirklich taugliche Business-Ethik auf den Markt gebracht. Trotz massiver Sündenregister von seiten der Börsenaufsicht bekam er bei der Hauptversammlung der Bank am 7. Mai 80 Prozent der Aktionärsstimmen.

Wo bleibt die neue Ethik der Bundesregierung? Wir machen zuerst die Strafregister, sagt die Regierung. Ob später ethische Grundsätze folgen? Niemand antwortet. Wir appellieren: Wer die Wirtschaft fesselt, Manager verprügelt und Banker an die Kette legt, wird eines sicher nicht tun: die Ethik entfesseln.

Ethik wird das Markenzeichen der Stars im Business

Die neue Ethik kommt von denen, die im Sinne der herrschenden Gesetze Regelbrecher sind. Der Mann aus Nazareth war so einer. Er lief am Sabbat durch die Kornfelder und pflückte Ähren. Er brach täglich die Gesetze der Hohenpriester. Er saß mit den gebrandmarkten Steuersündern, den Zöllnern, zusammen. Er war ihr Held: Sie stiegen auf Bäume, um ihn vorbeiziehen zu sehen. Ein Popstar für die einen, ein gefährlicher Widersacher für die andern. Er verjagte die Geldwechsler aus dem Tempel, weil für ihn Geld nicht das höchste Gut war. Was er lieferte, war der visionäre Überschuss, den wir brauchen, um Ethik richtig zu verstehen: als Rettung vor unseren Süchten und vor falschen Versprechen. Die Finanzkrise bestätigt diese Feinde unseres Erfolgs: Die suchtkranken Designer von Finanzillusionen schickten ein unhaltbares Versprechen auf die globale Umlaufbahn. Inhalt: das Suchtmittel Nummer eins, Geld. Unzählige wurden Täter und Opfer zugleich. Der ehemalige Landesbankchef Ludwig Poullain sagt: »Die Finanzkrise kommt nicht nur von den Bankern, sondern aus der Mitte der Gesellschaft.«[99]

Und die neue Ethik wird nicht von den Banken ausgehen, aber auch sie erfassen, sobald sie verstanden haben: Ethik ist nicht die Ausnahme, sondern die Regel, wenn sie ihre Vertrauensbindungen im Markt sicher verankern wollen. Ethik ist das Ende des Schweigens, das die Ranker als Notstrategie im Hagel der Strafandrohungen der Politik gewählt haben. Ethik ist der strategische Erfolgsfaktor, der das Gespräch neu eröffnet. Auch Banken müssen die Idee verabschieden, nur durch Zahlen zu überzeugen. Glaubwürdigkeit ist der Lohn für *leadership* der vergessenen Art: Führungsleistung auf Rang eins ist das Vertrauen des Stärkeren.

Die starken Finanzhäuser müssen ins Risiko gehen und ihr Schweigen brechen: Sie müssen Qualitätsnachweise ihrer Produkte liefern, Qualität für ihre Prozesse garantieren. Die Banken müssen ihr Schweigemonopol aufbrechen und ihre Vertrauenswürdigkeit auf Rang eins ihrer Werteskala setzen: noch vor das Geld. Im Schutz ihrer neuen Glaubwürdigkeit werden sie mehr

99 *Handelsblatt,* 23.12.2009, S. 20f.

Geld verdienen als vorher, weil Störungen und Abwehrschlachten seltener werden. Ethik rechnet sich. Und die Risikolust der Anleger wird nicht verschwinden: Das Recht auf Abenteuer überlebt, wenn die Banken rechtzeitig beweisen, dass Ethik als Geschäftsstrategie jeder politischen Sanktion überlegen ist.

Zur strategischen Ethik gehören Belohnungssysteme, die mehr erfassen als den reinen Gelderfolg.

Hier beginnt für Banken das steinige Gelände. Die Sache war so einfach, ehe der Krieg gegen die Boni begann: Man belohnte, was zum Geschäftszweck führte: Geld vermehren. Je mehr herangeschafft wurde, desto zartfühlender umgingen die Chefs die Frage nach den Spielregeln. Ethik? Ein Konzept für Schwächlinge.

»Ethik rechnet sich«: Von da aus ist der Einstieg in einen Versuch mit Ethik als Strategiefaktor auch für die Skeptiker unter den Bankern denkbar.

Es gibt noch einen Flankenschutz für den Einstieg: Versäumte Ethik kostet.

Eine starke Bank in der Führung für dieses Projekt würde viele andere mitziehen. Und die Slogans würden sich bald weiterentwickeln: Ethik als Bankprodukt käme unter dem Logo: Ethik für Stars. Die Spitzenbanker werden bald für sich besetzen, was ihr amerikanischer Kollege Blankfein vormacht: Der Banker als Ethik-Star macht es seinen Feinden schwer, ihn anzugreifen. Wer dieses Rezept schon ganz früh verfolgt hat, ist Bill Gates. Sein Image lebt von der Balance aus Geschäftserfolg und integrierter Ethik. Ethik als Produkt ist die nächste Stufe, wenn Firmenchefs begreifen: Solange sie Begleitmusik ist, kann die Ethik uns verlassen. Erst wenn wir ethische Kompetenz entwickeln, wird sie unser Produkt.

In diesem Sinne tritt der neue Slogan seinen Erfolgslauf an: Ethik ist das Markenzeichen der Stars im Business. Und das

Echo der Märkte wird nicht ausbleiben: Der nächste Slogan ist geboren – Ethik adelt.

Dann endlich ist Ethik nicht mehr ein Askesekonzept, sondern ein Gewinnspiel. Wenn Ethik mit dieser Aura auftritt, dann begreifen auch die egostarken Mitarbeiter, dass sie die Grundnahrung für ihre Seele nicht entbehren müssen, wenn sie hier mitspielen: Aufmerksamkeit, Anerkennung, Status – und satte Gewinne.

Ethische Standards für Banker, von den Stärksten zuerst befolgt und begründet, werden die suchtgefährdeten Tugenden im Wettkampf, wie Risikolust und Gewinnstreben, weder verbieten noch abschaffen. Ehe die Aufseher jede Wette unter Strafe stellen, müssen die besten Denker mit den herausragenden Praktikern zusammen unserem Menschenbild das Krisentrauma austreiben. Gute Geschäfte erfordern immer auch den Mut, Risikoappetit mit Verantwortungsbereitschaft zu verbinden. Illusionäre Renditeversprechen erübrigen sich dann von selbst.

Wer die Ethik zurückholen will in die Finanzwirtschaft, wird von der Arbeit des neuen Soros-Instituts profitieren. George Soros, einer der berühmten Spekulanten und Hegde-Fonds-Manager, schließt an seine Gierphase einen ethisch hochwertigen Auftritt an, der zeigt: Ruhm ist eine gute Verkaufsförderung, selbst wenn man die Branche wechselt. Soros hatte aber auch die treffende Idee: »Wir müssen die ganze Ökonomie neu denken.« Weil er berühmt ist, kommt die ökonomische Intelligenz zu seinen Konferenzen.

Diese Chance, als Stars in ihrem Business Aufmerksamkeit zu holen, sollten Spitzenbanker nutzen, um das neue Projekt »Ethik als Strategiefaktor« auf die öffentliche Agenda zu bringen.

Die neue Story bringt eine neue Agenda: Ethik als strategischer Erfolgsfaktor für die Finanzwirtschaft

Wer die Ethik von ihren Ketten befreit, wird belohnt: Kein Strafgericht, kein Moraldiskurs, sondern die Freiheit von allen Ängsten ist ihr Angebot. Ethik sichert das gemeinsame Wohl der Verschiedenen, Ethik feiert Unterschiede, weil wir nur so voneinander profitieren. Ethik belohnt Wagemut, weil er die Mutlosen besser macht. Ethik stellt nur eine Bedingung: dass wir die Grundregel guter Geschäfte nicht vernachlässigen, wenn wir Geldgeschäfte machen. Sie lautet: Geldgeschäfte, wenn sie gut sind, handeln von Zielen, die mit Geld nicht zu bezahlen sind.

Unterdessen wird der schwerkranke Patient Europa von seinen Ärzten mit dem ›Gegengift‹ der Geldverbrennung behandelt: der Geldverbrennung, die eine globale Allianz der Anarcho-Banker und ihrer Dompteure voraussetzt. Die Therapie ist ein Irrtum.

Was die Politik nicht kann, müssen jetzt die Banken liefern: die neue Agenda für alle verstrickten Akteure der alten und neuen Krise.

Weder die Aufseher noch die Staatsanwälte noch die Politik werden die verkaufte Seele ihrer Geschäfte zurückholen können; aber die Mächtigsten in der verführerischen Welt des Geldes können es, die Banken. Die Ethik-Agenda liefert jene Kapitel nach, die beim Auftritt der Geldpäpste immer gefehlt haben. Nur deshalb waren und sind die Banken verwundbar. Und die Banker müssen sich beeilen: Ihre Widersacher schreiben bereits Regelwerke, die ihr Ziel verfehlen: Sie werden die Abenteurer schlauer machen und die Fesseln der Ethik festzurren.

Das neue Kapitel der Banken-Agenda muss der Ethik gelten. Die Ghostwriter für dieses längst überfällige Kapitel Business-Ethik brauchen das Vertrauen der Diskretionsfanatiker in den Chefetagen nicht so dringend wie jenes der Spezialisten in den Handelsräumen. Es ist ihr Abenteuerspielplatz, der von unprofessionellen Eingriffen am meisten bedroht wäre. Sie müssen ihre *closed shop*-Mentalität nicht aufgeben, aber ihr Business erklären. Sie sind es, die Insider, die helfen müssen, die Suchtgefährdung zu reduzieren, die sie besser kennen als irgendein Beobachter.

Nur die Banken selbst können den gefährlichen Irrtum widerlegen, der die gesamte Debatte ihrer früheren Partner und heutigen Widersacher fehlsteuert: Nur von außen könne man die Banken zähmen. Nur durch brutale Stoppschilder und atemraubende Regelwerke könne die Finanzindustrie entdämonisiert werden. Dämonen sehen wir überall dort, wo wir zu wenig wissen. Oft ist Dämonisierung erwünscht, und zur Verzerrung des Images der Banken war und ist ein Zerrbild der Banken und ihrer Finanzpartner politisch gewollt.

Aber: Auch die neue Geldverbrennung geht nicht ohne Banken. Und: Wer kennt das Geschäft der Banken besser als die Banken? Wer also könnte und sollte die ethische Wende im Bankgeschäft verantworten, managen und nach außen darstellen? Das können und müssen die Banken selbst tun.

Sie müssen sich von ihrem Habitus der schweigenden Priesterkaste verabschieden. Das gilt besonders, seitdem ihre überlegene Machtposition auch den letzten Beobachtern klargeworden ist. Auch die Bankchefs müssen die Attitüde der undurchdringlichen Gottheiten des Geldes ablegen.

Macht verpflichtet. Das Kartell des Schweigens, das Finanz und Politik zu Verbündeten machte, ist zumindest zeitweise außer Kraft gesetzt worden, weil Politiker nicht lange im Gegenwind unterwegs sein wollen. Die Finanzbranche steht seit fast zwei Jahren allein auf der Bühne und im Gegenwind. Nie war für so viele Menschen weltweit so klar, dass die Weltfinanz der eigentliche Machthaber auf diesem Globus ist. Noch nie war die Politik so verbissen bemüht, diese Erkenntnis zu verschleiern.

Weil sie die Macht haben, müssen die Mächtigen der Finanzindustrie nun die neue Zeitrechnung im Banking eröffnen. Sie haben die neuartigen Bedrohungen kennengelernt, wie sie Goldman Sachs beschreibt: Wer Ethik für Luxus hält, hat höhere Kosten. Wer Ethik rationiert, verliert Kunden, und wer Ethik für eine Schwäche hält, erlebt den Absturz der eigenen Aktie. Ethik zählt, so heißt die Lehre der gebrannten Kinder. Es ist nicht Reue, die den offensiven Ruf nach Ethik im Geldbusiness auslöst. Es ist Notwehr.

Wer jetzt nicht weiß, ›wie Ethik geht‹, der steht da wie der Kaiser im Märchen: »Er ist ja nackt«, ruft nicht die immer noch blinde Menge, aber ein Kind. Wer jetzt nicht weiß, ›wie Ethik geht‹, findet Helfer. Und die Banken sollten die Besten zu ihren Ghostwritern in der Chefsache Ethik machen.

Lasst die Stunde der Wahrheit nicht vorüberziehen, möchte man den stolzen Finanzhäusern und Fondsherren raten. Eure Arbeit fängt mit der Selbstprüfung an. Analysiert eure Produkte und Verfahren! Nehmt die versteckte Kundenverachtung heraus! Ihr müsst nicht auf dem Markt eure Sünden bekennen, wenn Ihr sie vor dem neuen Auftritt außer Kraft setzt für immer. Stärkt euer Risikomanagement erst, wenn jedes kundenverachtende Element in euren Produkten erkannt und bekannt ist im Sinne eines internen Bekenntnisses.

Ihr werdet nicht an euren Zweifeln über das scheitern, was ethisch vertretbar ist; denn das wisst ihr längst. Ihr werdet auch nicht die Torheit begehen, mit schwer lesbaren Produkten eine ethische Wende vortäuschen zu wollen wie früher. Irgendeiner wird euch enttarnen, und dann greifen die Gesetze, die selbst der Coolste von euch allen, Lloyd Blankfein, als unentrinnbar erkannt hat: Gleichviel ob ihr einen oder keinen Fehler gemacht habt, von nun an wird euch der Verdacht begleiten und schädigen. Die Medien stehen bereit, um euren Schaden zu vermehren. Und eure Erträge werden sinken, gleichviel ob ihr schuldig oder unschuldig seid.

Oder habt ihr Produkte, die nur ›ohne Ethik‹ gehen? Ihr wisst zwar, wie Ethik geht, aber eure Produkte sind am erfolgreichsten ohne? Dann wird es ernst für euch. Man wird euch stellen, weil ihr mit solchen Tricks bald allein sein werdet. Räumt auf. Gebt Rechenschaft. Entmachtet eure Gegner und ihre Legenden.

Ethik ist strategischer Erfolgsfaktor. Ethik ist Chefsache.

Dank

Der Lektorin Dr. Annalisa Viviani, München, danke ich für ihre ebenso entschiedene wie sensible Begleitung auf dem Weg vom Manuskript zum Druck. Ihre Fähigkeit, sich auf ein Buch einzulassen und die Ziele des Autors mit dem Interesse der Leser zu verbinden, hat mich zum wiederholten Mal sehr beeindruckt.

Gertrud Höhler

Register

Abenteuerbanker 34
Abstieg 21
Abwrackprämie 137ff.
Ackermann, Josef 96, 136, 169ff.,
  180ff., 265f.
Adams, Michael 185
Akerlof, George 198
Allensbacher Institut für Demoskopie
  179
American International Group (AIG)
  31
Anarchist, Banker als 230ff.
Anerkennung 69, 232, 294, 307
Angst 18
Arroganz 256
Auclair, Marine 106
Aufsicht (Aufsichtsbehörden,
  Aufsichtsgremien, Aufsichtspflicht,
  Börsenaufsicht, Fachaufsicht) 26,
  57, 61f., 65, 86, 88, 95, 115, 117f.,
  123f., 126, 147f., 168, 170, 183,
  188f., 198, 224, 238, 244, 246ff.,
  251, 254, 257, 264, 270, 293f.,
  296, 304
Aufsteiger, Aufstieg 18, 21
Augustinus 304

Bair, Sheila 247
Balance, seelische 76, 108, 239, 306
Bank für Internationalen Zahlungsaus-
  gleich 199
Bank of America 116, 165, 167, 169,
  179, 218, 243
Banking community 31, 60, 96, 157,
  183, 187, 214, 216, 223, 227, 247,
  255, 258
Banz, Rolf 200, 250f.
Bebchuk Lucian 270

Becker, Gary 60
Begehrlichkeit 22, 41, 66, 71, 74,
  109, 150, 156, 187, 206, 217,
  233
Begleiter, Steven 92
Benedikt XVI. 69
Berkshire Hathaway 242
Bhagwati, Jagdish 60ff., 273
Bharara, Preet 168f.
Blankfein, Lloyd 76ff., 88f., 116, 133,
  135, 141, 160f., 169, 178, 222f.,
  225, 228f., 242, 249, 255, 258,
  264, 275, 280, 304, 306, 311
Blase 17f., 36, 58f.
Boni 24, 58, 123, 153, 160f., 170f.,
  214, 219, 243, 246, 269, 270, 300,
  306
Bonusprogramm 86
Bossaert, Peter 53f.
Bouton, Daniel 9ff., 107
Bowen, Richard 134
Braun, Stefan 130f.
Braunberger, Gerald 176
Brown, Aaron 91ff.
Brown, Gordon 153
Brunnermeier, Markus 198
Buffett, Warren 242f.
Burghof, Hans-Peter 228, 245
Bush, George W. 23
Business behaviour 173, 255, 264,
  294
Business community 266
Business-Ethik 296, 298, 304, 309

Carnegie Institute 124
Carter, Jimmy 23, 30f.
CDO, verbriefte Hypothekenkredite
  133, 219

City Group 133
Clinton, Bill 23
Closed shops der Erwählten 59, 71, 84, 103, 161, 226, 309
Cordelle, Eric 106
Countrywide Financial Corporation 118
Cox, Christopher 61, 123
Crédit Suisse 216ff.

Datenkauf, Datenkäufer 130, 132, 303
Datenverkauf, Datenverkäufer 127ff., 303
Day-Trader 32
Dealer 18, 28f., 75, 84, 9o, 110, 121ff., 129, 275, 280
Delta One 105f.
Deregulierung 176
Derivate, Derivatehandel 34, 61, 73, 155, 157, 160, 180, 242f.
Deutsche Bank 56, 100, 136, 169, 171, 181f., 243, 265f.
Dibelius, Alexander 160f., 170, 212, 266f.
Dimon, James 116
Dougan, Brady 217ff.

Ecclestone, Bernie 71
Elson, Charles 295
Emotionale Intelligenz 210
Emotionalität, Emotionen im Markt 36, 54, 56, 101, 103ff., 108ff., 198ff., 159, 171, 184, 187f., 198, 202, 205ff., 210f., 224
Engagement, soziales 265
Entgleisung 28, 50, 53, 97, 135, 150, 173, 176
Ernst & Young 252
Erwählte 59, 71, 81ff., 88, 101, 103, 111, 113, 297
Erwartungen, überzogene 17
Ethik 119, 129, 132, 224, 264, 271, 279ff., 284ff., 293ff., 299ff.
– als Ausnahme 284
– als Bankprodukt (Ethik für Stars) 306f.
– als Business-Projekt 296, 298f., 304ff., 310
– als Markenzeichen 304ff.
– als Powerplay 301

– als Strategiefaktor 293ff., 304ff., 308ff., 311
– als Therapieversprechen 298
– als Vertrauensgenerator 299ff.
– als Wettbewerbsvorteil 263ff.
– des Geldes 282
– in Fesseln 132, 271, 273, 279ff., 285, 304
Ethik-Abstinenz 282
Ethik-Agenda 308ff.
Ethik-Experten 282
Ethik-Falle 283ff.
Ethik-Fans 58, 280
Ethik-Kodex 169
Ethik-Palaver 83
European Business School 119

Farmer, Doyne 199
Federal Deposit Insurance Corporation (FDIC) 247
Federal Reserve System (FED) 193f., 196
Feindbilder 145, 166, 184, 233
Finanz- und Spekulationsblase 17ff., 36, 38, 44, 56, 58f., 76, 111, 193, 254
Finanzelite, globale 26
Finanzjongleure 11
Finanzpiraten 24
Finanzprodukte 19, 25, 29, 40, 46ff. 53f., 60, 108f., 111, 137, 158, 195, 273
Fonds 30, 41, 46, 73, 84, 86, 227ff.
– Bankenfonds 182
– Bankenrettungsfonds 86
– Equity Fonds 220
– Finanzfonds 158
Fondsanbieter 45
Fondsanteile 41
Fondsdesigner 27, 75
Fondsjongleure 29
Fondsmanager 72, 105, 110f., 167, 169, 310
Fondsprodukte 34
Freeclimber 34, 84, 96, 99, 214
Freedman, Seth 97ff., 104, 108, 126
Freibeuter 37, 154ff.
Freund-Feind-Spiel 255
Friedman, Milton 55
Fuld, Dick 123ff.

Gambler 32, 53, 72, 85, 87, 94, 115, 176, 208, 211
Gehlen, Arnold 178
Geld
– als Droge 17, 28, 44ff., 53, 96ff., 100, 102, 123ff., 129f., 187, 209, 211, 215, 268
– als Mittler, Mediator 20, 38, 46, 50f., 148, 275
– als Ziel 19f., 46f., 49ff., 71f., 74, 97, 112, 185, 187, 206, 210
– *gambling* 26
– Kernkompetenzverlust 37ff., 137
– vagabundierendes 25
– Virtualisierung 25, 37f.
Geld-*community* (*money community*) 16, 227
Geldgesellschaft 45, 74, 114
Geldreligion 67ff., 70f., 74f., 141, 187, 191ff., 291ff., 298
Geldschöpfung, Geldschöpfungsbranche 42, 83f.
Geldverbrenner, Geldverbrennung 11, 15, 34, 45, 56, 127ff., 135, 139, 178, 273, 290, 308f.
Geldvermehrer, Geldvermehrung 20, 28, 40, 46, 94, 216, 224, 246, 267, 280
Gerechtigkeit, Gerechtigkeitsempfinden 128, 152, 171, 173, 184, 233, 282f., 303
Gier, Gierbändiger 18, 22, 62, 66, 97, 114, 124, 146, 156, 221ff., 229, 245, 271, 287ff., 301
Glaubwürdigkeit 64, 148, 177, 238, 266f., 305
Globalisierung 31, 34, 62, 64, 90, 157, 247
Glück (auch: Erfolgs-, Gewinnerglück) 25f., 28, 33, 69, 103, 160, 216, 268
Glücksspiel, Glücksspieler, Glücksspielmentalität, Glücksspielmilieu 29, 90, 173, 211, 249f.
Goldman Sachs 78, 88f., 133, 135, 141, 159f., 165f., 169f., 178, 212f., 215ff., 221ff., 227ff., 237ff., 243ff., 248f., 264, 266, 275, 281, 293ff., 298f., 304, 310
Göx, Robert F. 270
Graduate School of Management (HHL) 119

Greenspan, Alan 55f., 193ff.

Hamm, Rainer 189
Häring, Norbert 43
Hatzius, Jan 159
Hedge-Fonds, Hedge-Fonds-Manager 90, 92, 220, 225, 269, 307
Heilsversprechen 72f., 75f.
Hersey, Paul 230
High-end-Produkte 29
Highflyer 16, 26, 30, 33, 115, 160
High-tech-Produkte 29
Hobbes, Thomas 178
Hochstapler 30, 37
Hoyk, Robert 230
HSBC Trinkaus 250
Hummler, Konrad 231f.
Hypo Real Estate 86

IKB Deutsche Industriebank 222, 228
Immunstörung 57ff., 209, 291ff., 298
Industriekultur *Low-tech*-Produkte 25
Institute for New Economic Thinking (INET, von G. Soros) 199, 202, 307
Internationaler Währungsfonds (IWF) 42, 171
Internet als Geldmaschine 29
Internetblase 25, 38, 157
Intransparenz 64, 195
Investmentbanker, Investmentbanking 9f., 27, 32, 83, 89f., 93, 95f., 102, 106, 109, 118f., 153f., 195, 201, 205, 211ff., 223, 226, 240, 286
Irrationalität im Markt 55, 205f., 250

Jackman, Dom 252
JP Morgan 165f., 179, 218, 243

Kellaway, Lucy 230
Kerviel, Jérôme 9f., 105ff.
Keynes, John Maynard 58, 197
Klaus, Václav 177f.
Kommunikation, globale 25, 27, 96, 116f., 183
Kontrollillusion 57ff.
Krisenheiler 36, 57, 75, 274
Krisentherapeuten, Krisentherapie 27, 36, 56, 176, 293ff.
Krugman, Paul 54, 230

Landesbank Baden-Württemberg
(LBBW) 185f.
Lazzari, Walter 243
Lehman Brothers 11, 103, 123ff.,
166, 168, 230, 263
Lender of last resort 44
Leutheusser-Schnarrenberger, Sabine
149
Levin, Carl 238ff.
London School of Economics 54
Loser siehe Verlierer
Low-key-Banking 28
Loyalität 22, 77, 125, 128
Lubochinsky, Catherine 107
Luhmann, Niklas 167

Mac, Freddie 194
Macht, Machtfaktor 21ff., 46, 52, 71,
75, 77, 98, 100, 104, 125f., 147,
166, 175, 178, 198, 221, 230, 257,
279, 281, 296, 298, 309f.
Machtergreifung der Politik 58,
163ff., 176, 178
Madoff, Bernard 112, 123f., 126,
168, 222
Mae, Fannie 194
Magnusson, Kristof 10, 21, 195
Malde, Anjool 100
Managementphilosophie, neue 263ff.
Markopolos, Harry 123, 126, 168
Marktwirtschaft 40, 47, 51, 57, 158,
174, 284
Maßlosigkeit 18
Mayer, Thomas 56
McConnel, Mitch 180
McDonald, Lawrence 125f.
Merckle, Adolf 50
Merkel, Angela 20, 24, 50, 130, 172
Merryl Lynch 167, 169
Metaphysik der Märkte 69ff. 138
Metzner, Olivier 107
Mindsets 93, 256, 271
Misstrauen 24, 33, 171f., 187, 244,
253, 272, 297, 300
Mitläufer 16, 20, 26, 87, 94, 115,
229f.
Moody's Investors Service 117f.
Moral, Moraldebatte 23, 28, 62, 74,
93, 96, 108, 115, 138f., 145, 189,
217f., 220, 223f., 226f., 229, 240f.,
243f., 247, 257, 264f., 308

Moynihan, Brian 116
Mozilo, Angelo 117
Mustier, Jean-Pierre 10
Mutter Teresa 69

Neuroökonomie 54
Niederlage 21
Nobelpreisträger-Expertenteam 59,
148, 197
Nobelpreisträger-Interviews 59

Obama, Barack 23f., 118, 149, 154,
168, 170, 180, 246f., 249
Ohnmacht 33, 107, 184, 242, 257,
280, 296
Öko-Altäre 75
Öko-Gurus 75
Öko-Moral 139
Öko-Thema 76
Opfer, Opferrolle 16, 24, 26ff., 70,
87, 137, 139, 150, 209, 223, 225,
248, 267, 274, 279, 287, 303, 305
Options Group 90

Padoa-Schioppa, Tommaso 271f.
Palm, Gregory 224
Panikreaktionen 18
Perella & Weinberg 165
Perella, Joseph 165f., 225
Pessoa, Fernando 231
Phelps, Edmund 268f.
Pictet, Schweizer Privatbank 250
Poker, Pokertalente 90ff.
Politik, Politiker, Politikkompetenz
21f., 31, 34ff., 45, 48, 51, 57ff., 61f.,
70, 73, 84, 86f., 95, 97, 109, 111f.,
116, 118, 124, 127, 131, 135f., 141,
145ff., 151ff., 156, 159f., 163ff.,
170ff., 175ff., 180ff., 185ff., 193,
197f., 201, 207, 211f., 214, 216,
219ff., 224, 227, 232f., 238, 240ff.,
249, 251, 243ff., 264, 266ff., 272ff.,
279, 288, 290f., 302, 305, 308ff.
Politikversagen 20, 31, 34, 58, 193f.,
219, 302ff.
Powell, Colin 23
Prince, Charles 133f.
Produkte
– Finanzprodukte 19
– Geldprodukte 19
– Retailprodukte 19

Rache, Rachebedürfnis, Rächer 27,
57, 115, 150, 171, 221f., 242, 248,
258
Rache-Engel 178, 247
Rachegötter 17, 254ff.
Rangordnung (der Mächtigen, der
Werte) 21, 74, 179, 293ff.
Ratings, Rating-Agenturen 64, 117f.,
133, 149, 155f., 168, 189f., 194f.,
242
Ratio, Rationalität der Märkte 36, 40,
50, 52ff., 101, 104f., 108, 110,
129, 151, 175f., 197ff., 100ff.,
105ff., 205ff., 210f., 221, 224
Reagan, Ronald 23, 175
Rechtsbeugung, Rechtsbruch,
Rechtsbrecher 74, 128, 302ff.
Regeln, Regelwerke 18, 24, 26, 36,
39, 51, 208, 211, 263, 308f.
Regulierer, Regulierung 27, 29, 57,
61, 166, 172ff., 180, 220, 239,
242, 245, 255, 267, 280
Risiko 10, 16, 30, 32f., 40, 53f., 58,
63, 65f., 76, 83, 89, 98f., 106, 109,
111, 133ff., 146, 154, 158, 167ff.,
182, 194f., 208, 211, 215, 218,
240, 249ff., 286f., 296, 305
Risiko- und Spekulationsgeschäfte
186, 218
Risikobanker 33
Risikobewusstsein 151, 194, 219,
297
Risikoblindheit 195
Risikodebatte 196
Risikofaktoren 294f.
Risikofeinde 96
Risikofreude, Risikolust 10, 27, 31,
63, 169, 208, 213, 245, 300, 306f.
Risikomanagement 63, 65, 91f., 133,
137, 160, 183, 194, 216, 240,
294f., 319
Risikominderung 218
Risikopapiere 63, 156
Risikoscheu 193f., 196
Risikotoleranz 117
Risikoverkäufer 64
Risktaker 30, 137, 169
Rituelle Waschungen 76, 115, 235ff.,
238
Rogoff, Kenneth 171ff., 199
Romeike, Frank 64f.

Röpke, Wilhelm 150
Roubini, Nouriel 58ff.
Ruhm 69, 281, 307

Satanovsky, Simon 90
Scharfrichter 26, 221ff., 258
Schäuble, Wolfgang 127, 129, 280,
302
Schmidt, Susanne 220
Schöpfungsprozesse der Banken 43f.
Schrotthandel 30
Schuldverschiebungskampagne 16
Schumpeter, Joseph 61
Schwab, Klaus 263f.
Schweizerische Bankgesellschaft 232
Schwetzler, Bernhard 119
SEC, Security and Exchange Commis-
sion (US-Börsenaufsicht) 123, 168,
188, 216, 222ff., 229, 237f., 244ff.,
248ff., 264
Seele, Peter 294
Selbstorganisation der Märkte 35f.
Shapiro, Mary 246ff., 264, 275, 293
Shiller, Robert 60, 207
Siegel, Jeremy 199
Skidelsky, Robert 197
Smith, Adam 264
Société Générale 9, 105
Soros, George 148, 196ff., 200f., 307
Sparks, Dan 240
Speedy-money-Zeit 16
Spekulation 17, 186, 250
Spekulationsabenteuer 149
Spekulationsblase 191
Spekulationsgeschäfte 186
Spekulationsgewinne 40
Staatskapitalismus 145ff., 151
Standard & Poor's Corporation 118
Stark, Jürgen 58
Stein, Ben 159
Steinbrück, Peer 148, 220
Stiglitz, Joseph 250
Stones, Oliver 222, 226
Story
– alte Story 213ff.
– bad story 11, 15ff., 21ff., 27, 110,
221ff., 290
– Blasenstory 18
– Erfolgsstory 11, 17, 24, 28, 232
– Gipfelstory 20
– Glücksstory 2

– *good story* 21ff.
– Investmentstory 18
– Krisenstory 11
– Megastory 15f.
– neue 11, 13ff., 20, 26, 28, 58f., 203ff., 232, 267, 294, 308
– Produktstory 18
– Risikostory 11
– Vorkrisenstory 232
Storytelling 11, 16, 20, 22ff.
Subprime-Papiere 193f., 240f.
Suchtgefährdung 100f., 213, 309
Suchtpotential des Geldes 34, 45, 51, 100, 173, 211
Symington, Rob 253
System of sympathy 264

Talente 33, 83, 87, 92f., 108, 146, 188, 267
Täter 15, 17, 24, 26ff., 31, 70, 87, 129, 133ff., 201, 208f., 226, 267, 283, 303, 305
Thomä, Dieter 288
Thomas von Aquin 114, 282, 288, 304
Tourre, Fabrice 88f., 241f.
Transparenz 44, 64, 207, 301
Tribunale, Krisentribunale 154ff., 251
Tugend (Tugenddebatte, Tugendforderungen, Tugendleistungen, Tugendkatalog, Businesstugenden) 41, 49, 85, 113f., 181, 211, 216ff., 243, 280, 282, 286, 288, 299, 307
Turbokapitalismus 145ff., 151

UBS 218
Undercover-Profiteure 16
US-Notenbank 55

Value at risk 218, 245
Verantwortung 22, 26, 48f., 61, 64, 86, 94, 96, 119, 125, 129, 132, 150, 158, 195f., 202, 230f., 243, 257, 263, 265, 287ff.
Verbindlichkeit 50, 130

Verlässlichkeit 50, 119, 181, 268, 289
Verlierer, Verliererrolle 18ff., 22, 38, 44, 48, 50, 111f., 138, 141, 174, 176f., 182, 224, 227, 239ff., 274
Verpackungsroulette, globales 17
Versprechen (Erfolgs-, Geld-, Heils-, Leer-, Produkt-, Rendite-, Staats-, Therapie-, virtuelles Versprechen) 15, 22, 24ff., 28ff., 37f., 40f., 48f., 50, 53f., 58, 69, 72f., 75f., 103, 109, 137, 139, 149, 154, 167, 171, 175, 179, 208f., 231, 248, 254, 256, 275, 288f., 293ff., 298, 301, 305, 307
Versuchungen, neue 261ff.
Vertrauen 21f., 40, 64, 106, 112, 133, 147, 167, 173, 183, 219, 255, 265, 268, 272, 285, 305, 309
Viniar, David 240
Virtualität, virtuelle Produkte 17, 25, 29, 32, 38, 40, 48, 50, 95, 139, 157, 170, 248, 268
Visionäre 13

Ward, Vicky 125f.
Waxman, Henry 56
Wells Fargo 179
Weltklimarat 75
Werte, Wertekodex, Werteordnung 43, 50, 74, 127ff., 132, 174, 223, 258, 265, 280, 293ff., 298
Wertvernichtung 137ff.
White, William 199
Wieandt, Axel 86f.
winner (Gewinner, Krisengewinner) 20, 31ff., 38, 40, 95, 110ff., 141, 159, 169, 172, 215, 221, 225, 239f., 248, 279
Wohlstand, globaler 11
Wut 11, 33, 107, 112, 123, 127, 224, 232

Yunus, Muhammad 69